줄루 주식투자법

The Zulu Principle by Jim Slater
Copyright © Harriman House Ltd
Originally published in the UK by Harriman House Ltd in 2008, www.harriman-house.com
Korean Translation copyright © 2016 by BOOKON(KIERI)
This translation published under license with original publisher Harriman House Ltd through Amo Agency, Seoul, Korea

이 책의 한국어판 저작권은 AMO에이전시를 통해 저작권사와 독점 계약한 부크온에 있습니다.
저작권법에 의해 한국 내에서 보호를 받는 저작물이므로 무단 전재와 무단 복제를 금합니다.

영국 투자자들의 스승, **짐 슬레이터의**

줄루 주식투자법
THE ZULU PRINCIPLE
개인투자자를 위한 위대한 투자자의 맞춤 레시피

짐 슬레이터 지음 | 김상우 옮김

iTOOZA 부크온 BookOn

차 례

감사의 글 ··· 6

짐 슬레이터는 누구인가 ··· 8

옮긴이의 글 ··· 20

1992년판 서문 ··· 26

2008년판 서문 ··· 31

1장 │ 개인투자자의 성공 법칙 ··· 36
– 자신만의 투자왕국을 구축하라 –

2장 │ 짐 슬레이터의 11가지 투자 기준 ··· 47
– 역동적인 소형 성장주 투자 –

3장 │ 바보야, 문제는 이익이야 ··· 61
– 이익, 이익 증가율 그리고 PEG 투자법 –

4장 │ 기업도 화장을 한다 ··· 82
– 창조적 회계와 진짜 이익을 가려내는 법 –

5장 │ 현금 없는 성장은 허당 ··· 99
– 유동성, 현금흐름, 차입금 체크하기 –

6장 │ '뭔가 새로운 것'이 있으면 금상첨화 ··· 112
– 주가를 움직이는 4가지 새로운 요인 –

7장 │ 진정한 성장주의 확실한 특징 ··· 133
– '경쟁우위'를 숫자로 확인하라 –

8장 │ 기술적 분석에 대한 생각 ··· 155
– 무지의 악재에 대한 사전 경고등 –

9장 | 작고, 짭짤하고, 싸고, '그들'이 사는 주식 ··· 174
　　　　- 성장주 투자에 적용할 그 밖의 4가지 기준 -

10장 | 더 중요한 것과 덜 중요한 것 ··· 179
　　　　- 11가지 기준별 핵심 체크포인트 -

11장 | 경기주와 턴어라운드주 투자 전략 ··· 208
　　　　- 주식 유형별 매매 전략 ① -

12장 | 셸 주식 투자 전략 ··· 223
　　　　- 주식 유형별 매매 전략 ② -

13장 | 자산 상황과 가치투자 ··· 248
　　　　- 주식 유형별 매매 전략 ③ -

14장 | '코끼리'도 가끔은 달린다 ··· 257
　　　　- 주식 유형별 매매 전략 ④ -

15장 | 수익은 굴리고 손실은 잘라라 ··· 280
　　　　- 매수, 보유, 매도 단계별 투자 전략 -

16장 | 흥분한 황소와 교활한 곰의 싸움 ··· 297
　　　　- 강세장과 약세장, 시장별 대응 전략 -

17장 | 바다를 건너도 '줄루'는 유효하다 ··· 320
　　　　- 해외시장 투자 전략 -

18장 | 당신에게 유리한 투자 조력자 ··· 332
　　　　- 투자 자료와 투자 지침서 활용법 -

19장 | 줄루 투자 원칙 10계명 ··· 340
　　　　- 체계적인 투자법이 필요한 이유 -

20장 | 가상의 회사를 통해 투자 기본 잡기 ··· 347
　　　　- 주요 용어와 투자지표 -

⊙ 감사의 글

먼저 투자에 관한 책을 쓰라고 제안했던 제러미 우튼Jeremy Utton에게 감사의 말을 전한다. 그의 제안은 영국에서 발간된 투자서적이 매우 적다는 사실을 발견한 아들 마크Mark의 견해와 일치했다.

또 이 책 교정본을 읽고 매우 건설적이고 유익한 개선점을 제시해 준 제러미와 나의 친구들, 특히 제임스 골드스미스 경, 이안 왓슨Ian Watson, 브라이언 퀸톤Bryan Quinton, 조지 핀레이George Finlay, 랠프 바버Ralph Barber, 피터 그리브스Peter Greaves에게도 감사의 말을 전한다.

신흥시장에 관한 자신의 의견을 매우 폭넓게 인용하는 것을 허락해 준 마크 파버Marc Faber 박사도 감사를 받아 마땅하다. 투자에 관한 많은 흥미로운 글과 말을 남긴 것은 물론, 이 책에서 그 글과 말을 인용할 수 있도록 허락해 준 워런 버핏에게도 특별한 감사를 드린다.

기술적 분석에 관한 인터뷰를 허락해 주고 유익한 논평을 해 준 것은 물론, 재미있는 에피소드까지 들려 준 브라이언 마버Brian Marber에게도 깊은 감사를 드린다.

이 책을 완성하기까지 내 두 아들, 크리스토퍼Christopher와 마크의 도움이 컸다. 크리스토퍼는 이 책에 등장하는 곰과 황소의 삽화를 그려줬고, 마크는 오랫동안 교정본을 붙들고 작업해 줬을 뿐 아니라 필요한 연구조사에 많은 시간과 노력을 할애하고 이 책의 수준을 높이는 데 적잖은 도움이 된 여러 아이디어를 제공했다.

또 오랜 세월 나와 동고동락해온 비서 팸 홀Pam Hall을 빼놓고는 제대로 감사의 말을 했다고 할 수 없을 것이다. 그녀는 이 책 대부분을 수없이 타이핑한 탓에 그 일부는 거의 외우는 수준에 이르렀다.

짐 슬레이터는 누구인가

짐 슬레이터(1929. 3. 13. ~ 2015. 11. 18.)

제 회사 슬레이터 워커가 잘 되지 않았던 것은 제게 가슴 아픈 일이죠.
그러나 그건 변화무쌍한 인생의 한 부분일 뿐입니다.
당신도 뭔가 일이 잘 안 풀린다면, 다시 일어나서, 훌훌 털어버리고,
처음부터 다시 시작하면 되는 겁니다.

I'm sad Slater Walker didn't work out,

but it's part of life's rich pattern.

If something goes wrong, you pick yourself up, dust yourself down

and start all over again.

― 짐 슬레이터, 2007년 〈데일리 텔레그래프〉와의 인터뷰 중에서 ―

영국 투자자들의 스승과 아프리카 줄루족

이 책의 저자인 짐 슬레이터는 지난해 갑자기 세상을 떠나기 전까지 말 그대로 파란만장한 삶을 살다간 야심가이자, 자유로운 영혼의 소유자라고 할 수 있다. 어린이들에겐 베스트셀러 동화작가이며, 투자자들에겐 영웅이자 롤 모델이었다. 그의 투자서가 이제야 국내에 번역 출간된 것은 영국 내에서 그의 인지도와 유명세에 비하면 꽤 늦은 감이 있다.

사실 출간을 처음으로 검토한 것은 벌써 몇 년 전이다. 이런저런 목적으로 외국 투자서들을 살펴보다 보면 짐 슬레이터의 책을 인용하는 대목이 꽤나 많이 등장했다. 이런 책은 당연히 책 내용이 좋다는 간접 증언을 들은 것이나 마찬가지여서 출간 결정이 비교적 용이한 편이다. 그럼에도 최근 수년간 지지부진한 국내 출판시장이나 주식시장 등을 고려했을 때 출간에 대한 엄두를 내지 못하고 주저하다가 이번에 마침내 국내 독자에게 소개할 수 있게 되었다. 당연히 그 과정에는 바다 건너 들려온 저자의 명성이 크게 작용했다.

책 출간을 망설인 또 다른 이유 중 하나는 짐 슬레이터라는 인물이나 책 제목에 나오는 '줄루'라는 단어가 모두 우리나라 독자들에겐 생소했던 것도 한몫했다.

우선, 언뜻 뜻이 연상되지 않는 줄루가 그렇다. 이 책의 원제는 'The Zulu Principle'인데 우리말로 하자면 '줄루 원칙' 정도가 될 테고, 국내 번역서의 제목은 이를 좀 더 구체적으로 설명한 『줄루 주식 투자법』으로 정해졌다. 여기서 줄루는 아프리카의 용맹한 부족인 줄루

족을 가리킨다. 이 부족은 세계 전쟁사에 자주 등장하는데, 현대식 무기로 무장한 영국군을 재래식 무기만 가지고 물리친 전투력과 용맹함 때문이다. 그러나 짐 슬레이터가 자신의 투자법에 줄루를 갖다 붙인 것은 썰렁하게도 이런 줄루족의 특성과는 전혀 상관이 없다.

어느 날 그의 아내가 〈리더스 다이제스트〉에서 줄루족에 관한 몇 페이지짜리 기사를 읽고 나더니 줄루족에 대해서 마치 전문가처럼 술술 얘기하기 시작했다. 이 모습을 본 그는 아내가 마치 그 분야의 전문가처럼 보였다. 만약 아내가 지역도서관에서 줄루족에 관한 자료를 더 많이 읽었더라면 영국 내에서 줄루족에 관해서는 최고의 전문가가 될 것이라는 생각도 했다.(그가 '장기 보유주 a long-term hold'라고 너스레를 떨었던 그의 아내는 아쉽게도 그렇게 하지는 않았다.)

줄루족

이때 그는 어떤 특정 분야, 즉 비교적 좁은 분야는 노력에 비해 상대적으로 경쟁우위를 갖기가 쉽다는 생각을 하게 됐다. 투자 역시 모든 것을 대충 아는 것보다는 하나를 제대로 잘 아는 것이 개인투자자의 성과에 훨씬 도움이 된다고 본 것이다. 그는 줄루 원칙을 설명하면서 "모든 것을 다 알려고 하기보다는 하나를 제대로 잘 아는 것이 더 중요하다"는 워런 버핏의 말로 자신의 주장을 뒷받침한다. 그리고 이를 자신의 투자에 실제로 접목했다. 이후 자신의 투자법의 기본 원칙을 '줄루'라고 명명하게 됐고, 그가 유명세를 타면서 덩달아 '줄루'는 그의 트레이드마크처럼 붙어 다니고 있다.

성장주 투자와 PEG 대중화로 부와 명성을 쌓은 투자의 대가

그는 대형주보다는 소형주, 특히 그중에서도 성장주 투자에 해박했는데 이를 토대로 자신만의 투자왕국을 세웠다. 어떤 특정 분야, 비교적 좁은 분야에 정통한 것이 투자자에게 유리하다는 자신의 줄루 투자 원칙을 몸소 실천하고 증명한 것이다.

맨 처음 그가 투자에 관심을 갖게 된 것은 30대 초반 자동차 부품 회사에서 직장생활을 할 때였다. 업무상 유럽 전역을 돌며 1년에 5만 마일을 강행군하는 등 한창 바쁘게 직장생활을 하다가 그만 바이러스 질환에 걸리고 말았다. 덜컥 겁이 난 그는 덜 힘들고, 스트레스도 덜 받고, 그러면서 더 안정적인 수입원을 찾게 되었다. 언제까지 회사생활을 지속할 수 있을지 모른다는 불안감이 그를 투자의 세계로 이끈 것이다. 대부분의 개인투자자들이 주식투자를 시작하게 되는 계기와 크게 차이가 없는 셈이다.

그는 병원 요양생활 중 과거 투자 잡지를 모조리 읽은 후 떠오른 투자 아이디어, 즉 줄루 투자법을 실천에 옮겨보고 싶었다. 이미 스물네 살 때 공인회계사 자격증을 취득했던 그는 줄루 투자법에 따라 자신이 잘 알고 있는 업종에 속하는 자동차 부품회사 하나를 골라서 집중 분석한 끝에 1만 파운드(이 중 8,000파운드는 차입)를 투자했다. 행운의 여신이 그에게 다가왔다. 예상대로 주가가 급등했다. 자신감이 붙은 그는 퇴원한 후 회사를 계속 다니던서도 자신의 투자법을 실전을 통해 더욱 견고히 갈고닦았다. 원금 2,000파운드는 무려 25배인 5만 파운드로까지 불어났다. 그는 이런 자신의 소중한 경험을 소액 투자자들과 나누고 싶었다. 서른네 살이던 1963년 〈선데이 텔레그래프Sunday Telegraph〉에 요청해서 '캐피털리스트'라는 필명으로 칼럼을 쓰면서 가상 계좌를 운용했다. 2년이 지난 후 그가 얻은 투자 성과는 시장 평균치 3.6%에 비해 무려 68.9%나 앞질렀다.

그는 자신의 경험을 토대로, 개인투자자가 줄루 원칙을 적용하면 좋은 주식의 유형으로 소형 성장주를 제시한다. 대형주에 비해 상대적으로 좁은 영역에 속하는데다, 개인 투자자 최대의 희망사항인 주가 급등도 기대할 수 있기 때문이다. 그는 이를 빗대 "코끼리는 빨리 달리지 않는다"는 명언도 만들었다. 대형주(코끼리)는 이미 많은 분석과 자료가 나와 있어 초과 수익 기회가 그만큼 적고, 당연히 주가도 빨리 움직이지 않는다는 것이다. '코끼리'에선 좀처럼 찾아보기 힘든 소형 성장주의 매력을 '벼룩'에 비유할 정도다. 금세 툭툭 튀어오르는 벼룩을 연상시키려는 것이다.

책의 본문에서 자세히 소개되어 있듯이, 소형 성장주의 투자 방법론 가운데 하나로 그가 제시한 것이 PEG를 활용하는 것이다. 실제로 해외 언론이나 투자 지침서에서 짐 슬레이터의 투자를 설명할 때 가장 많이 등장하는 것이 바로 성장주와 함께 PEG라고 해도 과언이 아니다. 짐 슬레이터가 PEG라는 개념을 맨 처음 고안했다고 다소 '잘못된' 정보가 흘러 다닐 만큼 그는 PEG투자에 통달했는데, 이 역시 "자신만의 투자 영역을 만들어 그것을 집중 공략하라"는 그의 줄루 투자 원칙에 부합한다.(여러 문헌을 참고했을 때 PEG는 짐 슬레이터가 활동한 영국이 아닌 미국에서 고안됐다. 실제로 1969년 마리오 화리나Mario

Farina가 자신의 저서에서 맨 먼저 제안한 것으로 알려져 있다. 역시 저서에서 PEG를 소개한 피터 린치Peter Lynch의 책은 1989년 출간되었다.) 비록 최초는 아니지만, 여러 언론이나 문헌을 통해 짐 슬레이터가 PEG 개념을 대중화시키고 구체적인 방법론을 제시한 가장 유명한 투자자로 꼽히는 것은 분명한 사실이다.

지난해(2015년) 〈파이낸셜 타임스〉는 부고기사를 통해 그를 '전설적 투자자'로 표현하면서, "그가 관심을 보인다는 소문이 들리면 거의 대부분 주가가 급등했다"며 투자 세계에 끼친 그의 영향력을 강조했다. 그는 주식투자 외에도 부동산 투자, 벤처기업 투자, 원자재 투자 등에도 일가견을 가졌고 이를 통해 많은 부를 쌓았다는 평가를 받는다.

오뚝이 같은 불굴의 정신과 자유로운 영혼의 소유자

가장 최근에 그가 언론의 주목을 받은 것은 애석하게도 그의 갑작스러운 죽음 때문이었다. 그는 지난해(2015년) 11월 86세를 일기로 세상을 떠났다. 그보다 한 살 아래인 워런 버핏(1930년생)이나 조지 소로스(1930년생) 등 투자 세계의 거물들이 현재까지도 방송이나 신문 등을 통해 현안에 코멘트를 하는 등 활발히 활동하는 것에 비하면 아쉬움이 남는 대목이다. 실제로 그 역시 고령에도 불구하고 사망 소식이 전해지기 불과 열흘 전까지도 한 달에 한 번 꼴로 언론 매체에 투자 가이드를 기고하는 등 활발히 활동했다. 그럼에도 이제는 언론의 수사처럼 '전설'로 남게 되었다. 실제로 그의 죽음을 알리는 기사들은 '투자 구루'나 '전설'이라는 말들로 그를 애도했다. 무엇보다 눈에 띄는 건 이런 기사들에 붙은 네티즌들의 반응이다. 대부분이 그의 죽음을 충격으로 받아들이며 애석함을 진하게 표현하는 내용들이다. 그만큼 그가 대중과의 소통에 관심이 많은 거장이었다는 사실을 보여준다.

짐 슬레이터는 곧잘 '영국 투자자들의 스승'이라는 수식어와 함께 등장한다. 이는 그가 미국의 벤저민 그레이엄이나 워런 버핏처럼 일반 개인투자자를 위한 투자 지침서를 쓰고 이런저런 강연이나, 신문 기고 등을 통해 대중과 친숙하게 접촉했기 때문에 붙여진 것이다.

실제로 이번 책도 돈이 부족한 개인투자자를 위한 맞춤 투자 처방전 성격을 띠고 있다. 소액으로 투자해야 하는 개인투자자의 고충을 충분히 이해하고 배려한 대목이 곳곳에서 감지된다. 짐 슬레이터는 올해와 내년에 국내에도 소개될 2권의 책 외에도 2권의 투자 지침서를 펴냈다. 참고로 이번 책 『줄루 주식투자법』은 1992년 영국에서 첫 출간된 후 2008년 개정 과정을 거쳤다.

1993년에는 투자자를 위해 또 다른 형태의 정보 서비스를 만들었

짐 슬레이터의 투자 관련 저서

『줄루 주식투자법』 원서

2017년 번역 출판 예정 도서

1995년 저서

는데, 이른바 컴퍼니 REFScompany Really Essential Financial Statistics가 그것이다. 말 그대로 투자자에게 필요한 기업 관련 필수적인 재무 수치를 제공하는 서비스로, 기업 분석을 위한 자료나 정보가 부족하던 그 당시에는 상당히 획기적인 시도로 평가받았다.

컴퍼니 REFS 웹사이트

짐 슬레이터가 '스승'이라는 존칭을 받게 된 것은 이처럼 대중과 소통하며, 훌륭한 투자 지침을 전수한 것 외에도 오뚝이 같은 그의 인생 역정도 일조했다. 한때 투자와 창업으로 엄청난 부를 일궜다가, 하루아침에 무너진 뒤 또다시 우뚝 선 모습이 감동 스토리를 만들었기 때문이다.

친구인 피터 워커Peter Walker와 함께 세운 투자회사인 슬레이터 워커Slater Walker는 1960년대와 1970년대 초반 런던 금융시장의 아이콘으로 불릴 정도로 한 획을 그었다. 1972년 경 〈타임〉지는 "창업한 지 8년 된 그 회사가 1960년대와 1970대 초반에 걸쳐 기업 인수합병 등을 통해 200개 기업의 지배권 혹은 상당한 지분을 보유하고 있었고 8억 달러의 자산(순자산은 2억 달러)을 보유하고 있었다"고 보도했다. 하지만 1973년 오일 쇼크와 함께 불어 닥친 주식시장의 붕괴 속에서 "런던 금융시장에서 그 회사만큼 성공한 사례는 결코 없었다"는 찬사는 역사의 뒤안길로 사라졌다. 당시 그는 200만 파운드의 자산과 300만 파운드의 빚을 가진 '마이너스 백만장자minus millionaire'라는 조롱에 시달려야 했다. 엎친 데 덮친 격이라고 해야 할까. 결국 나중에 무혐의로 밝혀지긴 했지만, 싱가포르에 있던 자회사 중의 하나가 주가 조작에 연루되며 싱가포르 정부의 조사를 받는 상황으로까지 내몰렸다.

그러나 그는 좌절하지 않았다. 오히려 "3년 내에 이자까지 합쳐서 모든 빚을 청산하겠다"고 채권자들에게 큰소리를 쳤고, 결국 그렇게 해냈다. 이미 40대 후반이었지만 그는 또 다른 오랜 친구의 도움으로 주식투자와 부동산투자로 재기에 성공한다. "내게 주식투자는 만만한 일이지만, 글쓰기는 엄청 어려운 일이다"는 그의 말을 뒤집기라도 하듯, 탁월한 글재주도 재기에 도움이 되었다. 이 시기에 집필한 어린이책 시리즈(A.Mazing Monster)는 엄청난 베스트셀러가 되었고, 6년 동안 모두 30권의 어린이 책을 집필했다.

그는 풍파가 지나고 난 후인 1977년 자신의 자서전에서 "젊음, 야망, 위험 감수, 혁신적 사고 같은 가치들이 내 회사가 잘 되지 않았다고 해서 훼손되지는 않았으면 좋겠다"는 희망을 밝히기도 했다.

그는 한편으로는 자수성가형 성공 모델로 꼽히는데, 이 때문에 그는 개인 투자자들의 롤 모델로 불리기도

A.Mazing Monster 시리즈, 아들 크리스토퍼가 삽화를 그렸다.

한다. 그는 런던 외곽의 변두리 지역에서 넉넉하지 못한 출판사 영업사원의 아들로 태어났다. 이후 남들처럼 평범하게 직장생활을 하게 되었고, 역시 다른 직장인들처럼 하루하루를 다람쥐 쳇바퀴 돌듯 고되게 보냈다. 어느 날 이렇게 살아서는 안 된다는 불안감이 엄습하자, 자신의 힘과 자신만의 방법으로 인생 역전에 나섰다. 그리고 비록 이런저런 우여곡절이 있었지만, "런던 금융가에서 그처럼 빨리 성공한 사례는 일찍이 없었다"는 언론의 평가를 받을 만큼 멋진 성공 스토리를 써냈다.

그러나 그에게 이런 긍정적이고 밝은 면만 있는 것은 결코 아니다. 그에게도 주홍글씨처럼 따라다니는 것이 있다. 투자회사를 창업한 후 한창 기업인수에 열을 올리고 있을 당시, 이를 못마땅하게 바라보던 사람들이 붙인 '기업 사냥꾼'이라는 낙인이 그것이다. 저평가된 회사를 싸게 사들여 환골탈태시키는 과정에서 이뤄지는 자산 매각을 곱지 않은 시각으로 보는 여론이 있었던 것이다. 이에 대해 그는 나중에 인터뷰를 통해 "남들이 회사 자산 수탈asset stripping이라고 한다면 나도 굳이 부인할 생각은 없다. 그러나 어떤 회사의 자산이 수탈되었다고 한다면 그것은 그만큼 효율적으로 그 자산을 활용하지 못했다는 반증이기도 하다"고 자신의 입장을 밝혔다.

투자와 경영, 금전적 측면에서 그는 분명히 한 시대를 풍미한 승부사적 기질을 가진 사람이었다. 기업가로서 승승장구하던 때에는 "영국의 모든 좋은 자산을 다 갖고 싶다"는 야망도 숨기지 않았다.

그렇지만 그는 베스트셀러가 된 어린이책을 아들과 함께 집필하고, 수년간 영국에서 가장 큰 어린이책 서점을 소유하고, 어린이 인형극을 꾸미고, 동화 구연을 즐겼던 데서 알 수 있듯이 한평생 동심을 유지하며 살았다. 실제로 그는 〈타임〉지와의 인터뷰에서 "나는 체질적으로 어린애 같은 유머감각을 가지고 있다"고 밝혔다.

그는 어렸을 때부터 체스광이어서 체스 대회 후원은 물론, 체스 선수로도 활동했다. 1972년 냉전 시기에 '세기의 대결'로 불린 미국과 소련 선수 간의 체스 대결이 무산 위기에 빠졌지만, 그가 거액의 상금을 후원하면서 결국 성사되어 2개월간의 대결 끝에 미국 선수가 승리하는 것으로 결판이 났다. 또한 자신은 탁구를 무척 좋아했지만, 젊은 테니스 선수들을 후원하기도 했다. 연어 낚시 또한 그가 광적으로 탐닉한 취미 중 하나였다. 친구(피터 워커)를 따라 내각에 참여하면서 한때는 정치에도 발을 들였다. 한평생을 같이 한 아내를 '장기 보유주'라고 표현하는 위트도 선보였다. 지난해 세상을 떠났을 때 50년 이상을 함께 한 아내와 4명의 자녀, 10명의 손주가 유족으로 남았다.

그의 책이 출간된 후, 그가 방한하는 기회가 있었으면 좋겠다는 기대는 그가 갑자기 세상을 떠나면서 이제는 접을 수밖에 없게 되었다. 고인의 영면을 기원하며, 책으로나마 그의 진가를 전할 수 있게 된 데에 이 책을 출간하는 의의를 두려고 한다. 또 한 명의 걸출한 투자 대가의 저서가 국내 독자의 서재에 꽂히길 기대한다.

김재영 (한국투자교육연구소 대표, 『주식부자들의 투자 습관』 저자)

짐 슬레이터 연보

1929	3월 13일 잉글랜드 북서부 헤스월Heswall에서 출생
1953	24세. 공인회계사 자격증 취득 후 직장생활 시작
1963	'캐피털리스트'라는 필명으로 투자 칼럼 기고 시작
1964	35세. 피터 워커와 '슬레이터 워커' 설립
1965	아내 헬렌 굿윈Helen Goodwyn과 결혼
1972	'세기의 대결'로 꼽히는 '월드 체스 챔피언십'에 거액 스폰서
1973~1974	오일 쇼크로 증시 급락. 슬레이터 워커 몰락.
1975	46세. 슬레이터 워커 회장직 불명예 사퇴. 주식투자 본격 매진.
1976~1982	다수의 어린이 책 집필(24권의 그림책, 6권의 동화책)
1977	자서전 『다시 시작해return to go』 집필
1992	63세. 『줄루 주식투자법』 출간
1993	기업 재무 정보 서비스 '컴퍼니 REFS' 개시
1995	『투자 쉽게 이해하기Investment made easy』 출간
1996	『줄루 성장주 투자법Beyond the zulu principle』 출간
2000	『백만장자가 되는 법How to become a Millionaire』 공저.
2000	71세. 바이오 기술에 투자하는 회사 등 다수의 벤처회사 설립.
2002	5월 공동 창업하고 회장직을 맡고 있던 '바이오 프로젝트BioProjects', 영국 증시 상장.
2003	그린란드와 알래스카 광산에 투자하는 '갤러하드 골드Galahad Gold' 설립
2008	갤러하드 골드가 투자한 회사들, 4년간 연평균 66% 수익률로 매각 완료. 『줄루 주식투자법』 개정판 출간.
2008	브라질 부동산 투자회사 '애그리퍼마 브라질Agrifirma Brazil' 설립
2011	82세. 『줄루 성장주 투자법Beyond the zulu principle』 개정판 출간
2015	11월 마지막이 된 투자 칼럼 기고
2015	11월 18일 별세. 향년 86세.

⊙ 옮긴이의 글

저자가 밝힌 것처럼 이 책은 초보자를 위한 투자입문서는 아니다. 그렇다고 투자에 능숙한 전문가를 위한 책도 아니다. 이 책은 어느 정도 투자 경험은 있지만 아직은 자기 투자법을 확실히 정립하지 못한 개인투자자들을 위한 책이다. 이런 투자자를 대상으로 저자는 기본적으로 다섯 가지 주요 투자법을 소개하고 그중 자기에게 맞는 투자법을 선택해 전문화함으로써 그 틈새 영역에서 상대적으로 나은 전문가가 될 것을 권하고 있다. 바로 이런 식의 투자법이 이 책의 제목이자, 저자가 소개하고 있는 '줄루 주식투자법'이다.

줄루 투자 원칙에서 소개하고 있는 주요 투자법은 (1) 역동적인 소형 성장주 투자, (2) 턴어라운드주 및 경기주 투자, (3) 셸 주식 투자, (4) 자산 상황 주식 투자(가치투자에 속한다), (5) 대표주 투자의 다섯 가지다.

소형 성장주란 시가총액은 작지만 이익은 빠르게 증가하는 주식을 말하며, 저자는 '코끼리(대형주)는 빨리 달리지 않는다'라는 인식

하에 시가총액(주가) 상승 가능성이 큰 소형 성장주 투자를 가장 선호하면서 이 책의 가장 많은 부분에서 그 선정 기준을 소개하고 있다. 여기서 저자는 이익증가율 대비 PER의 비율, 즉 PEG(주가이익증가비율)를 핵심 지표로 소개하고 있는데, 그 함의는 다음 세 가지로 정리할 수 있다. 첫째, 성장주 투자에서 가장 중요한 것은 이익 증가 추세라는 것이다. 결국 이익이 상대적으로 높은 비율로 꾸준히 증가하는 기업만이 성장주라고 할 수 있다. 최근 실적도 그렇고 가까운 미래에도 이익이 평균 이상의 높은 비율로 증가하는 기업이 저자가 말하는 역동적 성장주 범주에 속한다. 여기서 중요한 두 번째 함의가 나오는데, 그것은 예상 이익실적, 요컨대 성장 전망치가 중요하다는 것이다. 그러나 이런 전망치는 막연한 예상이나 추측에 기초한 것이 아니라, 증권사들이 내놓은 전망치에 기초한 것이어야 한다. 따라서 저자는 PEG도 예상 PEG(예상 PER ÷ 예상 이익증가율)를 더 중시하고 있다. 증권사들의 이익 전망치가 없는 주식은 이런 예상 PEG를 계산할 수 없다. 역동적 성장주 투자에서 PEG를 중시하는 세 번째 함의는 성장주 투자라고 하지만 결국에는 가치도 중시하고 있다는 것이다. 저자는 PEG가 0.75 이하, 보다 바람직하게는 0.66 이하인 주식을 찾고 있는데, 이는 이익 증가에 비해 주가가 싼 주식, 요컨대 '증대되는 가치에 비해 가격이 싼' 주식을 찾는 것이다. 따라서 저자가 성장주 투자라고 말하고 있지만 보다 정확하게는 '가치 성장주 투자'라고 할 수 있을 것이다. 이런 역동적 소형 성장주 투자에 대해 저자는 『줄루 주식투자법』의 후속작이라 할 수 있는 『줄루 성장주 투자법Beyond the Zulu Principle』에서 보다 자세히 소개하고 있다.

저자가 소개하는 두 번째 투자법인 턴어라운드주 및 경기주 투자는 우리가 알고 있는 바와 크게 다르지 않다. 턴어라운드주 및 경기주 투자에는 어떤 이례적인 요인이나 불황으로 타격을 받은 기업이 어려움을 겪고 있을 때 그러나 결국엔 회복될 것으로 믿어질 때 매수하고, 회복한 후 다시 이익을 내기 시작할 때 매도한다는 가장 기본적인 원칙이 적용된다. 결국 경기주와 턴어라운드주 투자에는 '타이밍'이 중요하다. 그러면서 저자는 주요 선정 기준으로 이왕이면 크고 유명한 회사일 것, 같은 상황에 있는 경쟁자에 비해 상대적으로 나은 회사일 것, 주가를 초과하는 자산을 가진 회사일 것, 상대적으로 부채가 적은 회사일 것, 불황이나 어려움 속에서도 생산능력을 유지하고 있는 회사일 것, 정상 상황이 되면 자기 사업에서 충분한 힘을 발휘할 수 있는 회사일 것 등을 제시하고 있다. 이것이 의미하는 바는 경기주와 턴어라운드 주에 투자할 때는 타이밍이 중요하긴 하지만 '종목 선정'도 매우 중요하다는 것이다.

셸shell 주식 투자는 또 다른 매우 흥미로운 투자 영역이다. 저자가 옥스퍼드 사전의 정의를 빌어 소개하고 있는 셸 기업이란 '주식시장에서 가진 지위 때문에 인수대상이 되는 그다지 중요하지 않은 기업'을 말한다. 여기서 주식시장에서 가진 지위란 주식시장에 상장되어 있음을 뜻한다(비상장 장외거래 주식은 여기에 해당되지 않는다). 한 마디로 셸 기업은 여러 사정으로 주식시장에 상장하기 어려운 다른 기업의 우회상장 통로로 이용될 수 있는 기업을 말하며, 셸이 뜻하는 본래 의미를 그대로 가져와 말하면 사업내용이 불분명하거나 보잘 것없는 '껍질뿐인 기업'을 말한다. 여기서 껍질이란 외형, 요컨대 주식시장에 상장된 기업이란 외형을 의미한다. 셸 주식 투자에서도 셸 기업과 우회상장을 원하는 타 기업과의 합병시기와 관련된 타이밍이 중요하다. 인수합병이 이루어지기 전에 투자하면 큰 보상을 얻을 수 있지만, 그만큼 리스크도 크기 때문에 저자는 인수합병이 이루어진 후 투자하는 것이 보다 안전하며 그 때 투자해도 늦지 않다고 말한다. 그러면서 저자는 여기서도 타이밍이 중요하긴 하지만 '종목 선정'이 매우 중요함을 강조하고 있다. 특히 인수합병 전후로 새로 들어오는 경영진이 우수할 것, 신규 경영진이 충분한 회사 지분을 매수할 것, 셸 기업과 합쳐지는 회사의 이익이 증가하고 있을 것, 적절한 유동성을 갖추고 있을 것, 시가총액이 작을 것 등등을 셸 기업 종목 선정의 주요 기준으로 제시하고 있다.

저자가 말하는 네 번째 투자법인 자산 상황 주식 투자는 순자산이 주가보다 적어도 50% 이상 높은 주식에 투자하는 것이다. 이를 주가장부가비율(PBR)로 표현하면 PBR이 0.66 이하인 주식에 투자하라는 말이 된다. 이는 결국 가치투자의 한 형태라 할 수 있다. 사실 저자는 순자산가치 평가의 어려움 때문에 자산 상황 주식보다는 역동적 소형 성장주나 셸 주식 투자를 선호하고 있는데, 역동적 소형 성장주 투자에 적용하는 PEG 지침을 따르면 할인가에 성장 전망을 매수하는 것이므로 소형 성장주 투자도 가치투자의 한 형태라는 저자의 주장은 사뭇 합당한 것이라 할 수 있다.

대표주 투자는 시가총액이 큰 대기업에 투자하는 것으로 상대적으로 안전하며 매매가 쉽지만, 많은 기관들로부터 충분한 분석이 행해지기 때문에 주가가 싼 경우가 드물고 크게 상승하기 어렵다는 단점이 있다. 여기서 저자가 말하는 대표주 투자는 '대기업을 대상으로 하는' 성장주 투자, 경기주 및 턴어라운드주 투자, 자산 상황 주식 투자로 정리된다. 대기업을 대상으로 하되 각 투자법의 선정 기준을 다소 완화하거나 조정하는 식이다. 예컨대 기본적으로 '대형 성장주' 투자에는 PEG 기준을 1로 완화하고, '대형 자산 상황 주식' 투자에는 과도한 부채가 없고 현재 손실을 내고 있지 않으며 장부가에서 할인된 가격이라는 기준을, '대형 경기주' 투자에는 매출액이 시가총액의 5배 이상이며 자산이 주가의 80% 이상이고 순자산가치 대비 부채 비율이 100%를 초과하지 않을 것이란 기준을 적용하는 것이다.

투자자는 그 기질과 추구하는 바가 서로 사뭇 다르다. 따라서 중요한 것은 자신의 기질과 투자 목적에 맞는 투자법(들)을 찾는 것이다. 저자가 소개한 위 다섯 가지 투자법 중 한 가지 투자법에만 집중할 수도 있고, 여러 투자법을 동시에 활용할 수도 있을 것이다. 기억해야 할 것은 각자가 자신이 활용하는 투자법을 충분히 익혀 그 분야에서 상대적으로 나은 전문가가 되어야 한다는 것이다. 저자의 투자법을 그냥 가져다 적용할 게 아니라 자기에게 맞는 것을 찾아 자기 것으로 만드는 것이 중요하다.

이 책은 1992년 출간되었으며, 따라서 저자의 기술 시점은 1992년 초중반이다. 또 한국 독자들에게는 많이 낯선 영국 시장과 영국 기업 중심으로 서술되어 있다. 본문에서 설명하고 있는 여러 시장 제도나 규정도 우리에게는 익숙하지 않은 게 많다. 따라서 한국 독자가 읽기에 다소 불편하고 불필요해 보이는 부분이 있는 것도 사실이다. 그럼에도 불구하고 이 책 전반에 넘쳐나는 저자의 풍부한 투자 지식과 통찰력은 시기와 시장을 초월해 모든 투자자들이 이해하고 습득할 가치가 있는 그런 것임에 분명하다. 또 저자가 본문에서 소개하고 있는 여러 투자 참고서적(국내 번역서가 있는 경우 국내 번역서 제목으로 소개했다)도 투자자라면 한번쯤 관심을 가지고 접근해 볼 필요가 있을 것이다. 옮긴이로서 저자의 통찰력과 지식을 독자들에게 제대로 전달했는지, 잘못된 번역으로 저자와 독자들에게 누를 끼친 것은 아닌지 늘 두려운 마음이다. 오류가 있다면 지적을 겸허히 수용하고 바로 수정하도록 할 것이다.

　아무리 훌륭한 투자법이라 해도 그것을 자기 것으로 만들지 않으면 아무 소용이 없다. 우리가 계속 학습하고, 자신이 택한 투자법을 부단히 갈고 닦아야 할 이유는 결국 장기적으로 성공한 투자자가 되기 위해서이다. 녹록지 않은 시장 환경이지만, 『줄루 주식투자법』이 독자 여러분의 성공적인 투자에 좋은 동반자가 되길 빈다.

2016년 7월
옮긴이 배상

⊙ 1992년판 서문

주식시장에 관심 있던 내 아들 중 하나는 수준 높은 미국의 투자 서적을 여러 권 읽어본 후, 내게 비슷한 성격의 영국 투자서적 한 권을 추천해 달라고 했다. 이에 나는 적당한 책이 있는지 곰곰이 생각해 보고 서점까지 뒤져봤지만, 초보적인 책 외에는 수준 높은 투자 서적이 없다는 사실을 발견했다. 수요와 공급에 차이가 있을 때 시장은 보통 그 차이를 메우기 시작하는 법이고, 바로 이것이 이 책을 쓰기로 결정한 배경이다. 다른 많은 책도 곧 등장할 것으로 믿어 의심치 않는다.

이 책의 목적은 매우 성공적인 투자자가 되는 법을 알려 주는 것이다. 한 가지 문제는 이 책을 읽는 독자가 야심차고 잘 훈련된 증권사 직원인지, 투자의 기초에 대해 많은 것을 알고 있는 회계사나 변호사인지, 아니면 투자와는 매우 다른 업계에 종사하고 있거나, 평생을 산업체에서 근무한 후 은퇴한 사람인지 모른다는 것이다. 나로서는 투자의 기초적인 내용을 알고 있는 사람을 성가시게 할 생각이 없었다. 따라서 독자들이 어떤 식으로든 투자와 관련된 사람이거나, 적어도 이 책 말미에 소개한 주요 용어 정도는 이미 읽었다는 가정 하에 이 책을 서술했다. 이런 가정에 입각해 말하자면, 독자 여러분은 보통주와 우선주 그리고 전환사채의 차이, 주가수익비율(PER)·배당수익률·자산가치 같은 용어의 의미, 무상증자와 유상증자의 효과와 그 의미 정도는 알고 있을 것이다.

투자에는 서로 다른 수많은 방법과 영역이 존재한다. 여기서는 이를 간략히 살펴본 후, 보다 자세한 내용은 본문에서 다루도록 하자.

역동적인 소형 성장주 small dynamic growth companies

투자업계는 시가총액이 500만 파운드에서 1억 파운드(1파운드≒1,850원) 사이의 소형 고속 성장주에 대해서는 그리 많이 분석하지 않는다. 바로 이 때문에 이런 주식이 매우 매력적인 투자 대상이 되는 경우가 많다.

턴어라운드주 turnarounds 와 경기주 cyclicals

불황이나 기타 이례적인 요인으로 타격을 받은 기업이 다시 회복되는 경우가 종종 있다. 경기민감형 기업과 최근 경영진이 바뀐 기업이 이런 경우에 속한다.

셸 주식 shells

셸 주식(기업)은 또 다른 매우 흥미로운 투자 대상이다. 셸 기업은 호가quotation가 형성되어 있지만, 별로 중요하지 않은 작고 불분명한 사업을 하면서 약간의 현금만 가진 매우 작은 기업인 경우가 많다. 일반적으로 기업가들은 자기 회사가 실적을 쌓기에 업력이 너무 짧거나 다른 결점 때문에 정규시장에서 매매되기 어려울 경우(즉 정규시장 상장을 통한 호가 획득이 어려울 경우) 우회적인 방법으로라도 호가를 확보(우회상장)하려고 한다. 이때 호가를 가진 셸 기업이 이런 우회상장의 중요한 통로가 될 수 있다. 셸 주식에는 핸슨 & 윌리엄스 홀딩스Hanson and Williams Holdings에서 폴리 펙 & 파크필드Polly Peck and Parkfield에 이르기까지 성공적인, 때로는 악명 높은 사례가 많다. 셸 주식 투자는 매우 흥미진진한 일이 될 수 있다.

자산상황주asset situations

〔자산상황주는 주가 대비 순자산(장부가)이 높은 상태의 주식을 말한다. 단순한 자산주가 아니라, 저평가되었다는 개념이 내포되어 있다 — 역자.〕

내 친구 중 일부는 주식의 시장가격이 해당 기업 청산 시의 기본적인 사업가치(요컨대 청산가치)보다 낮은 기업에만 투자한다. 이들을 가치투자자라고 할 수 있는데, 이 가치투자자들은 해당 기업의 자산을 다시 활성화시켜서 그 자산의 수익 잠재력을 최대로 끌어올릴 기업 인수나 새로운 경영진의 취임 같은 결정적 계기가 오기를 기다린다. 이런 상황이 오면 그 주식 가격은 상승하기 시작한다.

대표주 leading stocks

FTSE(FT) 100 지수 FTSE 100 Index 에 속한 기업들은 보통 상당히 안심할 수 있고 완전히 망하는 경우는 거의 없다. 또 이런 주식들은 시장 상황이 안 좋아도 다른 주식들보다 훨씬 쉽게 팔 수 있다. 그러나 이들 주식은 투자업계의 분석이 잘 되어 있는 까닭에 정말 싸게 살 기회를 찾기가 어렵다. 이 책에서는 영국 대표주에 투자해 실적을 높일 수 있는 몇 가지 기준을 제시할 계획이다. 나는 이런 기준이 미국과 다른 대부분의 해외시장에서도 매우 효과적이라는 사실도 확인했다.

본문에서는 주요 용어들을 자세히 설명하지 않고 내가 이름 붙인 이른바 '줄루 투자 원칙'을 적용해 수익을 내는 법을 직접 소개할 것이다. 특히 독자 여러분이 자신의 기질에 맞는 하나 혹은 두 가지 투자법을 최종 선택할 수 있도록 주식투자로 수익을 낼 수 있는 5가지 투자법(성장주 투자법, 턴어라운드주 및 경기주 투자법, 셸 주식 투자법, 자산상황주 투자법, 대표주 투자법)을 집중 소개할 것이다.

내가 내 투자법을 '줄루 투자 원칙'으로 명명하게 된 것은 아내가 〈리더스 다이제스트〉에서 줄루족에 관한 4페이지 기사를 읽은 것이 계기가 되었다. 그때부터 아내는 줄루족에 관한 한 나보다 더 많은 것을 알게 되었는데, 만약 아내가 서리 Surrey 지역도서관에서 줄루족에 관한 책을 모두 빌려 꼼꼼히 읽었더라면 서리의 그 누구보다도 줄루족에 대해 더 많은 것을 알게 되었을 것이다. 그런 후 아내가 남아프리카공화국을 방문해 6개월간 줄루족 마을에 거주하면서 남아프리카대학교에서 줄루족에 관한 모든 자료를 연구했다면, 그녀는 줄루족에 대한 영국의 대표적인, 아마도 세계적인 권위자 중 한 명이 되었을 것이다. 여기서 내가 말하고자 하는 요점은 오늘날 줄루족의 역사와 그들의 습관 및 관습은 매우 명확히 정의된 한정된 지식 영역이기 때문에 내 아내 같은 평범한 사람도 일정한 시간과 노력을 기울이면 그 분야에서 인정받는 전문가가 될 수 있다는 것이다. 이 멋진 부족에 대한 연구가 수익을 안겨주는 일은 아니겠지만, 경제적으로 상당한 보상을 제공해 줄 수 있는 매우 전문적인 연구 주제는 많이 존재한다.

　이제 나는 줄루 투자 원칙을 투자에 활용하는 법을 보여 주고자 한다. 줄루 투자 원칙을 통해 여러분은 공격을 집중함으로써 몽고메리 장군, 그 이전에는 나폴레옹처럼 여러분의 목표를 달성하게 될 것이다.

⊙ 2008년판 서문

　줄루 투자 원칙은 투자에서 집중이 얼마나 중요한지를 말해 주고 있다. 모든 걸 알 필요는 없다. 오히려 좁은 영역을 전문화해 그 분야에서 상대적으로 앞선 전문가가 되는 것이 더 낫다.

　나는 늘 소형주 및 시가총액이 그보다도 작은 초소형주(마이크로 캡 주식micro-cap stocks)에 초점을 맞췄다. 그 이유는 간단하다. 첫째, 이런 주식은 상대적으로 분석이 덜 됐고, 따라서 저가 매수 기회가 더 많다. 둘째, 평균적으로 이런 주식은 대형주들보다 훨씬 좋은 실적을 낸다. 사실 지난 50년 동안 마이크로캡 주식들은 시장보다 8배나 높은 실적을 기록했다.

　이 책에서는 1992년 당시 내가 사용하던 투자법을 소개했다. 그 이후 이 투자법을 조금 다듬기는 했지만, 근본적으로는 변한 게 없다.

　나는 투자할 때 먼저 순풍을 찾는다. 순풍을 찾는다는 것은 전망이 매우 좋은 영역이나 업종에 집중한다는 것을 의미한다. 잘못된 때에 잘못된 사업에 투자하고 있다면 돈을 잃게 마련이다. 반면 적시에 적합한 사업에 투자한다면 많은 돈을 못 벌려야 못 벌 수가 없다.

전망이 좋은 사업에 투자하는 방법 가운데 하나는 해당 업종의 그리고 그 업종에서 고른 주식의 전년도 상대 주가$_{relative\ strength}$가 전체 시장보다 상당히 좋다는 것을 확인하는 것이다. 시장은 아직 알려지지 않은 매우 나쁜 일을 모르고 있다는 것을 확신하기 위해 내가 늘 확인하는 것이 바로 해당 주식의 상대 주가다.

줄루 투자 원칙에서 말하는 집중의 일환으로 나는 성장주에 집중한다. 앞서 말한 대로 나는 특히 시가총액이 작은 기업을 선호하는데, 그 이유를 비유적으로 표현하기 위해 '코끼리는 빨리 달리지 않는다$_{Elephants\ don't\ gallop}$'는 말을 만들었다. 또 나는 매수 시점에 가격이 상대적으로 싼 주식을 찾는다. 가격이 상대적으로 싼지 여부는 예상 주가수익비율(PER)을 예상 주당순이익 증가율과 비교해 결정한다. 예상 PER이 주당순이익 증가율보다 훨씬 낮은 것이 좋다. 예컨대 PER이 15인 기업이 있다고 할 때, 그 기업의 연간 주당순이익 증가율이 30%면 매력적이지만 5%면 전혀 매력적이지 않다.

1년의 이익 증가율만 보는 것은 별 의미가 없고, 해당 기업이 과거 적절한 이익 증가율을 기록했는지가 중요하다. 최소한 과거 2년의 이익 증가율과 향후 2년의 이익 증가율 전망치가 있어야 한다. 과거 3년의 이익 증가율과 향후 1년의 이익 증가율 전망치를 사용하는 것도 가능하다. 이보다 적은 증가율 자료는 그 증가율이 (어려움에서 회복하는 단계에서 보이는 증가율과 대조되는 의미로서의) 실제 증가율인지 판단하는 데 충분한 기초가 되지 못한다.

또 다른 매우 중요한 기준은 현금흐름이 주당순이익을 초과하고 있는지 확인하는 것이다. 실제로 기업의 재무제표를 분석해 이들의 주당순이익이 현금으로 지지되지 못하고 있다는 사실을 발견하기 전에는 기업들이 사업을 잘하는 것처럼 보이기도 한다. 현금으로 지지되지 못하는 이익은 유령이익에 불과하다. 현금흐름이 주당순이익을 꾸준히 초과하는 것을 확인함으로써 여러분은 엔론 같은 기업을 피할 수 있다.

또 하나의 중요한 기준은 회사 이사진이 회사 주식을 매도하고 있지 않다는 것을 확인하는 것이다. 내 경우, 복수의 이사가 회사 주식을 매도하고 있다면 회사 통계가 아무리 좋아보여도 그 회사에 완전히 흥미를 잃는다. 반대로 여러 명의 이사가 회사 주식을 매수하고 있다면 그 회사의 주가는 상승할 가능성이 매우 높다. 특히 회사 CEO와 재무 담당 이사가 매수하고 있는지 확인해야 한다. 이들은 회사에 어떤 일이 벌어지고 있는지 정확히 알고 있는 사람들이며, 따라서 이들이 자신의 말을 행동으로 보여주는 모습을 확인하는 것은 늘 고무적인 일이다.

1997년 제임스 오쇼네시James O'Shaughnessy는 『월스트리트에서 통하는 투자법What Works on Wall Street』이란 매우 재미있는 책을 썼다. 이 책에서 그는 과거 40년 동안 서로 다른 특징을 가진 주식들의 실적을 분석했다. 그 결과 강력한 현금흐름이나 전년도에 기록한 상대적으로 우수한 주가 실적 같은 한 가지 합리적인 기준을 따름으로써 시장을 상당히 앞서는 실적을 낼 수 있음을 발견했다. 이런 개념을 염두에 두면서 몇 가지 합리적인 기준을 조합해 주식을 선정한다면 분명 훨씬 더 나은 방법이 될 것이고, 내가 이 책에서 제안하는 것도 바로 이것이다. 이상적인 주식으로 나는 다음과 같은 주식을 찾는다.

1. 강력한 과거 이익 증가율 실적
2. 낙관적인 미래 전망 및 예상치
3. 예상 이익증가율 대비 낮은 PER
4. 주당순이익을 훨씬 초과하는 강력한 현금흐름
5. 과도하지 않은 적당한 부채
6. 상대적으로 우수한 전년도 주가 실적
7. 경영진의 회사 주식 매수

이 책 2008년 판이 인쇄에 들어갈 즈음(2008년 세계 금융 위기 진행 중), 시장 전망은 매우 불확실했다. 이런 상황에서 가장 쉽게 돈을 버는 방법은 부채가 과도하고 전망이 좋지 않은 주식을 공매도하는 것이다. 성장주의 PER이 하락하고 있지만, 이런 조정은 미래의 높은 수익을 위해 필요한 과정이다. 따라서 비관하지 말고 다음 상승을 대비해 준비해야 한다.

여러분에게 강한 인내력이 함께 하길 빌면서,

2008년 9월
짐 슬레이터

투자는 본질적으로 무지의 차익거래이다.
Investment is essentially the arbitrage of ignorance.

— 짐 슬레이터 —

1장

개인투자자의 성공 법칙
― 자신만의 투자왕국을 구축하라 ―

다른 여느 게임과 다름 없이 투자도 이기는 것이 지는 것보다 훨씬 재미있으며, 운과 실력이 모두 작용한다. 실력 없는 게임자는 운을 탓하는 경우가 많지만, 게리 플레이어Gary Player 같은 유명한 골프 선수는 "더 열심히 하면 운도 더 많이 따른다"고 말한 바 있다. 엘머 레터만Elmer Letterman도 "준비가 기회를 만날 때가 바로 운이다"라고 했다. 이제 나는 투자의 승자가 되기 위해 어떻게 준비해야 하는지를 보여주고자 한다.

주사위를 던져 하는 모노폴리게임(부동산을 획득하는 보드게임)에는 운이 크게 작용한다. 주사위를 던진 결과가 나쁘면 상대방이 좋은 지점을 다 차지하는 동안 엄청난 세금을 물면서 보드를 돌아다니다 감옥에 갈 수도 있다. 그러나 이 게임에도 약간의 실력이 작용하며, 게임이 오래 진행되면 실력이 좋은 게임자가 승리하는 경우가 많아진다. 그렇다면 여기서 실력이란 과연 무엇인지 분석해보도록 하자. 모노폴리게임에서 가장 나쁜 부동산의 임대료 수익이 고작 101%인데 비해 펜턴빌 로드, 유스턴 로드, 엔젤 이즐링턴 같은 밝은 청색 부동산의 임대료 수익은 159%로 가장 높다. 바인 스트리트, 말보로 스트리트, 바우 스트리트 같은 오렌지색 지점은 그 다음으로 높은 141%의 수익을 제공한다. 이런 수익률은 오렌지색 지점 세 개를 모두 사서 호텔을 짓는 총비용(이 경우에는 2,060파운드)을 세 개의 호텔에서 나오는 임대료(이 경우 총 2,900파운드)와 비교해 계산한 것이다. 언뜻 보기에 밝은 청색 지점이 오렌지색 지점보다 좋아 보이지만, 나는 '게임 상대방이 오렌지색 지점들을 차지하게 될 빈도'라는 또 다른 중요한 요인 때문에 바인 스트리트, 말보로 스트리트, 바우 스트리트 같은 오렌지색 지점들을 가장 좋아한다. 첫째, 이 게임에는 '세 지점 뒤로 가기 찬스'라는 카드가 있고, 이 카드를 써서 바인 스트리트로 갈 수 있다. 둘째, 오렌지색 지점들은 감옥에서 던져진 주사위인데, 이는 감옥에서 풀려난 다른 게임자들이 오렌지색 지점들로 갈 가능성이 더 높다는 걸 의미한다. 셋째, 또 다른 두 개의 찬스 카드가 있다. 하나는 '말보로역으로 가라'는 카드고, 다른 하나는 '폴 몰로 가라'는 카드다. 이 카드는 밝은 청색 지점을 그대로 지나쳐 오렌지색 지점으로 가게 만드는 카드다.

　모노폴리게임의 추가 지침은 일단 완전한 지점을 확보하면, 집을 짓기에 불완전한 다른 지점을 담보로 대출을 받아서라도 완전한 지점에 신속하게 집을 짓는 것이다. 예를 들면 스트랜드의 임대료 손실은 18파운드에 불과하겠지만, 모기지 대출금 110파운드 중 100파운드를 가지고 바우 스트리트에 집 한 채를 더 살 수 있다. 그 첫 번째 집에서 임대료를 14파운드에서 70파운드로 올리면 56파운드의 수익을 얻게 되고, 세 번째 집까지 추가되면 그 차액(수익)은 350파운드까지 증가한다. 따라서 신중한 현금 보유를 유지하고 있다는 조건 하에, 여러분은 모든 불완전한 지점을 담보로 대출을 받아서 그 대출금으로 신속하게 집을 지어야 한다.

투자 게임에 뛰어들기 전에 먼저 필요한 실력은 갖추었는지, 투자 게임을 할 금전적 여유는 있는지 확인해야 한다. 나는 여러분이 먼저 자신의 집이나 아파트에 투자할 것을 강력히 권한다. 1992년 6월 현재(이 책 초판 발간 시점) 부동산시장은 불황에 빠져 있다. 그러나 바로 그 이유 때문에 부동산 붐이 절정에 달했던 2~3년 전보다 부동산을 사는 것이 훨씬 낫다. 장기투자자로서 볼 때 여러분이 이런 유리한 투자를 할 기회는 별로 없다. 한 가지 더 보너스가 있다면 이제 여러분은 자기 집에서 사는 즐거움을 누릴 수 있다. 집값은 인플레이션에 연동돼 상승하는 경향이 있기 때문에, 연 5%의 인플레이션만 가정해도 10만 파운드짜리 집은 인간의 정상 기대수명인 70년 후에는 300만 파운드 이상이 되어 있을 것이다. 그런데, 이보다 훨씬 나은 계산도 가능하다. 대부분의 사람은 모기지대출을 이용할 수 있고, 모기지대출을 이용할 경우 순지출 대비 수익률은 훨씬 높아지기

〈그림 1-1〉 주택가격의 변화(상승률 연 5% 가정)

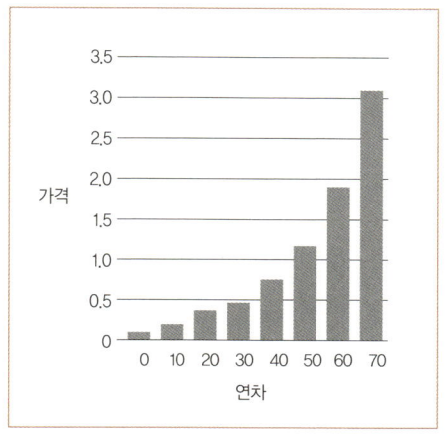

때문이다. 게다가 주인이 직접 거주하는 집에는 아직 자본차익세가 부가되지 않고 있고, 모기지대출 이자에 대해서는 약간의 세금 감면 혜택도 있다. 따라서 이런 특권을 이용한 후 주식시장에 투자하는 것이 좋다.

그리고 학자금, 질병, 힘든 시기를 대비해 일부 자금은 따로 떼어 놓아야 한다. 주식투자에 사용할 돈은 갑자기 인출할 필요가 없는 장기 여유자금이어야 한다.

투자 게임에서 여러분이 직면하는 주요 문제는 먹고, 마시고, 자면서도 투자하는 직업 투자전문가들과 맞서게 된다는 것이다. 이들은 투자 대상 기업은 물론이고, 원하면 더 많은 일반 정보에 보다 쉽게 접근할 수 있고, 증권사 직원(증권사)들로부터 지속적으로 보고서 및 투자 참고 자료를 받는다. 더욱이 더 크고 많은 사업(거래)을 원하는 증권사 직원들은 직업 투자전문가들이 속한 기관에 가능한 한 최선의 서비스와 가장 유리한 조건을 제공한다.

따라서 개인투자자로서 여러분은 상당히 불리한 입장에서 투자 게임에 나서게 된다. 그럼에도 불구하고 이길 수 있는 방법은 있지만, 자신의 투자에 주당 몇 시간을 바칠 준비가 되어 있지 않다면 성공할 희망은 거의 없다. 나로서는 적어도 하루에 평균 30분은 투자에 할애할 것을 제안하며, 그 30분을 여러분이 고대하고 또 즐기기를 바란다.

경쟁을 위해 여러분은 자신의 경쟁력을 개발해야 한다. 이와 관련해 나는 몇 가지 아이디어로 여러분이 자신의 경쟁력을 개발할 것을 촉구하고자 한다. 첫째, 직업 투자전문가들이 상대적으로 덜 관심을 갖는 틈새시장을 찾아야 한다. 대부분의 주요 증권사, 직업투자자 및 투자기관은 시가총액 5억 파운드 이상 되는 대기업에 분석을 집중한다. 그 이유는 명확하다. 한 증권사가 어떤 대표주를 매수 혹은 매도 추천할 때 좋은 분석에 기초해 좋은 주장을 펼칠 수 있다면, 그에 입각해 투자기관들은 대량 거래를 할 수 있고, 증권사에 많은 수수료를 안겨주는 대량 거래는 증권사 입장에서는 바람직한 것이 된다. 대표주는 시장성(매매 가능성)도 더 좋기 때문에 기관들도 대표주를 선호한다. 이들이 이익을 실현하거나 손실을 정리할 경우, 보통은 자신에게 매우 유리한 가격에 대량 거래를 할 수 있다.

투자는 본질적으로 무지의 차익거래arbitrage of ignorance다. 성공적인 투자자는 다른 투자자들이 충분히 알지 못하는 뭔가를 자신은 알고 있다고 믿는다. 대표주의 경우에는 알려지지 않은 것이 거의 없고, 따라서 차익거래를 할 '무지'라는 것이 거의 존재하지 않는다. 제너럴 일렉트릭(GEC), 글락소Glaxo, 임페리얼 케미컬(CI) 같은 대기업들에 대해서는 매년 수백 건의 증권사 보고서가 쏟아져 나온다. 반면 이보다 작은 일부 주식은 거의 보고서가 나오지 않고, 다른 일부는 한두 증권사만 보고서를 내는 정도다. 대부분의 주요 증권사들은 작은 주식들을 분석하는 데까지 돈과 시간을 할애할 수 없다. 그러므로 여러분은 상대적으로 관심이 적은 시장 영역(차익거래가 가능한 무지가 존재하는 영역)에서 좋은 매수 기회를 찾을 가능성이 더 크다. 바로 이곳이 여러분이 이용할 수 있는 틈새 영역이다.

여러분이 직업 투자전문가보다 유리한 두 번째 요인은 직업 투자전문가들은 보통 거금을 투자해야 한다는 것이다. 이들 중 많은 사람이 수십억 파운드까지 운용한다. 여러분이 단 5억 파운드(약 8,385억 원)의 쥐꼬리(?)만 한 돈을 관리하고 있다고 할 경우 직면하게 되는 문제들을 생각해 보자.

1. 이 경우 여러분은 시가총액이 작은 주식에는 상당한 자금을 투자하기 어렵다는 것을 알게 될 것이다. 이는 큰 장애요인이 될 수 있는데, 이에 대해서는 다음 장에서 살펴볼 것이다.

2. 적어도 200개, 어쩌면 그보다 많은 종목에 투자를 분산해야 할 것이다. 100번째 종목을 선정했을 때쯤이면, 그 종목이 50번째 선정

한 종목보다는 분명 덜 매력적이고, 10번째 선정한 종목보다는 상당히 덜 매력적이며, 첫 번째 선정한 종목보다는 엄청나게 덜 매력적일 것이다. 이를 여러분이 평균 10개의 최고 종목들에 집중할 수 있는 작은 포트폴리오를 운용하는 것과 비교해 보자. 정말 대단한 이점 아닌가!

3. 200개 이상의 종목으로 구성된 기관 포트폴리오의 경우 펀드매니저가 포트폴리오 운용에 개인적인 정보나 지식을 가미할 가능성이 매우 낮다. 기관 포트폴리오매니저는 눈과 귀를 열고 밖에 나가 여기저기 둘러보는 대신 사무실에 출근해 하루 종일 좁은 스퀘어 마일Square Mile(뉴욕의 월스트리트에 비견되는 런던의 금융가)에 틀어박혀 있을 것이다. 그러나 개인투자자는 이와 다른 이점이 있다. 개인투자자는 세인즈베리Sainsbury(영국의 슈퍼마켓 체인점)가 몇 개의 신규 점포를 개점하고 있다거나, 알렉손Alexon(영국의 의류매장) 점포에 손님들이 몰리고 있다는 것을 눈으로 직접 보고 알 수 있다. 또 개인투자자는 영국에 상장된 한 건설회사가 신규 직원 100명을 채용하고 있다거나, 한 친구가 새로 산 컴퓨터에 매우 만족해한다는 소식도 들을 수 있을 것이다. 일단 여러분이 자신의 포트폴리오 견지에서 생각한다면, 이런 식의 정보는 어느 것이라도 포트폴리오 운용에 중요한 단서가 될 수 있다. 이런 식의 개인적인 정보는 기관 포트폴리오의 경우 매우 제한적으로 스며들지만, 개인투자자로서 여러분의 포트폴리오에는 상당한 영향을 미

치게 될 것이다.

전문가 경쟁자들을 극복하는 데 또 하나 도움이 되는 것은 여러분이 선택한 틈새 영역에서 줄루 투자 원칙을 적용하는 것이다. 나는 여러분에게 다섯 가지 상이한 투자 전략(성장주 투자, 턴어라운드주 및 경기주 투자, 셸 주식 투자, 자산상황주 투자, 대표주 투자)을 소개하고 이들 중 하나에 특화할 것을 제안할 것이다. 먼저 우리는 강한 이익 증가 실적을 보여 왔으며, 미래 잠재력을 가지고 있고, 시장이 제대로 평가하지 못한 것으로 보이는 상대적으로 작은 기업(역동적인 소형 성장주)에 투자하는 법을 살펴볼 것이다. 나는 이런 소형 성장주 투자에서 대부분의 수익을 올렸으며, 따라서 이 방법을 상당히 자세히 다룰 것이다. 처음 10개의 장에서 여러분이 소형 성장주 투자법에 익숙해질 수 있도록 이 투자법을 중심으로 중요한 투자 개념과 요인들을 살펴보고, 그 다음 다른 네 방법 즉, 턴어라운드주 및 경기주, 셸 주식, 자산상황주, 대표주 투자법에 대해 살펴볼 것이다. 그러면 여러분은 이 중 어떤 투자법이 자신에게 가장 적합한지 판단할 수 있게 될 것이다. 자산상황주와 소형 성장주의 경우에는 인내가 필요한 반면, 셸 주식과 턴어라운드 주식의 경우에는 보다 직접적인 고통과 기쁨을 맛보게 될 것이다. 해외시장과 영국 대표주 투자에 대해서는 별도의 장에서 포트폴리오 실적을 개선할 수 있는 몇 개의 선택 기준을 제시할 것이다.

그에 앞서 우선 소형 성장주에 대해 좀 더 자세히 살펴보자. 여러분은 시장이 적절히 평가하지 못한 것으로 보이는 주식을 찾고 있을 것이다. 시장이 별로 관심을 보이지 않는 데에는 그만한 이유가 있을 때도 있다. 실력을 갖추면 여러분은 훨씬 높은 평가를 받아야 할 주식과 그렇지 못한 주식을 찾아낼 수 있을 것이다. 물론 여러분은 자신이 항상 옳을 것이라고는 기대할 수 없다. 그러나 정말 좋은 선택을 하게 되면, 여러분은 이따금 범하는 실수로 인해 입게 되는 손실을 훨씬 초월하는 그리고 스스로도 놀랄 수익을 올리게 될 것이다.

성장주의 주가가 상승하는 과정에서 충분한 수익을 제공하는 이유는 기본적으로 두 가지다. 첫째는 이익 증가율이다. 한 주식의 주가가 이익의 10배, 즉 PER이 10배이고 그 다음 기록한 일련의 실적에서 25%의 이익 증가율을 보였다면, 다른 모든 조건이 동일하다고 할 경우, 이 주식의 주가는 약 25% 상승할 것이다. 그 다음 이 주식의 주가가 상승하는 두 번째 이유가 작동한다. 그런 이익 증가율을 기록한 후 몇 개월 동안 시장이 그 주식을 재평가하면서 PER이 상승하는 것이다. 연간 25%의 이익 증가율을 기록한 회사의 경우, PER은 최소 20, 아마 그보다 훨씬 높아질 것이다. 이렇게 PER이 변하면 여러분의 수익률은 25%에서 150%로 상승하게 된다.

$$(100 + 25) \times \frac{20}{10} = 250$$
$$- \text{최초 투자 } 100$$
$$= \text{이익 } 150$$

소형주 투자의 성공에 기여하는 또 다른 요인은 일반적으로 '코끼리는 빨리 달리지 않는다'는 것이다. 작년(1991년)과 그 이전 몇 년은 예외적인 시기로 이 기간 동안 일부 '코끼리'들이 영국과 미국에서 달리는 동안 소형주들은 크게 뒤처졌었다. 그러나 1992년 6월 현재 기준으로 볼 때, 호어 고벳 소형주 지수Hoare Govett Small Companies Index(HGSC 지수)는 지난 37년 중 27년에서 FT(SE) 올셰어 지수FT AllShare Index를 이겼다. 물론 지난 10년간 HGSC 지수는 시장보다 6% 낮은 실적을 기록했다. 특히 1989, 1990, 1991년은 모두 소형주 실적이 나쁜 해로, 사상 처음으로 3년 연속 시장보다 낮은 실적을 기록했다. 이는 영국시장에서 기관 지배력의 확대와 기관의 대표주 선호를 반영한 것이다. 불황기에는 소형 기업들의 운용 리스크가 더 크기도 하다. 그럼에도 불구하고 나는 소형주에서 기대할 수 있는 잠재적인 보상은 이런 리스크를 상쇄하고도 남기 때문에 신중하게 고른 중소형 기업은 지금 현재 훨씬 좋은 매수 대상이 되었다고 믿는다.

우리가 투자했던 주식 중 가장 성공적인 주식에 속하는 세인즈베리는 이 글을 쓰고 있을 당시 약 80억 파운드로 시장에서 평가되고 있었다. 세인즈베리 경영진은 이런 거대한 시가총액이 다음 몇 년 동안 두 배로 뛰기란 매우 어렵다는 것을 잘 알 것이다. 세인즈베리에 대한 평가는 PER 18로 이미 고평가된 상태이며, 대부분의 기관은 세인즈베리 주식을 의무적으로 일정량 보유하고 있다. 작은 기업일수록 신규 투자자가 그 기업을 발견한 데 따른 이익을 더 많이 취할 수 있으며, 그 기업에 투자하는 사람이 늘수록 주가도 상승한다. 예를 들면, (뒤에서 보다 자세히 보게 될) MTL 인스트루먼트The MTL Instruments Group 같이 작은 기업은 1년 만에 주가가 두 배로 뛰는 것이 별로 어려운 일이 아니다. 1991년 2월 MTL 주가는 124펜스(100펜스=1파운드)로 PER은 11, 시가총액은 2,170만 파운드였지만, 1년 후 주가는 275펜스가 되었다. 1990년 이익은 전년 대비 20% 증가했고, 1991년 이익 증가율도 그와 비슷한 수준으로 보인다. PER도 11에서 16으로 재평가되었고, 바야흐로 시가총액도 종전 2,170만 파운드에서 1992년 2월 4,800만 파운드를 넘었다.

● **줄루 주식투자법을 본격적으로 살펴보기 전 권고 사항**

① 일주일에 최소 3시간은 자신의 투자에 할애할 결심을 하라.
② 이 책을 끝까지 읽은 후 자신에게 가장 맞는 투자법(투자영역)을 선택하라.
③ 자신의 틈새 영역을 택한 후에는 그 투자 영역에서 가능한 전문가가 되라. 전설적인 미국의 투자자 워런 버핏이 말한 것처럼, 투자자가 많은 것을 알 필요는 없지만, 적어도 한 가지는 분명히 알고 있어야 한다.

이제 역동적인 소형 성장주에 대한 나의 투자법을 자세히 살펴보도록 하자.

2장
짐 슬레이터의 11가지 투자 기준
― 역동적인 소형 성장주 투자 ―

1959년 나는 AEC_{Associated Equipment Company}(당시 영국의 이층버스 차체 및 엔진, 기차용 디젤엔진 제작사)의 마케팅 담당이사로 해외 출장이 많았다. 한번은 스페인 출장을 가서 바이러스성 질환에 걸렸고, 이 병의 후유증은 그 후 수년 동안 나를 괴롭혔다. 나는 내가 하던 그 힘든 일을 원할 때까지 계속할 수 있을지 걱정되기 시작했고, 따라서 어느 정도 돈을 모아두고 새로운 수입원을 만드는 것만이 유일한 해결책이란 결론을 내렸다.

그래서 내가 주식투자를 택한 것은 결코 우연이 아니었다. 직장에 다닐 때도 주식은 비교적 쉽게 운용해 수익을 낼 수 있던 짭짤한 취미였다. 유일한 문제는 '선택한 전문 영역에서 어떻게 상대적으로 뛰어난 전문가가 될 것이냐는 것이었다.

지금은 통합되어 한 잡지가 되었지만, 당시엔 〈스톡 익스체인지 가제트Stock Exchange Gazette〉와 〈인베스터스 크로니클Investors Chronicle〉이란 두 종의 투자 주간지가 있었다. 이때 나는 훗날 '줄루 투자 원칙'으로 명명한 투자법을 적용하기로 했다. 우선 본모스Bournemouth에서 요양하는 동안 이 두 잡지의 지난 2년 발행본을 모두 사서 꼼꼼히 읽었다. 그런 후 과거 주식시장의 승자들에게는 어떤 공통된 특징이 있다는 것을 확신하게 되었다. 또 후세대로서 발휘할 수 있는 사후 통찰력이란 이점을 가지고 이런 특징들에 기초해 어떤 투자법을 만든다면, 큰돈을 벌 수 있을 것이라고 확신했다.

곧이어 나는 그 시점의 이익 대비 주가가 상대적으로 싸면서도(즉 PER은 상대적으로 낮고, PER의 역인 이익수익률earings yield은 상대적으로 높은) 이익이 증가 추세를 보이는 주식들이 다른 주식들보다 상당히 앞선 실적을 냈다는 것도 발견했다. 그러나 그런 주식 중 소수는 그러지 못했는데, 바로 이 때문에 그 소수의 주식이 좋은 실적을 내지 못한 이유를 찾고 나의 선택에 안전망을 설치할 수 있는 추가 기준을 개발하는 것이 중요했다.

그 이듬해, 투자법을 가다듬은 나는 실전에 나섰다. 결과는 놀라운 성공이었다. 당시 시장은 강세 국면에 있었는데, 이것이 도움이 된 게 분명했다. 그렇게 성공하기 시작하면서 나는 많은 친구들에게 투자 조언을 제공했고, 동시에 리랜드Leyland(영국 자동차회사)와 AEC 임원들을 중심으로 소규모 투자 클럽도 만들었다. 또 내 상사였던

도널드 스토크스Donald Stokes와 다른 많은 동료들에게도 투자 조언을 제공했다. 나는 새 장난감을 받은 어린아이처럼 신이 나서 당시 〈선데이 텔레그래프Sunday Telegraph〉의 금융 담당 편집장이던 나이젤 로슨Nigel Lawson에게 내 투자법에 관한 글을 써 보냈다. 내 생각이 그럴 듯하다고 판단한 로슨은 내게 '캐피털리스트Capitalist'란 필명으로 매달 한 편씩 칼럼을 써달라고 요청했다.

그리고 로슨은 다음과 같은 글로 내 첫 번째 칼럼을 소개했다.

> "오늘 우리는 〈선데이 텔레그래프〉 금융면에 글을 써 줄 새 칼럼리스트인 '캐피털리스트'를 환영하는 바입니다. 캐피털리스트는 영국과 해외의 여러 유명 회사에서 이사로 일하면서 남는 시간에 매우 성공적인 새로운 투자법을 개발한 분입니다. 그는 이 첫 번째 칼럼에서 자신의 투자법을 소개하고 자신의 포트폴리오, 요컨대 캐피털리스트 포트폴리오에 넣을 세 주식을 선정했습니다. 이어지는 칼럼에서 그는 더 많은 주식을 포트폴리오에 추가하고 포트폴리오의 진행 상황을 계속 검토할 예정입니다."

나는 그 칼럼에서 평균 이상의 이익수익률에 평균 이상의 성장 전망을 가진 주식을 찾고 있다고 설명한 후, 9가지의 주요 투자 기준을 제시했다. 이 기준을 다시 살펴보는 것은 흥미로운 일인데, 당시 나는 이 기준들을 다음과 같이 열거한 바 있다.

1. 배당수익률은 4% 이상이어야 한다.
2. 주당순이익이 지난 5년 가운데 최소 4년은 전년 대비 증가했어야 한다.
3. 주당순이익이 지난 4년에 걸쳐 최소 두 배로 증가했어야 한다.
4. 회사 최고경영자가 한 가장 최근의 말이나 발표가 낙관적이어야 한다.
5. 회사의 유동성 상황이 적절해야 한다.
6. 회사가 예외적인 요인들에 취약해서는 안 된다.
7. 해당 주식의 자산가치가 적절해야 한다.
8. 회사가 가족(족벌)에 의해 통제되어서는 안 된다.
9. 해당 주식에 의결권이 있어야 한다.

이런 투자법은 효과가 있어서, 1963~1965년의 2년 동안 시장의 가치가 평균 3.6% 상승에 그친 반면, 캐피탈리스트 포트폴리오의 가치는 68.9%나 상승했다.

그 후 시장 상황은 변해 왔고, 나는 27년의 투자 경험을 더 갖게 되었다(책 출간 당시인 1992년 기준—편집자). 당연히 나는 최초의 9가지 기준을 수정하고, 개선했으며, 추가 기준도 도입했다. 따라서 독자 여러분을 위해 지금 내가 사용하는 기준들을 대략 중요도 순으로 소개하도록 하겠다. 이 과정에 각 기준에 대한 약간의 설명도 덧붙였다. 이 기준들에 대해서는 뒤에서 보다 자세히 설명할 것이다. 지금 내가 사용하는 기준들은 다음과 같다.

● 주당순이익 : 지난 5년 중 최소 4년은 전년 대비 증가했을 것

이 기준은 최초의 기준에서 변한 것이 없다. 일시적인 약간의 문제는 허용되어야 하지만, 그렇지 않은 경우 주당순이익이 연간 최소 15% 정도 꾸준히 증가하는 주식을 찾아야 한다. 꾸준히 증가해야 하기 때문에 경기주는 빠지게 된다.

새로운 어떤 요인들로 인해 그리고 과거 이익 통계를 다소 무의미하게 만들 정도로 최근 이익이 급격히 증가했다면, 이보다 짧은 기간의 이익 실적도 사용할 수 있다.

● 이익 증가율에 비해 낮은 PER

미래의 이익에 과도한 비용을 지불해서는 안 된다. 이익 증가율에 비해 PER이 낮은 주식을 찾아야 한다. 여러분이 돈을 투자해 획득하는 가치를 측정하는 쉬운 방법이 하나 있는데, 이에 대해서는 다음 장에서 자세히 소개할 것이다.

● 낙관적인 회사 최고경영자의 말이나 발표

회사 최고경영자가 비관적이면, 이익 증가가 멈출 수도 있다는 신호다. 숨을 죽이고 그의 말과 중간 실적을 지켜봐야 한다.

● 강한 유동성, 적은 차입금, 많은 현금

자체 자금 조달 능력을 가진 현금 창출 기업을 찾아야 한다. 자본집약적이면서, 신규 설비를 도입해야 하기 때문에, 혹은 (더 나쁜 경우인데) 훨씬 비싼 비용을 들여 기존 설비를 대체해야 하기 때문에 갈수록 더 많은 자금(자본적 지출)이 필요한 기업은 피해야 한다. 물론 자본적 지출은 불가피하지만, 자본적 지출을 통해 현금을 창출하는 기업이 있는 반면, 그저 현금을 소모하는 기업도 있다.

유동성을 확인하는 방법은 두 가지가 있다. 첫째는 매우 간단한 방법으로 그 회사의 평소 현금잔액이 플러스인지 보는 것이다. 이를 위해 재무상태표 대변에 초과인출(당좌대월=현금잔액 초과 인출액. 현금잔액은 마이너스가 된다)과 단기부채가 있는지 확인해야 한다. 요컨대 순현금이 있는지 확인해야 한다. 두 번째 방법은 재무제표를 분석해 현금흐름을 확인하는 것이다. 뒤에서 이 방법을 소개하겠지만, 일단 여러분이 기억해야 할 것은 현금을 창출하는 기업을 찾아야 한다는 것이다.

● 경쟁우위

이상적인 기업은 매년 주당순이익이 증가할 것이라고 믿을 수 있는 기업이다. 이런 신뢰의 기반이 되는 것은 유명한 브랜드, 특허권, 저작권, 시장지배력 혹은 틈새시장에서의 강력한 지위 같은 경쟁우위다.

강력한 브랜드와 시장지배력을 가진 대표적인 기업은 코카콜라와 기네스다. MTL 인스트루먼트는 방폭기기를 포함한 본질안전intrinsic safety이라는 틈새시장을 지배하고 있는 대표적인 기업이다. 석유 굴착 장비의 폭발을 막기 위해 안전장비를 구입해야 하는 석유회사는 가격에 불평할 여지가 별로 없다. 포토-미Photo-Me International(사진현상 부스 운영회사)와 렌토킬Rentokil(해충 방역회사)은 강력한 브랜드와 확실한 틈새영역을 가진 또 다른 대표적인 회사들이다.

극심한 경쟁으로 이윤이 낮은 과포화시장에서 사업하고 있는 기업은 우리가 찾는 기업이 아니다. 여기서 핵심은 해당 기업이 제공하는 제품이나 서비스를 다른 제품이나 서비스로 대체하기 어렵고, 해당 산업에 신규 진입하기가 매우 어려워야 한다는 것이다. 한 기업이 해당 산업에서 갖는 상대적인 강점을 파악하는 간편한 방법은 세전 이익률과 투하자본수익률을 조사하는 것이다.

● 새로운 요인

스토리가 있는 주식을 찾아야 한다. 뭔가 새로운 것이 있어야 하고, 그것은 상대적으로 최근에 발생한 일이어야 한다. 예컨대 해리 굿맨Harry Goodman의 인터내셔널 레저그룹International Leisure Group의 파산 같은 새로운 변수가 해당 산업에서 발생하는 경우가 이에 해당된다. 인터내셔널 레저그룹의 파산으로 레저산업에서 주요 경쟁자가 사라짐에 따라 오너스 어브로드Owners Abroad와 에어투어스Airtours가 막대한 혜택을 입게 되었다. 또 미국 컴퓨터 전시회에서 상을 휩쓴 사이온Psion의 신형 팜탑컴퓨터palm-top computer(노트북보다 작은 휴대용 소형 컴퓨터)도 주목해야 할 새로운 요인에 속한다. 글락소Glaxo나 핸슨Hanson 같은 매우 성공한 기업 출신 인사가 새로운 CEO로 취임하는 것도 그 혜택이 크고 지속적일 것이기 때문에 가장 신뢰할 만한 새로운 요인 중 하나다. 이를 보여주는 매우 분명하고 성공적인 사례는 F. H. 톰킨스F. H. Tomkins(줄여서 톰킨스, 영국의 자동차 부품 및 기계 제작사)에 합류한 핸슨 출신의 그레그 허칭스Greg Hutchings다. 이런 모든 새로운 요인들은 향후 이익이 증가할 잠재적 요인으로 작용하며 따라서 주식을 매수할 스토리의 토대를 이루게 된다.

● 적은 시가총액

코끼리는 빨리 달리지 않기 때문에 시가총액이 1,000만 파운드에서 5,000만 파운드 사이의 기업, 최대한도는 대부분의 경우 1억 파운드 이하인 작은 기업에 우선 관심을 두어야 한다.

● 시장에 비해 좋은 상대 주가

여러분이 보기에 매우 매력적인 펀더멘털을 가진 주식인데도 불구하고 때로는 시장에서 열악한 실적을 내기도 한다. 아직 여러분이 발견하지 못한 어떤 문제를 다른 투자자들이 파악해서 매도에 나선 것일 수도 있다. 여러분이 거래하는 증권사는 여러분이 선택한 주식의 시장 대비 실적을 보여주는 (〈그림 2-1〉과 같은) 데이터스트림Datastream 차트를 제공한다. 해당 주식이 시장 실적에 미치지 못하고 있다면, 조심해야 한다. 대략적인 간단한 확인법으로 매수 시점에 여러분이 선택한 성장주가 지난 2년 동안 기록한 최고가에서 최대 15% 이상 하락하지 않은 상태여야 한다.

〈그림 2-1〉 세인즈베리 주가 : 1991년 1월~1992년 6월

출처 : Datastream

● 배당수익률

이익 증가와 함께 배당금이 증가한다면, 배당수익률은 내가 처음 제시한 4%보다 훨씬 낮을 수도 있다. 일부 기관이나 펀드는 배당금을 지급하지 않는 기업에는 투자하지 않는데, 우리 입장에서는 우리가 선택한 주식에 기관이나 펀드가 투자하는 것이 좋다.

● 적절한 자산 상황

역동적인 성장 국면에 있는 영국 성장주 중에서 장부가 수준이나 그 밑에서 주가가 형성되는 경우는 매우 드물다. 강한 자산 상황(주가 대비 장부가가 높은 상황)에서 위안을 얻을 수는 있겠지만, 장부가를 신뢰할 수 없는 경우도 있음을 유념해야 한다. 예컨대 부동산 가치는 쉽게 과대 계상될 수 있으며, 우수한 브랜드 가치가 장부에 거의 계상되지 않는 경우도 있다.

● 경영진의 의미 있는 수준의 지분 보유

회사 이사진이 그들의 개인자산과 비교했을 때 의미 있는 수준의 회사 지분을 보유하고 있어야 한다. 실제 투자된 돈의 액수는 상대적으로 중요하지 않다. '주인의식 owner's eye'을 가지고 여러분의 이익을 추구해 주는 주주지향적 경영진을 찾아야 하기 때문이다. 단, 일반 보통주 외에 경영진에게 추가 의결권을 부여하는 주식이 있는 경우는 피해야 한다. 이상적인 경우는 경영진이 회사 지분의 약 20%를 보유하고 있어서 회사를 성장시키려는 동기는 강하지만 경영권을 완전히 방어할 수는 없는 경우다.

이상의 모든 기준 중 가장 중요한 것은 이익 증가율에 비해 PER이 상대적으로 낮은 것이다. 뒤에서 보겠지만 다른 여러 기준들은 가장 기본적인 이 기준을 보호해 주는 안전망 역할을 한다.

이런 내용들을 보다 자세히 살펴보기 전에, 1991년 초에 내 기준을 충족시켰던 한 주식의 사례(〈표 2-1〉)를 통해 여러분의 흥미를 돋우고자 한다. 앞서 말한 것처럼 MTL 인스트루먼트는 석유굴착장비, 보일러실, 화학공장 등에 필요한 안전장비를 만드는 회사로, 성장가도를 달리고 있다. 1991년 3월 현재, 이 회사의 통계 수치를 확인해 보자.

1. 우수한 최근 5년 실적

MTL의 주당순이익은 다음과 같이 증가했다.

1986	1987	1988	1989	1990
5.1펜스*	6.8펜스	8.6펜스	11.3펜스	13.7펜스

* 주식공모 문서에서 확인함.

이 표를 보면 이익이 연간 20% 이상 증가했음을 쉽게 알 수 있다.

2. 이익 증가율에 비해 낮은 PER

150펜스의 주가는 1990년 이익의 11배(PER 11)이고, 1991년에는 9.5배(PER 9.5)가 예상된다. 주당순이익은 1983년 이후에 연 20% 이상 증가했고, 1990년에는 21% 증가했다. 1991년에는 '실질 기준'으로

⟨표 2-1⟩

인베스터스 크로니클

MTL 인스트루먼트

폭발 방지 전자기기 업체

시가

보통주 주가 : 150펜스 시가총액 : 2,630만 파운드

  1991~1992년 최고가 : 150펜스, 최저가 : 118펜스

배당수익률 : 2.5% PER : 11

순자산가치 : 자료 없음 순현금 : 470만 파운드

연도 (12월 결산)	매출액 (100만 파운드)	세전 이익 (100만 파운드)	주당순이익 (펜스)	주당 총배당금 (펜스)
1987	7.5	1.79	6.8	없음
1988	9.3	2.31	8.6	2.67
1989	11.9	3.08	11.3	3.20
1990	14.0	3.77	13.7	3.73
증가율(%)	+18	+23	+20	+17

⟨인베스터스 크로니클⟩의 가장 최근 논평 : 1990년 9월 28일자 52쪽

MTL은 매년 어렵지 않게 성장할 것으로 보인다. 1990년의 분명한 성과는 북해유전 채굴 안전 장비 공급이었는데, 여기서 거둔 매출이 영국 매출의 약 50%, 전체 매출의 약 1/3을 차지했다. 해외사업도 호주와 뉴질랜드의 신규 사업 그리고 현지 제조가 시작된 인도에서도 좋은 실적을 올렸다. 21만 6,000파운드에서 74만 3,000파운드로 증가한 이자 수입도 이익 증가에 기여했다.

1991년에도 '좋은 실적'이 예상되며, MTL의 예비 사업보고서에는 최근 출시된 여러 제품이 소개되어 있다. 올해 사업이 다소 더딜 수 있지만, 12%의 실질 매출이익률과 이익을 유지할 것으로 판단된다. 주가도 분명 비싸지 않다.

12% 증가할 것으로 보이는데, 이는 1991년 3월 현재의 인플레이션이 8.7%라는 점을 감안하면 최소 20% 증가함을 의미한다.

3. 낙관적인 최고경영자의 말

MTL 회장은 "MTL이 계속 좋은 실적을 낼 것으로 확신한다"고 말하고 있다. 증권사들의 전망, 신제품 개발, 확대되는 시장도 그의 이런 낙관을 뒷받침하고 있다.

4. 강한 유동성, 적은 차입금, 많은 현금

순현금 470만 파운드(시가총액의 18%에 해당한다)에 매우 강력한 현금 창출 사업을 보유하고 있는 MTL의 재무 상황은 매우 우수하다.

5. 경쟁우위

영국시장의 60%, 세계시장의 25%를 점하고 있는 MTL은 본질안전장비 제조라는 틈새산업에서 강력한 경쟁우위를 갖고 있다고 할 수 있다.

6. 새로운 요인

회사의 혁신적인 정책과 본질안전(산업 재해 발생 요인을 배제해서 재해 발생의 우려가 없는 상태)에 대한 수요 증가를 제외하고는 '새로운' 것은 없다. 그러나 MTL이 다른 모든 기준을 충분히 충족시키고 있기 때문에, 이는 별로 우려할 변수는 아니다.

7. 적은 시가총액

주가 150펜스에 MTL의 시가총액은 2,630만 파운드로 기관들이 관심을 보이지 않았을 정도로 충분히 적다.

8. 상대적으로 강한 주가 실적

150펜스의 주가는 최고가다.

9. 배당수익률

1988년 처음 배당금을 지급한 이래 배당금은 꾸준히 증가하고 있다. 이익 증가와 함께 배당금도 증가하고 있기 때문에 2.5%의 '최근' 배당수익률$_{historic\ yield}$도 수용 가능하다. (historic yield, historic PER 등은 가장 최근 발표한 실적에 기초한 배당수익률과 PER을 말한다. 미래 전망치에 기초한 경우에는 '예상(혹은 추정)' 배당수익률, '예상' PER로 표현한다. PER, PEG 등에 특별한 수식어가 없으면 대개의 경우 '최근' 지표로 이해할 수 있다-역자.)

10. 적절한 자산 상황

MTL의 주당순자산은 52펜스로 주가의 1/3을 약간 넘는다. 그 자체로 보면 그리 매력적이진 않지만, 성장주라는 것을 감안하면 그런대로 적절한 수준이다.

11. 경영진의 회사 주식 보유

회사 이사진, 가족, 관계자 등이 그 가치가 1,450만 파운드 이상인 회사 주식 55.5%를 보유하고 있다. 따라서 경영진이 경영권을 방어할 수 있지만, '주인의식'을 갖고 있을 게 분명하다.

　이처럼 1991년 3월 기준으로 MTL은 '새로운 요인'을 제외하고 내 기준 대부분을 충족시켰다. 1년 후인 1992년 3월까지 주가는 150펜스에서 295펜스로 상승했고, 같은 기간 시장이 5% 미만의 암울한 실적을 낸 데 비해 무려 97%에 달하는 자본차익을 안겨 줬다. 이익 증가가 자본차익에 기여하기는 했지만, 보다 주요한 요인은 PER의 변화(상승)에 있었다.

　내 기준의 대부분을 분명히 충족시켰기 때문에 MTL을 선택하기란 아주 쉬운 일이었다. 여러분이 고른 주식이 모든 기준을 충족시키는 것은 아니기 때문에 결정하기가 훨씬 어려운 때가 많다. 따라서 가장 신뢰할 수 있는 기준과 덜 중요한 기준을 구분할 필요가 있다. 이를 위해 지금까지 설명한 간략한 소개에서 더 나아가 각 기준을 훨씬 자세히 살펴보도록 하겠다.

3장
바보야, 문제는 이익이야
― 이익, 이익 증가율 그리고 PEG 투자법 ―

기업의 이익은 보통주 주주들에게 귀속되는 세후 순이익을 말한다. 한 기업의 주당순이익이 10펜스이고 PER이 10이라면, 그 주식의 주가는 10펜스의 10배인 1파운드(100펜스)가 되고, PER이 20이면 2파운드, PER이 50이면 5파운드가 될 것이다. 연간 이익 증가율 실적과 예상 이익 증가율이 PER을 결정하는 주요 변수가 된다. PER은 미래의 성장에 여러분이 얼마나 지불하고 있으며 여러분에 앞서 다른 이들은 얼마나 지불했는지를 보여 주는 지표다.

이익은 주가를 견인하는 엔진이다. 엔진이 망가지거나 약해지면 주가는 하락하게 된다. 〈그림 3-1〉과 〈그림 3-2〉는 지난 15년 글락소와 핸슨의 이익과 주가의 밀접한 관계를 한눈에 보여 주고 있

〈그림 3-1〉 글락소 주가와 주당순이익(1977~1992)

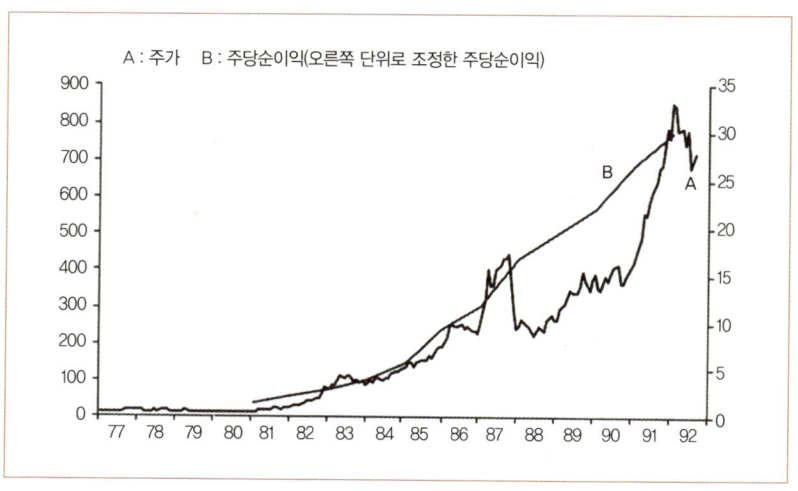

출처 : Datastream

〈그림 3-2〉 핸슨 주가와 주당순이익(1977~1992)

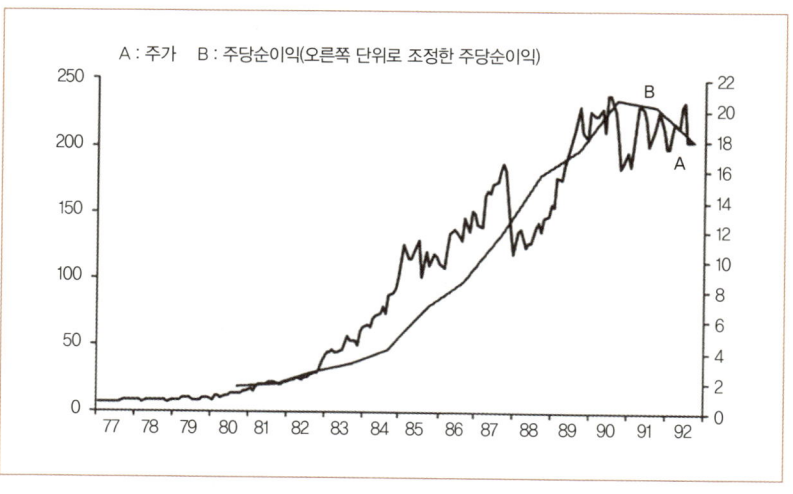

출처 : Datastream

다. 서로 일치하지 않는 기간이 길기는 하지만, 주당순이익 증가와 주가가 아주 밀접한 관계에 있음은 의심할 여지가 없어 보인다.

1~2년은 몰라도 그 이상 연 30% 이상의 높은 이익 증가율을 유지하는 기업은 거의 없다. 가장 좋은 주식은 보통 15~25%대의 연간 이익 증가율을 보이는 주식에서 발견된다. 지속적으로 연 20%의 이익 증가율을 기록하는 주식을 찾았다면, 그 주식은 거의 값을 매길 수 없을 정도로 좋은 주식이다. 여러분이 그 주식을 PER 30에 샀다 해도, 5년 내에 주당순이익은 150% 증가할 것이며, 그 동안 주가에 변동이 없다면 PER은 12로 떨어지게 될 것이다. 사실 다른 모든 것이 동일하다고 가정하면, 그런 주식의 PER은 적어도 20대 후반에 머무를 것이며, 그러면 여러분의 투자금은 최소 두 배로 불어나 있을 것이다. 인플레이션이 없는 상황에서는 PER이 더 높아진다는 것도 염두에 두어야 한다. 저금리시대에 연평균 20%의 이익 증가율을 보이는 주식은 단연코 매우 매력적이며, 대부분의 다른 투자 수단과 차별화되는 매우 유망한 투자 수단이다.

그러면 FT 보통주 지수FT Ordinary Share Index의 경우 지난 10년 동안 주당순이익이 어떻게 증가했는지 보자. 이 경우 주당순이익의 연평균 복리증가율은 약 10%인 반면, 평균 PER은 약 11.7이었다.

〈표 3-1〉의 연평균 주당순이익 증가율의 복리 효과는 고성장주를 매우 매력적으로 만드는 필수요인이다. 〈표 3-2〉는 우리가 추구하고 있는 연평균 주당순이익 증가율 범위(10~30%) 내에 있는 몇 개의 증가율별로 그 복리 효과를 나타낸 것이다.

〈표 3-1〉 FT 보통주 지수의 주당순이익과 PER

연도 (12월 말 결산)	12월 말 종가	PER	주당순이익	연간 주당순이익 증가율 (%)
1981	529	12.84	41.2	–
1982	589	10.95	53.8	+30.6
1983	773	13.00	59.5	+10.6
1984	945	10.35	91.3	+53.4
1985	1,123	11.25	99.8	+9.3
1986	1,272	11.76	108.2	+8.4
1987	1,408	11.09	127.0	+17.4
1988	1,447	9.44	153.3	+20.7
1989	1,916	11.10	172.6	+12.6
1990	1,687	10.18	165.7	−4.0
1991	1,837	16.70	110.0	−33.6

출처 : Datastream

〈표 3-2〉 100파운드를 투자했을 때의 복리 효과

(단위 : 파운드)

	10%	15%	20%	25%	30%
최초 투자금	100	100	100	100	100
1년 차	110	115	120	125	130
2년 차	121	132	144	156	169
3년 차	133	152	173	195	220
4년 차	146	175	207	244	286
5년 차	161	201	249	305	371
10년 차	259	405	619	931	1,379
15년 차	418	814	1,541	2,842	5,119
20년 차	673	1,637	3,834	8,674	19,005
25년 차	1,083	3,292	9,540	26,470	70,564

이상적인 투자 대상은 주당순이익이 매년 높은 비율로 지속적으로 증가하는 기업이다. 이런 주식을 시장 평균 미만의 PER에 매수할 수 있다면, 값을 매길 수 없는 귀중한 보석을 발견한 것과 같다. PER이 시장 평균 이상이지만 이익 증가율과 비교했을 때 적절한 주식도 희귀한 보석에 속한다. 성장주의 주가가 상승하는 이유는 기본적으로 두 가지뿐이라는 사실을 기억해야 한다. 첫째는 이익 증가고, 둘째는 주식시장이 그 기업에 부여하는 PER의 상승이다. 종종은 PER의 변화가 이익 증가보다 훨씬 중요할 수 있다.

불합리한 가격을 지불하는 실수를 피하기 위해 먼저 아래 항목들을 확인해 매수를 고려중인 주식의 PER 수준을 비교 평가할 것을 권한다.

1. **해당 기업의 과거 연도별 PER** : 이는 다른 투자자들이 정상이라고 믿는 PER 수준을 보여준다.
2. **해당 산업의 평균 PER** : 해당 기업의 PER이 소속 산업의 평균 이상인 경우, 이 기업에 더 많은 가격을 지불하는 것에 너무 신경 쓸 필요는 없다. 그러나 터무니없이 높은 가격을 지불해서는 안 된다.
3. **전체 시장의 평균 PER** : 시장 평균 PER은 또 다른 비교지표가 된다. 여러분은 자신이 고른 회사가 평균보다 좋은 회사라는 것을 알겠지만, 그 차이에 너무 많은 돈을 지불해서는 안 된다.

어마어마하게 비싸게 평가된 주식들은 피해야 한다. 이런 주식의 경우, 너무 많은 일이 잘못될 수 있으며, 실제로 어느 하나라도 잘못되면 주가는 가히 파멸적으로 하락하게 된다. 경계로 삼기 위해 과거 시장이 좋아했던 PER이 매우 높았던 주식들이 지금은 어떻게 되었는지 살펴보자.

〈표 3-3〉에서 알 수 있듯이, 과거 매우 비싸게 평가됐던 기업들이 지금도 여전히 존재하지만 PER은 모두 크게 하락했다. 특히 미래 전망이 과도하게 무시되는 경우가 많은 미국에서 특히 심했다.

내가 제안한 이 세 기준을 가지고 주식을 체크한 후, 매우 중요한

〈표 3-3〉 PER이 크게 하락한 기업들

미국 상장기업	PER (1972년 12월)	PER (1992년 5월)
소니 Sony	92	12
폴라로이드 Polaroid	90	9
맥도널드 McDonalds	83	18
박스터 인터내셔널 Baxter International	82	17
인터내셔널 플레이버 International Flavours	81	24
오토매틱 데이터 프로세싱 Automatic Data Processing	80	26
영국 상장기업	PER (1968년 7월)	PER (1992년 5월)
랭크 오거니제이션 Rank Organization	46	22
제너럴 일렉트릭 General Electric	27	12
테스코 Tesco	43	14
핸슨 Hanson (과거 와일즈 그룹 Wiles Group)	27	12

추가 지표 하나를 살펴봐야 한다. PER은 예상 이익 증가율과 비교할 수 있다. 연 15% 성장하는 기업의 PER은 분명 그리고 응당 15가 되어야 한다. 마찬가지로 연 20% 성장하면 PER은 20이 되어야 한다. 여기서 PER을 예상 이익증가율로 나누면 PEG라는 매우 중요한 지표가 나온다(PEG = 주가이익증가비율 = PER ÷ 예상 이익증가율). '우리의 목표는 PEG가 1보다 훨씬 작은 주식을 찾는 것이다.'

대표적인 사례를 몇 가지 살펴보자. 렌토킬은 연간 약 20%의 복리로 이익이 증가하고 있으며, 따라서 이런 좋은 기업에는 20 정도의 예상 PER이 합당하다. 연간 약 11% 이익 증가율을 보이는 유니레버Unilever는 그보다 낮은 11.5 정도의 PER이 합당하다. 이들 두 기업의 PEG는 모두 약 1이다. 또 연 이익 증가율이 20%이면서 PER이 30인 기업이 있을 수 있다. 이 기업의 PEG는 1을 훨씬 넘는 1.5가 되고, 따라서 그 주식은 분명 비싼 주식이다. 반대로, 연 20%의 이익 증가율에 PER이 10에 불과한 기업의 PEG는 매우 매력적인 0.5가 된다. 우리가 찾는 주식은 PEG가 0.75를 넘지 않는, 더 바람직하게는 0.66 이하인 주식이다. 더 간단히 말해 우리는 PER이 이익 증가율의 3/4 이하인, 보다 바람직하게는 2/3 이하인 주식을 원한다.

2장의 MTL 사례를 상기해 보자. 1991년 MTL의 예상 PER은 약 9였다. 이익 증가율을 연 20%로 예상하면, MTL의 PEG는 매우 매력적인 0.45가 된다.

연 12.5%에서 17.5% 정도의 보다 낮은 이익 증가율을 예상해도 PEG가 나쁘지 않다. 이익 증가율이 높을수록 PER을 좀 더 높게 볼 수 있다. 그 이유는 아주 좋은 비율로 증가하는 이익의 복리 효과 때문이다.

소기업인 A, B, C의 세 사례를 살펴보자. 우선 이 세 기업의 주가가 100펜스에서 시작해 각각의 연 이익 증가율 15%, 20%, 25%에 따라 상승한다고 가정하자. 이를 나타낸 것이 〈표 3-4〉이다.

〈표 3-4〉에서 알 수 있듯이 A나 B에 투자하는 것보다 C에 투자하면 더 많은 돈을 벌 수 있다. 이는 세 기업의 PER이 변하지 않는다는 가정 하에서 그런 것이다. 25인 C의 PER이 5년 후에 20.4 밑으로 혹은 10년 후에 16.6 밑으로 떨어지면 투자수익이 B보다 적어질 수도 있다.

여러분은 나의 이런 대략적인 측정법을 가지고 분석의 첫 단계로 항상 PER을 이익 증가율과 비교해 볼 것을 권한다. PER이 이익 증가율의 3/4 이하여야 한다. 예상 PEG가 0.75를 넘지 않는, 보다 바람직하게는 0.66 이하인 주식을 찾아야 한다. 그러나 이익 증가율이 우리

〈표 3-4〉 (단위 : 펜스)

연차	A : 이익 증가율 15%	B : 이익 증가율 20%	C : 이익 증가율 25%
1	115	120	125
2	132	144	156
3	152	173	195
4	175	207	244
5	201	249	305
10	405	619	931

가 원하는 범위(10~30%)의 최고 수준에 달하고 다른 모든 기준을 만족시킨다면, PEG에 좀 더 유연할 수 있다(좀 더 높은 PEG를 허용할 수 있다).

다른 모든 조건이 같다면, PEG가 1인 주식도 사실 비싼 것은 아니라는 점을 유념해야 한다. 지난 50년 동안 PEG가 1인 시장지수에 투자했다면 매우 좋은 수익을 올릴 수 있었을 것이다. 그러나 우리는 전체 시장에는 별 관심이 없다. 우리가 찾고 있는 것은 시장 내에서 절대적으로 가격이 저렴한 주식이다. 이런 주식을 찾으면 주가 상승에 따른 자본차익의 가능성이 극대화될 뿐만 아니라, 동시에 중요한 안전망 하나를 갖게 된다. 앞서 살펴본 것처럼 PER이 매우 높은 주식은 PER이 낮은 주식보다 훨씬 큰 폭으로 하락할 수 있다는 점에서 그렇다.

(주가 수준) 측정도구로서 그리고 매우 중요한 투자도구로서 PEG를 과소평가해서는 안 된다. 또 다른 사례를 통해 PEG가 실제로 얼마나 효과 있는 지표인지 확인해 보자. 1990년 12월 〈애널리스트Analyst〉는 도메스틱 & 제너럴Domestic & General을 추천했다.

〈표 3-5〉의 도메스틱 & 제너럴 자료에서 알 수 있듯이, 이 회사의 주당순이익은 상당히 증가할 것으로 전망되었다. 〈애널리스트〉는 도메스틱 & 제너럴의 주당순이익이 1991년에는 36.4%, 1992년에는 17.5% 증가할 것으로 전망했다. 1990년 12월 도메스틱 & 제너럴의 주가는 363펜스, PER은 11.6, 예상 주당순이익 증가율은 연 20%로 보수적으로 예상했을 때 예상 PER은 8.5에 불과했다. PEG와 예

〈표 3-5〉

자료 명세	
도메스틱 & 제너럴 그룹	
업종: 가전제품 수리 보장보험	
영국회사 런던 윔블던 소재	
주식시장 관련 정보	
주가	363펜스
발행주식 수	6,779,702
시가총액	2,460만 파운드
1989~1990년 주가 범위	178~365펜스
FTSE 100 지수	2,159
FT 올셰어 지수	1,039
업종	종합보험
FT 올셰어 지수에 따른 업종 정보	
• 종합보험업종 지수	647.9
• PER	—
• 배당수익률	6.6%

최근 실적과 전망(기본 단위 : 1,000파운드)

연도 (6월 30일 결산연도)	1989	1990	1991(예상)	1992(예상)
매출액	14,420	20,932	30,000	36,000
세전 이익	2,388	3,996	4,600	5,400
법인세	902	1,245	1,656	1,944
주당순이익(펜스)	21.5	31.37	42.8	50.3
주당순이익 증가율(%)	43.9	45.9	36.4	17.5
PER	16.9	11.6	8.5	7.2
주당순배당금(펜스)	8.25	10.5	13.0	15.5
총 배당수익률(%)	3.1	4.2	4.8	5.7
주당순자산가치(펜스)	88.7	93.6	100	110

상 PEG도 각각 0.58과 0.42로 매우 매력적이었다.

PEG 계산은 다음처럼 매우 간단하다.

$$PEG = \frac{PER}{\text{예상 주당순이익 증가율}}$$

$$PEG = \frac{11.6 \text{ (PER)}}{20 \text{ (예상 주당순이익 증가율)}} = 0.58$$

$$\text{예상 PEG} = \frac{8.5 \text{ (예상 PER)}}{20 \text{ (예상 주당순이익 증가율)}} = 0.42$$

도메스틱 & 제너럴의 주가는 1990년 12월 363펜스에서 1991년 말 1,000펜스로 급상승했고, PEG도 0.42에서 1.18로 높아졌다. 그래도 회사의 회계연도 말(1992년 6월 말)에 근접한 현 시점(이 글을 쓰고 있던 1992년 상반기 현재)에 이런 특별한 성장주의 주가치고는 여전히 비싼 게 아니다. 1992년 예상 PEG는 최소 20% 낮을 것이고, 따라서 PEG는 1 이하로 상대적으로 여전히 매력적이다. 363펜스에서 1,000펜스로 상승한 주가 상승분의 70%(446펜스)는 주당순이익 증가가 아니라 PER의 변화 때문이란 점을 유념해야 한다.

위의 계산에서 핵심 요인은 '예상 이익 증가율'이란 것을 알 수 있다. 과거의 실적은 이미 발생한 역사지만 미래는 최선의 추정이어야 한다. 최선의 추정을 하는 데는 미래 전망에 대한 최고경영자의 말이 연말과 연중 모두에 도움이 된다. 그의 '몸짓'도 중요하다. 그가 경고를 하고 있다면 매우 조심해야 한다. 또 지금까지 지속적으로 증가해 왔던 배당금이 어느 해 동결됐다면, 그 또한 경계해야 한다.

미래에 대한 가장 신뢰할 만한 추정은 아마도 미래 이익에 대한 증권사들의 합의치(시장 컨센서스)일 것이다. '에스티메이트 디렉토리The Estimate Directory'는 모든 증권사들의 자세한 추정치 내역을 담고 있는 훌륭한 디렉토리이며, 여러분의 증권사 직원도 그 내역을 즉각 파악할 수 있도록 이 디렉토리를 구비하고 있어야 한다. 추정치에 대한 증권사들의 합의에서 중요한 점은 그 추정치들이 애널리스트들의 기업실사에 기초한 경우가 많고, 따라서 해당 기업의 미래 이익 잠재력에 대해 좋은 정보를 제공해 준다는 점이다. 추정치에 대한 증권사들의 합의가 이따금 실망을 주는 경우도 있겠지만(합의치보다 실적이 낮은 마이너스 어닝 서프라이즈), 여러분을 기쁘게 할 때도 있을 것이다(합의치보다 실적이 높게 나온 플러스 어닝 서프라이즈).

최고경영자가 정기주주총회에서 한 말 혹은 그해 애널리스트나 언론에 한 말 등에 대한 언론보도도 잘 살펴봐야 한다. 여러분의 증권사 직원은 중요한 사항이 있다면 뭐든 항상 여러분에게 알려줘야 한다. 그러나 모든 발표 내용이 거래소에 공식적으로 전달되는 것은 아니다. 대부분의 증권사 직원은 기사 요약 서비스를 이용하고 있다. 이따금 〈인베스터스 크로니클〉, 〈파이낸셜 타임스〉 혹은 다른 신문이나 주식시장 뉴스레터 등에서 여러분이 놓친 것은 없는지 증권사 직원에게 확인하는 것도 좋다.

매년 꾸준히 성장하는 성장주 투자에 관심이 있다면, 이익 증가율이 조금이라도 둔화되고 있는 것은 아닌지 살펴봐야 한다. 더 이상 성장하지 않는 성장주에 투자하는 것은 최악의 투자에 가깝다. 최고경영자가 덜 낙관적이거나 일이 계획대로 진행되지 않는 것으로 보이는 여하한의 징후도 거의 분명 그 주식을 매도해야 할 합당한 이유가 된다.

영국의 경우 분기 실적을 발표하는 기업은 거의 없다. 따라서 진행 상황을 측정하고 이익 증가율에 여하한의 변화가 있는지 확인하기 위해서는 반기보고서에 의존해야 한다. 그리고 최종 결정을 하기 전에 우선 다음과 같은 몇 가지 필수적인 요인들을 고려해야 한다.

1. 계절적 요인이 크게 작용하는 기업들이 있다. 예를 들어 대표적인 가정 선물용품 기업인 페어팩Farepak은 상반기에는 늘 적자를 기록하며, 크리스마스 시즌 실적에 따라 1년 실적이 결정된다. 따라서 최근 크리스마스 실적을 전년 크리스마스 실적과 비교하는 것이 중요하며, 상반기 손실에는 그리 두려워할 필요가 없다. 다른 많은 기업들은 전통적으로 상반기 실적이 하반기 실적보다 훨씬 좋다. 그렇다고 해서 이 기업들의 이익 증가가 둔화되는 것을 의미하는 것은 아니다. 이들도 페어팩과 비슷하게 계절적 요인에 영향을 받는 것이지만, 페어팩처럼 그렇게 극단적인 것은 아니다. 이처럼 계절적 요인의 영향을 받는 기업의 경우는 최근 반기 실적을 전년 동기 실적과 비교하고, 최근 연도 실적을 전년 실적과 비교해야 한다.

2. 일부 기업은 경기에 매우 민감한데, 이들은 진정한 성장주는 아니며 11장에서 별도로 살펴볼 것이다. 어떤 경우는 경기주기가 7년에 달하며 따라서 경기상승기의 이익 증가가 성장처럼 보이기도 하지만, 사실은 이전 경기주기에서 회복하는 것에 불과하다. 경기 민감 산업의 대표적인 예는 주택건설, 자동차 제조와 유통, 목재와 철강 등이다.
3. 깊은 불황기도 고려해야 한다. 우리가 찾고 있는 틈새기업은 이런 상황에서도 쉽게 살아남을 것이고, 대부분은 주당순이익이 매년 계속 증가할 것이다. 그러나 극단적인 경기침체기 동안에는 이익 증가율 하락에 다소의 관용이 필요하다.

우리는 연복리 15% 이상의 이익 증가율에 예상 PEG는 0.75 이하, 더 바람직하게는 0.66 이하인 주식을 찾고 있다. 이런 주식은 흔치 않다. 그러나 여러분이 크리켓 팀을 만들기 위해 선수들을 고르고 있다면, (크리켓 선수라면 누구나 뽑는 게 아니라) 보담Ian Botham과 구치 Graham Gooch 같은 몇 명의 스타선수들을 팀에 포함시키려 할 것이다. 주식도 마찬가지다. 좋은 포트폴리오를 구성하기 위해서는 여러분의 기준에 딱 맞는 주식을 발견할 때까지 참고 인내하면서 계속 찾아야 한다.

이상적으로는 최근에 이익 증가율에 가속도가 붙은 기업을 찾아야 한다. 새로운 경영진이 들어와 2~3년간 상당한 실적을 올리고 있는 중이라면, 5년 미만의 짧은 실적을 가진 기업도 좋다. 핵심은 여전히 '역동적인' 성장 국면에 있는 기업을 찾는 것이다.

신주발행시장new issue market(신주상장시장)은 평균보다 훨씬 빨리 성장하는 기업을 찾을 수 있는 매우 훌륭한 원천이 될 수 있다. 1989년 12월, 고작 9에 불과한 예상 PER에 주당 130펜스로 상장된 컴퓨터소프트웨어기업 세이지Sage를 예로 들어보자. 나는 상장 후에 이 회사를 계속 관찰하던 중 1년 후 〈인베스터스 크로니클〉이 이 회사에 대한 분석을 게재했을 때 주가가 매우 싸다는 걸 알게 되었다.

세이지 사례를 더 자세히 살펴보도록 하자. 세이지의 실적 지표가 내 기준을 얼마나 잘 충족시키고 있는지 금방 알게 될 것이다.

1. 우수한 최근 5년 실적

세이지의 최근 5년 주당순이익은 〈표 3-6〉와 같다.

1990년은 상장된 이듬해였지만 〈인베스터스 크로니클〉은 1990년 포함, 과거 5년의 실적을 제공했다. 세이지의 상장 사업설명서에서는 그 이전의 실적도 확인할 수 있다.

1990년의 이익이 그 전 3년과 같은 비율로 증가하지는 않았지만, 세이지 같은 규모의 회사에서 50%는 여전히 대단한 이익 증가율이다.

〈표 3-6〉 세이지의 주당순이익 추이 (단위 : 펜스)

1986	1987	1988	1989	1990
2.6	4.3	6.7	12.6	19.2

2. 이익 증가율에 비해 낮은 PER

현 주가 203펜스는 1990년 이익의 11배(PER = 11)이며, 1991년 예상 이익의 9배(예상 PER = 9)다. 이익 증가율이 보다 지속 가능한 연 25% 수준으로 둔화된 것으로 보이지만, PEG는 0.44에 불과하고 예상 PEG는 놀랄 정도로 낮은 0.36에 불과해 여전히 매우 싸다.

3. 낙관적인 최고경영자의 말

1990년 12월 세이지 회장은 "올해 첫 두 달 만에 우리는 내부적으로 설정한 목표를 초과달성했다. 쉽지 않은 사업환경에도 불구하고, 우리는 1991년에도 지속적인 성장을 할 것으로 확신한다"고 말했다. 더 많은 걸 요구할 수는 없을 것이다.

4. 강한 유동성, 적은 차입금, 많은 현금

강한 현금흐름과 시가총액의 17%에 달하는 550만 파운드의 순현금은 이 기준도 쉽게 충족시켰다.

5. 경쟁우위

높은 수준의 광고와 결합된 성공적인 사업전략은 일반적으로 매우 어려운 사업환경에도 불구하고 세이지가 시장점유율과 이윤을 계속 증대시키고 있음을 의미했다. 세이지는 영국의 중소기업용 소프트웨어시장의 약 40%를 차지하고 있으며, 미국 시장점유율도 증가하고 있다. 제3세계와 동유럽에도 많은 기회가 열려 있었다.

6. 새로운 요인

세이지의 주요 경쟁사 페가수스Pegasus가 겪고 있는 재무적 어려움은 세이지의 영국시장 점유율 상승에 도움이 되고 있다.

7. 적은 시가총액

203펜스의 주가에 시가총액은 매우 매력적인 3,310만 파운드에 불과하다.

8. 상대적으로 강한 주가 실적

FT 올셰어 지수 대비 세이지의 주가 실적은 매우 좋다.(〈그림 3-3〉)

9. 배당수익률

세이지의 배당수익률은 4.6%로 매우 만족스럽다. 1990년은 상장

〈그림 3-3〉 세이지 주가 : 1989년 12월~1990년 12월

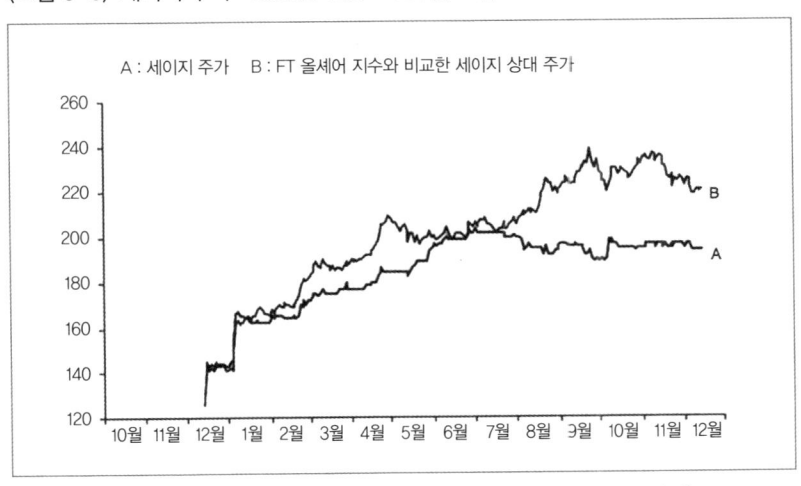

출처 : Datastream

회사로 배당금을 지급한 첫 해였다.

10. 적절한 자산 상황

유형자산은 많지 않지만, 순현금이 550만 파운드에 달한다. 또 세이지는 가치 있는 지적재산권도 보유하고 있다.

11. 경영진의 회사 주식 보유

세이지 이사진은 그 가치가 1,200만 파운드 이상에 달하는 회사 주식 37%를 보유하고 있다. 따라서 경영진이 '주인의식'을 가지고 있다고 할 수 있다.

1990년 12월에서 1992년 5월 사이 세이지 주가는 203펜스에서 469펜스로 131% 상승했다. 같은 기간 시장은 25% 상승했다. 1991년 세이지가 예상을 깨고 33%라는 만족스러운 이익 증가율을 기록했지만, 131%라는 주가 상승의 가장 큰 원동력은 PER이 큰 폭으로 상승한 데 있었다. 매수 시점의 예상 PEG가 낮을수록 PER이 극적으로 상승할 가능성은 더 커진다. 세이지, 도메스틱 & 제너럴, MTL 인스트루먼트의 사례는 이익 증가와 PER의 변화라는 두 요인이 동시에 작용해 (줄루 투자 원칙을 따르는) 기민하고 체계적인 투자자들에게 큰 수익을 안겨 줄 수 있음을 잘 보여 주고 있다. 이제 여러분도 줄루 투자 원칙에 입각한 투자법이 매우 효과적임을 알 수 있을 것이다.

급성장주를 매수할 때 그리고 PER이 비싼지 아닌지를 판단할 때 추가로 고려해야 할 매우 중요한 또 하나의 요인은 정확한 매수 시점이다. 다시 MTL의 사례로 돌아가 여러분이 내가 투자했던 1991년 3월보다 한 달 앞선 2월에 MTL에 투자했다고 가정해 보자. 1991년 2월 MTL의 주가는 124펜스였고, 1989년 12월 결산 회계연도의 주당 순이익은 11.3펜스였다. 따라서 여러분은 PER 11에 그리고 1990년 12월 결산 회계연도 기준으로는 예상 PER 9에 그 주식을 매수한 것이 된다. 1990년 실적은 한 달 후인 1991년 3월에 발표되었다. 여러분은 반기 실적을 통해 MTL의 1990년 이익이 매우 좋으리란 걸 알고 있었을 것이다. 그러나 1991년 2월에는 많은 투자자들이 여전히 그 주식의 가치를 최근 실적 기준 PER로 평가하고 있었다. 그 다음 해인 1991년 전망도 낙관적이어서 많은 애널리스트들은 MTL의 1991년 이익 증가율이 20%가 될 것이라고 거의 확신했다. 여러분이 MTL 주식을 매수한 지 몇 주도 지나지 않아 이제 시장은 MTL을 1991년 기준의 예상 PER로 생각하기 시작했고, 따라서 주가는 여러분이 매수했을 때보다 훨씬 싸 보이게 되었다. 육상 계주경기에서 배턴이 전달될 때는 다음 주자와 다음 계주에 관심이 집중된다. 요컨대 평가기준이 최근 PER에서 예상 PER로 옮겨가는 것이다.

'급성장주fast-growing shares'를 한 회계연도(혹은 반기) 말에 근접한 시점에 매수하면, 곧 이어지는 실적 발표 후 시장은 전년도 실적을 반영하고 내년 실적은 훨씬 더 좋아질 것이란 뉴스를 수용해 평가를 상향 조정하게 되고, 그러면 여러분은 평가 상향에 따른 수익을 한 번 더 맛볼 수 있다. 이 과정에는 언론과 증권사들도 한몫하게 된다.

상대적으로 잘 알려져 있지 않은 기업은 일 년 내내 언론과 증권사의 관심을 거의 받지 못하다가 실적이 발표됐을 때에야 비로소 주목을 받는 경우가 많기 때문이다.

이번 장에서 이익, 이익 증가율, PEG에 대한 이해를 높였다면, 이제 논의의 수준을 좀 더 높여보자.

● 어떤 특징을 가진 주식을 찾아야 하는가?

1. 지난 5년간 연평균 약 15% 이상의 주당순이익 증가율을 기록한 주식. 그런데 특히 '새로운 경영진'처럼 쉽게 파악할 수 있고 지속 가능한 이유로 최근 이익이 급상승한 경우에는 보다 짧은 기간의 실적도 용인할 수 있다.

2. '예상' PEG가 0.75 이하, 더 바람직하게는 0.66 이하가 될 정도로 이익 증가율 대비 매우 매력적인 PER을 가진 주식. 예상 PER이 예상 이익 증가율의 3/4(0.75) 이하, 더 바람직하게는 2/3(0.66) 이하여야 한다.

3. 해당 기업의 과거 PER, 소속 산업의 평균 PER 그리고 전체 시장의 평균 PER과 비교해 매력적인 PER을 가진 주식.

4. 연간 및 반기 실적 발표 시 회사 최고경영자의 말이 낙관적이고, 배당정책도 그런 낙관과 일치해야 한다. 이익 전망에 대한 시장 합의치도 낙관적이어야 한다.

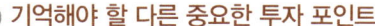 **기억해야 할 다른 중요한 투자 포인트**

1. 성장주의 주가는 이익 증가와 PER 상승으로만 오른다. PER 상승이 이익 증가보다 훨씬 중요한 경우가 많다.

2. PER이 터무니없이 높은 주식은 피하라.

3. 반기 실적을 평가할 때는 계절적 요인에 특별히 관심을 가져야 하며, 일부 주식의 경우 전통적으로 처음 6개월 실적이 더 좋다는 점을 유념해야 한다.

4. 회복 국면의 경기주를 성장주와 혼동하지 말아야 한다. 경기주는 뒤에서 별도로 다룰 주제다.

5. 급성장주는 시장의 관심이 최근 실적 기준 PER에서 예상 PER로 전환되는 시점인 연간 혹은 반기 실적 발표 직전에 매수하는 것이 유리하다.

4장

기업도 화장을 한다
― 창조적 회계와 진짜 이익을 가려내는 법 ―

3장에서는 내가 역동적 성장주에 투자할 때 첫 번째로 적용하는 13가지 기준을 설명했다. 이때는 가능한 단순한 설명을 위해 한 기업의 이익이 보이는 것과 다를 수 있다는 점은 지적하지 않았다. 여기서는 논의의 수준을 높여 '기업이 발표한 연간 이익을 액면 그대로 받아들이는 것은 위험할 수도 있다'는 문제를 살펴보고자 한다.

창조적 회계 creative accounting

회계종사자들 중에는 회계가 정밀과학에 속한다고 주장하는 사람도 있을 것이다. 또 다른 사람들은 재무상태표와 손익계산서를 작성하는 것을 과학보다는 일종의 예술로 보기도 한다. 회계기준을 개선하려는 최근 공인회계사협회의 모든 노력에도 불구하고, 기업의 능숙한 재무담당 이사가 회사 실적을 묘사하는 데 상당한 유연성을 발휘할 수 있다는 데는 여전히 의문의 여지가 없다. 재무회계에서 독창성을 발휘하기가 다른 산업보다 쉬운 산업도 있지만, 대부분의 기업에서 창조적인 회계를 할 수 있는 여지는 많다.

영국의 재무보고위원회Financial Reporting Council는 회계는 옳고 타당할 뿐만 아니라 유용한 정보를 주는 것이어야 한다고 규정한 바 있다. 나아가 위원회는 어떤 이유로도 재무업무를 기회주의적으로 활용해 회계를 분식하는 회사를 정당화할 수 없다고 했다. 이런 생각은 칭찬할 만한 것이지만, 실제로 집행하기란 극히 어렵다.

회계기준위원회Accounting Standard Board(ASB), 재무보고위원회(FRC), 재무심사단Financial Review Panel(FRP), 긴급사안 태스크포스Urgent Issue Task Force(UITF) 등 여러 회계 관련 기관들은 회계기준을 개선하기 위해 열심히 노력하고 있으며, 따라서 지금 여러분이 읽고 있는 이 글이 다소 지난 이야기가 될 수도 있다. 이런 점을 고려해 내가 할 수 있는 일은 1992년 6월의 시점에서 현 상황을 있는 그대로 보여 주고, 여러분이 일련의 회계자료를 가지고 한 기업의 진정한 이익 증가 양상을 판단하려 할 때 직면할 수 있는 몇 가지 문제를 알려 주는 것뿐이다.

창조적 회계의 가장 간단한 예는 한 회계연도 말 직전이나 직후에 발행될 수 있는 제공용역에 대한 청구서다. 이 가운데 언제 청구서를 발행할 것이냐는 청구서 발행 결정권자에게 달려 있으며, 따라서 그 결정권자의 기분에 따라 어느 해 이익이 줄거나 늘 수 있다.

또 다른 예를 보자. 지난 회계연도 말 장부에 미분양주택 한 채를 보유한 건설회사가 있다고 해보자. 그해 상반기 동안 주택 한 채당 건축비용은 10만 파운드였고 추정 매도 가격은 20만 파운드까지도 가능했다. 그런데 회계규율accounting prudence에 따라, 그해 말 이 회사가 보유하고 있는 미분양주택의 가치는 회계 목적상 20만 파운드보다 낮은 원가나 시장가로 평가되어야 한다. 그런데 해가 바뀌어 올 회계연도 첫날에 마술처럼 그 미분양주택이 회사의 매도호가인 20만 파운드에 팔렸고, 10만 파운드의 이익은 작년이 아니라 올 회계연도 이익으로 잡히게 됐다. 여기까지는 아무런 문제가 없다. 결국 주택이 팔릴 때까지는 이익이 발생하지 않는다. 그런데 단 하루가 연간 이익에 큰 영향을 미칠 수 있다. 회사의 주당순이익 증가 추세를 온전히 유지하길 원하는 기업가라면 이익이 열악한 해에 그 주택을 팔기 위해 노력할 것이다. 반대로 그동안 사업이 매우 잘돼 왔지만 미래 전망이 불확실해 보이면, 일부러 주택 매각을 며칠 늦춰 이익을 보다 어려운 미래로 넘기려 할 수도 있다. 주택 한 채를 가지고 예를 들었지만, 이런 '주택'이 그보다 훨씬 많을 수도 있다. 일부 기업의 경우 이런 식으로 수백만 파운드의 이익을 한 회계연도에서 다른 회계연도로 쉽게 옮길 수 있다.

충당금provisions도 이익을 다른 해로 이전시키는 데 사용될 수 있는 항목이다. 좋은 한 해를 보낸 기업가가 회사의 이익을 다소 하향 조정하길 원한다고 해보자. 그는 잔존 채권들을 검토한 후 부실채권 발생에 대비한 충당금 금액에 특별히 신중한 견해를 택하기만 하면 된다.

그가 너무 노골적으로 그리고 명백히 잘못한 것이 아니면, 감사들이 그의 신중함에 이의를 제기할 가능성은 별로 없다. 이와 비슷하게, 그는 오래된 재고와 재공품work in progress의 가치에 대해서도 보다 많은 충당금이 필요하다고 주장할 수 있다. 이런 단순한 사례들은 이익이 의도적이든 아니든 간에 한 해에서 다른 해로 이전될 수 있음을 보여주고 있다.

감사보고서의 어떠한 단서조항이라도 해당 기업에 문제가 발생하고 있다는 신호가 될 수 있다. 회사 감사인의 변경, 특히 유명한 대형 회계법인에서 별로 유명하지 않은 소형 회계법인으로의 감사인 변경에 대해서는 경계해야 한다. 이런 것들은 명백한 경고 신호라 할 수 있다. 보다 미묘한 경고 신호들은 다음에 소개한 여러 다른 회계 영역에서 일부 기업이 사용하는 독창적인 회계처리법들을 살펴봄으로써 알 수 있다.

1. 연구개발비

한 연구개발 프로젝트의 결과가 기술 및 사업적 가능성 측면에서 상당히 분명하게 평가될 수 있다면, 프로젝트에 소요된 연구개발비용은 프로젝트와 관련된 미래로 이연될 수 있다. 그렇지 않으면 모든 연구개발비용은 그 비용이 발생한 회계연도에 상각되어야 한다.

이는 연구개발비용 계상 연도의 조작을 막는 데 큰 도움을 준 표준회계실무규정Statement of Standard Accounting Practice(SSAP) 13조에 규정된 지침이다. 그러나 이런 식의 규정도 아주 정확할 수는 없다. '기술 및 사업적 가능성 측면에서 상당히 분명히'라는 말은 '상당히' 분명한 것과 그렇지 않은 것에 대해 다른 의견을 주장할 수 있는 여지를 제공했다. 이 부분에 대한 최종적인 의견은 이익을 늘리거나 줄이고자 하는 기업가에 의해 쉽게 윤색될 수 있다.

2. 광고비

1992년 6월 현재 광고비 처리에 대한 표준회계실무규정이나 다른 분명한 지침은 없다. 일반적인 보수적 회계법에서는 발생시점에 그 비용을 상각한다. 신제품에 대한 주요 광고캠페인의 경우 (보수적 회계법과) 동일하게 허용되는 대안적 방법은 그 비용을 몇 년에 걸쳐 상각하는 것이다. 어떤 방법을 택할지에 대해서는 재무담당 이사의 의견이 가장 중요하다. 그런 후 그는 자신의 의견이 옳다고 감사들을 설득해야 한다. 광고비를 비일반적으로 회계 처리했다면 그 내용은 모두 재무제표에 공개해야 한다. 광고비 지출의 경우, 기업들마다 회계정책이 상당히 다른 경우가 많기 때문에 투자자들은 재무제표 주석들을 매우 주의 깊게 읽어야 한다.

3. 통화변동(환율변동)

폴리 펙Polly Peck은 통화변동을 이용해 이익을 늘리는 가장 악명 높은 회사로 유명하다. 예컨대 거액의 돈을 연리 7%로 스위스 프랑 등의 경화로 차입한 후, 20%의 훨씬 높은 이자로 약세 통화에 투자했다. 이 경우 연 13%의 차액은 이익으로 계상되었다. 반면 그해 해당 약세 통화의 가치가 15% 하락했다면, 이는 재무상태표에 자본 감소reduction of capital로 계상했다. 폴리 펙의 연차보고서에는 회계 정책이라는 제목 하에 '해당 회계연도 기초와 기말 사이의 환율 변동이 계열사에 대한 순투자에 미치는 효과는 준비금reserves 항목을 통해 처리한다'는 주석이 있는데, 돌이켜 보면 이게 무슨 뜻인지 쉽게 알 수 있다.

4. 사업조정 비용

긴급사안 태스크포스(UITF)는 앞으로 사업조정비용re-organization costs은 회사 내에서 자체 회계를 가질 정도로 큰 특별한 사업부문의 폐쇄로 발생한 것이 아니면 예외항목으로 표시되어야 하며, 주당순이익에서 차감해야 한다고 권고했다. 이전까지 사업조정비용은 특별항목으로 상각될 수 있었고, 그 결과 주당순이익은 영향을 받지 않았다.

기업집단과 인수 목적 회사들acquisitive companies(자산이나 기업 인수를 자주 혹은 주업으로 하는 회사들, 한때 나도 그런 회사를 하나 경영했었다)은 이전 규정을 이용해 '미래의' 사업조정비용으로 막대한 준비금을 설정했다. 그리고 이를 현행 회계연도에는 분명히 차감될 수 없으며 미래의 각 연도에도 할당 차감하기 어려운 '미래의' 비용이라는 이유로 특별항목으로 표기했다. 미래 비용으로 대규모 준비금을 설정한 것은 당연히 미래의 이익을 보존하거나 높이기 위한 것이었다. 미래에 발생하는 여러 비용은 사업조정비용의 일부로 쉽게 분류될 수 있고, 그러면 그 비용은 이익 대신 준비금에서 상각될 수 있다.

5. 재고가치 평가법

인플레이션이 진행될 때는 후입선출법(LIFO)이 선입선출법(FIFO)보다 보수적인 재고가치 평가법이다. 재고가치 평가법에 변화가 있으면 재무제표에 주석을 달 것이므로 그 주석을 주의 깊게 살펴봐야 한다.

6. 감가상각법의 변경

감가상각법 중 일부는 다른 방법에 비해 감가상각 기간이 짧다. 따라서 감가상각법에 변화가 있는지 그리고 그 결과 회사 이익에 분명한 이득이 발생했는지 항상 살펴봐야 한다. 감가상각법에 변화가 있는 해에는 이를 확인하기가 쉬워야 한다.

7. 고정자산의 매각

고정자산 매각에 따른 손익은 정상적인 회사 운영에 속한다. 그런데 그 액수가 특별히 크면, 예외항목으로 표시해야 한다. 한 사업이나 일부 사업 매각으로 발생한 손익도 현재 예외항목으로 간주되고 있으며 주당순이익 계산에 고려되어야 한다. 그런 손익을 해당 연도 그 기업 이익의 진정한 한 부분으로 볼지는 여러분 스스로 판단해야 할 것이다.

8. 이자비용의 자본화

일반적으로 이자비용은 이익에서 차감된다. 그러나 특정 프로젝트의 이자비용을 자본으로 처리하는(취득자산 원가에 포함시키는) 경우가 가끔 있다. 이런 기법을 사용하면 재무상태표상의 자산가치와 손익계산서상의 이익 모두 윤색된다. 분명 이런 기법은 특히 거래은행과 채권자들을 안심시키려는 과부채 상태의 건설 및 부동산기업들에 의해 남용될 여지가 많다.

9. 언아웃

기업들이 어떤 자산이나 기업을 인수할 때 그 인수 비용 중 일부만 먼저 결제한 후 잔금은 그 다음 몇 년 동안 발생되는 이익의 배수에 기초해 주식이나 현금으로 결제하는 경우가 있는데, 이를 언아웃Earn-outs이라고 한다. 이때 미래에 결제해야 할 잔금, 즉 미래의 부채는 재무제표와 주당순이익 계산에 분명히 드러나지 않는 것이 보통이다.

언아웃을 통해 미래로 이연시키려는 잠재적인 부채는 '재무적 의무financial commitments, 조건부 부채contingent liabilities' 혹은 그와 유사한 제목을 가진 재무제표 주석에서 찾아볼 수 있다. 이런 표현을 보면 주의해야 한다. (언아웃이란 인수합병 과정에서 매수측과 매도측의 가격 차이를 좁히기 위해 사용되는 방법이다. 계약시에 일부를 지불하고, 잔금은 미래의 이익에 기초해 지불하는 방식이다. 인수된 기업이 이익을 많이 낸다면 지불액이 커지고, 그렇지 않으면 지불액이 적어져 매도측과 매수측의 협상 가능성이 높아진다. 현재 시점에서 이러한 금액은 추정하기가 어려워 재무상태표에 부채 항목으로 계상되어 있지 않을 가능성이 크다. 따라서 관심기업이 어떤 기업을 인수할 경우 인수 조건을 꼼꼼히 살펴보고 재무제표에 반영되어야 할 부채가 있는지 잘 살펴야 한다—감수자.)

10. 회계연도 말의 변경

회계기간을 변경하면 이익 증가율의 연간 비교가 더 어려워진다. 대부분의 경우 기업이 회계기간을 변경할 때는 그에 합당한 이유가 있지만, 그 동기가 보다 은밀한 경우도 있다. 투자자는 이런 은밀한 동기가 있을 가능성에 주의해야 한다.

우리의 주된 관심사는 한 기업의 연간 주당순이익 증가율을 파악하는 것이다. 특별한 그리고 예외적인 부채나 비용 항목들은 재무제표를 혼탁하게 만들고 애널리스트들의 작업을 훨씬 어렵게 만든다. 이런 예외적인 부채나 비용 항목 거의 대부분은 사업을 함에 따라 부담해야 할 비용에 속한다. 갑작스런 성공이나 예상치 못한 대규모 부실채권을 예외적인 것으로 분류할 수 있을지 모르지만, 사실 그런 성공이나 부실채권은 사업을 하다보면 흔히 발생하는 일이다.

주당순이익 수치를 그대로 받아들이기 전에 각각의 예외항목들을 자세히 검토해 이익에서 차감해야 하는 것은 아닌지 확인해야 한다. 또 그중 다시 이익에 더해야 할 항목은 없는지도 살펴봐야 한다.

재무보고공개초안Financial Reporting Exposure Draft(FRED 1)에서 제안한 새로운 권고에 따르면 특별항목은 매우 적어야 한다. 이 초안은 손익계산서 형태도 상당 부분 바꿀 것을 제안했다. 이런 제안들이 새로운 회계기준으로 채택되면 연결재무제표group accounts에서는 지속사업과 중단사업의 실적을 분리하고, 인수와 비일상적인 항목들은 구별해야 하며, 거의 모든 경우에 있어 특별항목들을 없애야 하고, 사내유보금의 이동을 설명해야 하며, 투자수입을 공개해야 한다. 이제 특별항목들은 회사의 일상적인 활동에 포함되지 않는 매우 드문 사건이나 거래에서 기인하는 항목으로 규정되었다. FRED 1의 보다 중요한 제안은 손익계산서 표에 특별항목들을 공개하고, 주당순이익은 그 '특별항목들을 차감하거나 다시 더한 후after the extraordinary items' 계산되어야 한다는 것이다. 기업들은 그 기준이 일관되고, 설명이 분명하며, FRED 1에서 제안한 이익계상 방식에 부합하면, 다른 식으로 계산된 주당순이익도 계상할 수 있다. 요컨대 회사 경영진은 그들이 무엇을 하고 있는지 정확히 설명하는 한, 그해의 보다 진정한 이익을 재무제표에 표기하는 시도를 할 수 있다.

영국과 미국의 회계기준 사이에는 상당한 차이가 있다. 미국 회계기준은 1930년부터 수립되기 시작한 반면, 영국 회계기구들은 1970년에야 표준회계실무규정(SSAP)을 발표하기 시작했다. 미국의 회계기준들은 인식 가능한 거의 모든 회계 방법을 다루고 있으며 미국증권거래위원회와 법원으로부터 그 권위를 인정받고 있다. 영국의 경우는 1990년 회계기준위원회(ASB)가 설립된 후에야 회계기준들이 법적 효력을 갖기 시작했다. 이제 영국의 경영진들은 필요한 회계기준을 충족하지 못한 재무제표는 다시 발간할 수밖에 없게 되었다. 회계기준위원회가 열심히 전리품을 찾고 있으니, 기업 경영진은 각별히 조심해야 할 것이다.

그렇다면 이 모든 내용이 투자자에게는 어떤 의미가 있는 것일까? 게임 룰이 엄격해지고 있지만, 투자자는 주당순이익과 그 증가율을 판단해야만 한다. 특별한 것이 얼마나 특별하고 예외적인 것이 얼마나 예외적인지 항상 의문을 제기해야 한다. 앞으로 주당순이익은 재무제표상에서 분명히 설명된 특별항목 및 예외항목들 다음에 표기될 것이다. 투자자로서 여러분의 임무는 이익 증가를 보다 정확히 전망하기 위해 이런 항목들 중 이익에 다시 더하거나 혹은 **빼야** 할 것은 없는지 판단하는 일이다.

미국의 유명한 투자자 벤저민 그레이엄Benjamin Graham은 감사들은 최선의 추정을 통해 예외항목들을 일정한 연차에 걸쳐 배분해야 한다고 했다. 이렇게 하면 주당순이익은 각각의 개별 회계연도의 진정한 실적에 훨씬 더 가까워지고, 이익 증가는 계산하기 더 쉬워진다. 또 그레이엄은 최근 3년 조정이익 평균을 5년이나 10년 전의 3년 조정이익 평균과 비교할 것을 권했다. 그러면 특별 및 예외항목들의 (이익에 미치는) 효과를 없애는 데 도움이 된다. 평균을 가지고 작업하는 데는 사뭇 타당한 이유가 있다. 기업집단과 인수 활동이 매우 활발한 인수기업의 경우에는 특히 그렇다.

'이익에 대한 가장 신뢰할 만한 대조 확인 지표는 같은 기간 그 기업의 현금흐름이다.' 예를 들어 1991년 회계연도를 기준으로 볼 때, ICI는 10억 파운드의 영업이익trading profits에 15억 파운드의 우수한 영업현금흐름을 기록했다. 반면 브리티시 에어로스페이스British Aerospace는 세금 및 예외항목 차감 전 이익으로 1억 5,400만 파운드를 보고한 반면, 영업현금흐름은 마이너스 9,500만 파운드였다. 여기서도 대마왕은 역시 폴리 펙이다. 폴리 펙은 최종 재무제표에서 세전 이익이 44% 증가한 1억 6,100만 파운드라고 보고했다. 그런데 투자은행 컨트리 냇웨스트Country Nat West는 새로운 현금흐름표 양식을 적용했을 때 폴리 펙에는 1억 2,900만 파운드의 영업현금흐름 유출이 있었다고 계산했다. 그 주된 원인은 2억 8,800만 파운드에 달하는 운전자본의 급격한 증가에 있었다. 이익과 현금흐름 사이에 뭔가 이상한 큰 차이가 있을 때는 창조적 회계가 작용한 것임을 알 수 있다.

그 외에 무엇을 하든 지금까지 내가 소개한 방법으로 이익이 부풀려지고 있는 것은 아닌지 계속 확인하고, 이익을 현금흐름과 대조해야 하며, 연차보고서와 재무제표를 처음부터 끝까지 늘 꼼꼼히 읽어야 한다. 주석 34(d), 심지어 주석 63(c) 같은 식으로 수많은 주석들 사이에 묻혀 있는 주석 하나하나에도 매우 중요한 메시지가 들어 있을 수 있음을 기억해야 한다.

전환증권들

　어떤 계산이든 주당순이익을 계산할 때는 전환사채를 포함해 주식 전환이 가능한 채권과 전환우선주의 보통주 전환, 옵션과 워런트의 행사 등을 고려해야 한다. 이런 전환과 행사를 통해 신규 발행되는 총주식 증가량이 발행주식의 10% 미만인 경우는 너무 복잡하게 생각할 필요가 없고, 그 영향의 정도는 무시해도 된다. 전환사채의 주식 전환으로 이자비용이 줄어들고, 워런트나 옵션의 행사로 신규 자금이 회사로 유입되는 효과도 있다. 이 정도의 주식 증가로는 약간의 이익 희석효과가 있겠지만 그리 걱정할 정도는 아니다.

　그러나 가끔 이익을 왜곡하는 게 분명하고 따라서 무시할 수 없는 대규모 전환증권들을 보유한 회사도 있다. 예를 들어 1990년 4월 오너스 어브로드Owners Abroad는 브리티시항공British Airways으로부터 레드윙 할리데이스Redwing Holidays를 인수하면서 인수자금 조달을 위해 1,725만 파운드어치의 전환증권을 발행했다. 1990년 말까지 오너스 어브로드가 발행한 전환우선주는 2,700만 주를 넘었다. 이 전환우선주들은 1991년 4월에서 2000년 사이에 주당 65펜스의 전환가에 4,170만주가 조금 넘는 수의 보통주로 전환될 예정이다(전환우선주 100주당 보통주 153주 꼴로 전환되는 셈이다). 가능한 최대의 희석효과를 계산하기 위해서는 모든 전환우선주들이 보통주로 전환된다고 가정해야 한다. 그러므로 전환우선주의 전환으로 추가될 4,170만 주를 옵션 행사로 발행될 595만 주에 더한 후, 그 합을 해당 연도의 평균 발행주식 수에 더해야 한다. 이 경우 주식 증가량은 기존 발행주식의 거의 40%에 육박한다.

이것이 주당순이익에 어떤 영향을 미치는지 확인하기 위한 대략적인 지침을 소개하면, 예상 세후 이익을 새로 추가된(그리고 추가될) 주식 수를 포함한 총발행주식 수로 나누는 것이다. 그러나 보다 정확한 결과를 얻기 위해서는 해당 기업이 지급할 배당금이나 이자비용이 얼마나 줄어드는지도 고려해야 한다. 전환우선주나 전환사채를 보통주로 전환한 후에는 더 이상 우선주 배당금이나 전환사채 이자를 지급할 필요가 없기 때문이다.

다행히 이런 계산은 공개되는 게 보통이다. 도든 옵션과 전환사채 및 전환우선주들은 재무제표 주석의 콜업주식자본Called-up Share Capital(일반적으로 자본금capital stock을 말한다. '액면가 × 발행주식 수'로 계산한다)이나 이와 비슷한 이름의 항목에 표시되며, 이들 전환증권 발행으로 발생한 수입금을 재투자할 경우의 잠재적 효과도 주당순이익 항목에 표기된다.

여러분도 알겠지만, 희석은 주당순이익 증가를 억누르는 효과가 있기 때문에 중요한 의미를 가질 수 있다. 전환으로 신규 발행되는 주식 수가 주식자본(기존 발행주식)의 10% 이상일 때는 필요한 계산을 해서 그 효과를 측정해야 한다. 그리고 당연히, 전환가가 낮을수록 전환사채나 전환우선주가 보통주로 전환될 가능성은 더 크다.

세금

기업이 전기에서 이월되어 당기 이익에서 상쇄해야 할 세금공제 결손금tax loss(세금공제 목적으로 설정된 손실)을 보유한 경우가 있다. 어떤 한 해에 세금공제 결손금을 활용하면 그해 세금을 비정상적으로 낮출 수 있다. 주당순이익 증가율은 세후 이익을 기준으로 계산한 것이다. 따라서 세금비용을 정상 수준으로 재조정해 실제 이익을 확인해야 한다. 세제상 여러 혜택이 제공되는 기업활동 촉진지구와 아일랜드에 근거지를 둔 기업들은 여러 세금 혜택을 누리며 자금지원을 받기도 한다. 일부 건설 및 리스 기업들의 과도한 자본적 지출도 세금비용을 낮춘다. 따라서 세금 혜택이 계속 발생할 것 같지 않으면, 세금비용을 정상 수준으로 재조정해야 한다.

정상세율이 33.3%인 회사를 예로 들어보자. 그런데 이 회사의 세전 이익은 1,200만 파운드인데 세후 순이익이 1,000만 파운드라면, 어떤 이유로 세금이 공제돼 세율이 16.7%밖에 안 된 것이다. 이렇게 예외적으로 세금이 낮은 것이 일시적인 현상으로 보인다면, 1,200만 파운드의 세전 이익에서 간단하게 정상세율 33.3%를 차감하면 된다. 그러면 800만 파운드의 수정 순이익을 확인할 수 있고, 이를 기초로 주당순이익을 계산할 수 있다.

정기적으로 낮은 세금을 내는 기업과 비지속적인 일회성 이벤트 덕분에 낮은 세금을 내게 된 기업을 구분하는 것이 중요하다.

핵심 내용 요약

1. 회계업계가 문제를 개선하는 중이기는 하지만, 창조적 회계의 여지는 늘 존재한다.

2. 재무제표의 상세한 주석은 물론이고 최고경영자의 발표문도 꼭 읽어야 한다. 자신이 고른 회사로부터 받은 문서는 처음부터 끝까지 꼼꼼히 읽어야 한다. 경고 신호, 특히 감사보고서의 단서 조항이나 감사인 변경 제안 등에 주의를 기울여야 한다.

3. 앞으로 주당순이익은 특별 및 예외항목 다음에 표기될 것이고, 특별 및 예외항목에 대해서는 분명한 설명이 있을 것이다. 여러분의 임무는 해당 기업의 보다 진정한 이익 전망치를 파악하기 위해 그 항목 중 어느 것을 다시 더하거나 차감해야 할지 결정하는 것이다.

4. 기업들이 본문에서 소개한 여러 방법을 동원해 이익을 부풀리고 있는 것은 아닌지 계속 확인해야 한다. '최선의 대조 수단은 영업이익을 영업현금흐름과 비교하는 것이다.' 이 둘 사이에 큰 차이가 있다면 창조적 회계가 작용했을 가능성이 있으므로 주의해야 한다.

5. 전환사채와 전환우선주, 옵션과 워런트 등으로 신규 발행될 총주식이 기존 주식자본(발행주식)의 10% 이상일 경우에는 희석 효과와 이자비용 절약 효과를 고려해 이익 수치를 조정해야 한다.

6. 인수 목적 기업인 경우, 재무제표 주석들을 분석해 언아웃을 통해 미래로 이연되는 부채가 향후 과도한 부담으로 작용하지 않을지 확인해야 한다.

7. 비일상적인 일로 해당 연도의 세금이 경감되었다면 정상적인 때의 세금 수준을 고려해 이익을 조정해야 한다.

이제 다음 장에서는 나의 주식 선택 기준 중 첫 번째 기준을 살펴보도록 하자. 이 선택 기준들을 종합, 적용하면 여러분이 투자하는 모든 주식에 안전망을 형성하게 될 것이다.

* 후기

이번 장을 쓰고 난 후, 테리 스미스Terry Smith의 『성장을 위한 회계Accounting for Growth』라는 창조적 회계에 관한 훌륭한 책이 출간되었다. 무엇보다도 이 책은 기업이 주당순이익 증가율을 부풀리는 여러 방법을 포괄적으로 설명하고 있다. 복잡한 기업회계를 정복하는 데 관심 있다면, 이 책을 권한다.

5장
현금 없는 성장은 허당
– 유동성, 현금흐름, 차입금 체크하기 –

    이번 장 제목을 간단히 '강한 재무 상황'이라고 할 수도 있었지만, 이렇게 제목을 붙인 것은 유동성, 현금흐름, 차입금 각각을 매우 중요한 개별 요인으로 강조하기 위해서이다.

    '유동성liquidity'은 '쉽게 현금화할 수 있는' 자산을 표현하는 말이다. 이런 유동성 자산 혹은 유동자산에는 보통 단기 대여금, 매출채권, 우량채권, 상장된 투자자산 그리고 당연히 현금이 포함된다. 그리고 '쉽게'라는 말은 '힘들이지 않고'를 의미한다. 극심한 경기불황기에는 매출채권을 현금화하기가 예상보다 훨씬 어려울 수도 있다(어느 은행에든 물어보라). 그러나 우리는 어느 정도 정상적인 경제 환경을 전제하고 논의를 진행할 것이다.

충분한 현금을 보유하고 있고 부채가 없다면 그 회사의 재무 상황은 분명 좋은 것이다. 그런 강력한 유동성이 유기적 성장(회사 자체 사업을 통한 성장)으로 달성된 것이라면, 이는 그 회사가 훌륭한 현금창출기업이라는 증거로 간주되어야 한다.

현금은 100만 파운드 보유하고 있지만 부채가 500만 파운드에 달하는 썩 좋다고 할 수 없는 한 회사를 예로 들어보자. 우선 이 현금 100만 파운드가 최근 유상증자나 비슷한 성격의 다른 자금 조달 수단으로 확보된 것은 아니라고 가정하자. 여기서 핵심 질문은 '그 부채가 얼마나 부담이 되며, 이 회사가 정말 현금창출기업인가?' 하는 것이다. 부채는 만기가 1년 이내인 유동부채와 그 이상인 비유동부채로 나뉜다. 이 회사의 경우 500만 파운드의 부채 중 100만 파운드는 당좌대월(예금 잔고 이상의 초과어음발행액, 초과인출액)이고 400만 파운드는 회사 주요 자산(부동산)에 대한 담보대출이라고 해보자. 여기서 이 담보대출 만기가 단기라면 다른 회사를 찾는 게 좋고, 장기라면 분석을 계속해야 한다.

한 회사의 재무건전성을 확인하는 또 다른 유용한 방법은 유동부채 대비 당좌자산(유동자산에서 재고자산과 재공품을 뺀 자산)의 비율을 나타낸 '당좌비율 quick ratio'을 보는 것이다. 나는 당좌비율이 최소 1.5배(150%)인 경우를 좋아하지만, 그 외 다른 모든 것이 적절하다면 그보다 다소 낮은 비율(100%)도 허용한다. 당좌비율은 높을수록 좋다. 13장에서 벤저민 그레이엄의 후계자들이 '순유동자산 가치에서 할인된 가격'을 주요 기준으로 하여 그 기준에 맞는 기업(주식)을 찾아 나섰다는 것을 보게 될 것이다. 요즘에는 이런 기준에 부합하는 기업이 거의 없지만, 강력한 순유동자산은 여러분의 분석 도구를 늘리고 안전망을 강화하는 데 매우 좋은 투자 기준이다.

또 다른 유용한 지표는 자기자본 대비 순부채비율이다. 이 경우 자기자본은 보통주 주주들에게 귀속될 수 있는 순자산가치를 말한다. 매우 간단해 보이지만, '순자산가치net asset value'와 '순부채 총액overall debt'의 의미에 대해 전문 투자자들 사이에서도 그 해석이 사뭇 다르다는 점에 주의해야 한다. 나는 일부 기준으로 인해 엄격한 해석을 내리는 편이다. 요컨대 순자산가치를 계산할 때는 유형자산만 고려하며, 영업권은 포함시키지 않는다. 순부채 총액을 계산할 때는 만기 1년 이상의 모든 부채를 은행 당좌대월에 더한 후, 여기에 모든 단기 차입금과 할부 구매 및 금융리스에 따른 지급 의무를 더한다. 그런 후 잉여현금을 빼고 남은 총액을 순유형자산 대비 비율로 표시한 것이 내가 계산하는 자기자본 대비 순부채비율 계산이다. 이를 1992년 5월 신주를 상장한 인더스트리얼 컨트롤 서비스 그룹Industrial Control Services Group(ICS Group)의 사례를 통해 살펴보자.

ICS 추정 재무상태표는 예시 목적으로만 제시된 것이고, 1991년 11월 30일 현재 ICS의 감사 연결재무제표에 기초한 것이며, 주석의 설명처럼 조정된 것이다.

ICS의 추정 재무상태표를 보면, 신주 상장 후 순자산은 1,711만 6,000파운드이다. 여기서 무형자산 47만 2,000파운드를 빼면, 순유형자산은 1,664만 4,000파운드이다. 그리고 만기 1년 이상인 모든 이

〈표 5-1〉 ICS 추정 재무상태표 (단위: 1,000파운드)

	1991년 11월 30일	자본재조정	상장 효과	상장 후 총추정액
고정자산				
무형자산	472	–	–	472
유형자산	12,282	–	–	12,282
투자자산	695	–	–	695
	13,449	–	–	13,449
유동자산				
재고자산	6,684	–	–	6,684
매출채권	20,183	–	–	20,183
은행 예치 및 보유 현금	379	125	5,600	6,104
	27,246	125	5,600	32,971
유동부채				
만기 1년 이내 유동부채	23,553	–	(1,000)	22,553
순유동자산	3,693	125	6,600	10,418
총자산 – 유동부채	17,142	125	6,600	23,867
장기부채				
만기 1년 이상 장기부채	6,564	–	–	6,564
충당금				
이연세금	225	–	–	225
외부 주주 지분	(38)	–	–	(38)
	6,751	–	–	6,751
투하순자산	10,391	125	6,600	17,116
자본 및 준비금				
콜업주식자본(자본금)	4,500	(1,192)	682	3,990
주식프리미엄(주식발행초과금)계정	–	210	5,918	6,128
손익계정	4,946	(250)	–	4,696
자본적립금	3	–	–	3
자본상환적립금	–	1,357	–	1,357
무형자산적립금	(1,959)	–	–	(1,959)
재평가적립금	2,901	–	–	2,901
	10,391	125	6,600	17,116

주석:
1. 회사 주식자본을 재조정하기 위해 1992년 5월 18일 통과된 특별결의와 3i에 의한 주식워런트 행사를 반영해 조정했음. 보다 자세한 내용은 추정 연결재무제표 49쪽 '추가 정보' 항목의 1.3과 1.4 단락을 참고할 것.
2. 비용을 제외한 신주 상장 수입금은 660만 파운드로 가정했음.
3. 1991년 11월 20일 이후 회사 실적의 영향은 고려하지 않았음.

〈표 5-2〉 ICS의 부채 : 만기 1년 이내 유동부채

(단위 : 1,000파운드)

	1991년 5월 31일	1991년 11월 30일
은행대출금에 대한 분할상환 원리금	60	64
기타 대출금	–	1,000
은행 당좌대월	3,149	6,054
미지급배당금		
금융리스와 할부구매 계약상 지급 의무 (주석 16 참조)	186	331
매입채무	7,323	6,129
계약 할부금	1,154	2,478
기타 부채	920	479
법인세	1,383	1,731
기타 세금 및 사회보장비용	1,249	1,351
발생액 및 이연수입	3,920	3,774
	18,825	23,553

은행 당좌대월은 회사의 모든 자산에 대한 제 1차 고정 및 유동비용(가장 우선 청구되는 비용-)으로 보증되어 있음.

〈표 5-3〉 ICS의 부채 : 만기 1년 이상 장기부채

(단위 : 1,000파운드)

	1991년 5월 31일	1991년 11월 30일
5년 내 상환해야 할 다양한 금리의 은행대출금	119	77
저축성 보험 수입금으로 20년 내에 상환해야 할 다양한 금리의 모기지대출	4,000	4,000
5년 내 상환해야 할 다양한 금리의 모기지대출	1,400	1,400
금융리스와 할부 구매 계약상 지급 의무 (주석 16 참조)	485	873
5년 내 상환해야 할 다양한 금리의 기타 부채	1,000	–
발생액 및 이연수입	303	214
	7,307	6,564

자 부담 부채는 635만 파운드(656만 4,000파운드 – 발생액 21만 4,000파운드)이다. 이 수치에는 모기지 대출과 금융리스 및 할부 구매에 따른 지급 의무들이 포함된다. 그 다음 만기 1년 이내 부채들에서 은행대출금에 대한 분할상환 원리금 6만 4,000파운드, 은행 당좌대월 605만 4,000파운드, 기타 대출금 100만 파운드 그리고 할부 구매 계약 33만 1,000파운드를 뽑아내면, 그 합은 744만 9,000파운드이다. 여기서 추정 재무상태표상의 현금 610만 4,000파운드와 상장 후 채권자에게 상환한 100만 파운드를 뺀다.

그 결과 나온 34만 5,000파운드에 만기 1년 이상인 이자 부담 부채 635만 파운드를 더하면 순부채 총액*은 669만 5,000파운드가 된다. 따라서 자기자본(순유형자산) 대비 순부채비율은 다음과 같이 계산된다.

$$(6,695,000 \div 16,644,000) \times 100 = 40.2\%$$

성장주에 대한 나의 자기자본 대비 순부채비율 한도는 50%이고, 따라서 ICS는 기준을 통과한다.

순부채비율 계산을 너무 걱정할 필요는 없다. 〈인베스터스 크로니클〉도 나의 계산 방식과 유사한 방법으로 순부채비율을 계산해 기업 실적 평가 시 이를 소개하고 있다.

이상적인 경우 우리는 순현금을 보유한 성장기업을 찾는다. 따라

● * 순부채 총액

순부채를 계산하는 데는 서로 다른 여러 방법들이 있는 것 같다. 예를 들어, 나는 재무제표 발표 후 한 달 내에 지급해야 할 배당금이 있다면 그것도 부채로 분류해야 한다고 본다. 그 배당금을 지급하면 당좌대월이 증가하거나 현금 잔액이 줄어들게 된다. 따라서 단 한 달 뒤라도 재무상태를 보면 부채는 분명 증가해 있을 것이다. 세금 부채의 경우, 빨리 지급해야 할 필요는 없지만 역시 비슷한 논리를 적용할 수 있다. 이 문제를 곰곰이 생각할 때, 어떤 경우에는 곧 순부채의 일부분이 되는 출자약정capital commitments은 과연 어떤가 하는 생각도 든다. 부채를 정교하게 조정하려면 이 모든 점을 알고 있어야 한다. 그러나 여러분의 분석을 단순화하기 위해 순부채비율이 가까스로 기준을 넘기는 수준이어서 해당 기업에 불안감이 들기 시작할 때만 이런 정교한 조정을 해보길 권한다.

이론이 분분한 또 다른 부분은 전환증권이다. 주가가 전환가보다 훨씬 높으면, 특히 전환일이 임박했을 경우에는 순부채 총액을 계산할 때 해당 전환증권을 무시해도 된다는 주장이 있다. 반대로 전환가가 주가보다 상당히 높으면, 래트너즈Ratners(영국의 보석 및 귀금속 회사. 1991년 츠 농담 삼아 자사 제품을 비하한 최고경영자 때문에 파산 위기까지 몰린 바 있음) 주주라면 누구나 확인해 주겠지만, 해당 전환증권은 부채로 분류되어야 한다. 그 중간 영역으로 주가와 전환가가 근접해 있으면, 신중한 접근법은 그 전환증권을 부채로 분류하는 것이다.

서 어떤 부채라도 그것은 이미 위험의 출발점이라는 것을 기억해야 한다. 다른 모든 투자 기준을 충분히 그리고 정확히 충족시킨다면, 순부채비율로 50%까지는 용납할 수 있다.

주요 계약에 앞서 거액의 예금이 발생하는 건설회사 같은 기업에 무심코 속는 경우도 있다. 예를 들어 웨소Whessoe(영국의 설비 및 시설 설계기업)는 해외 인수에 필요한 자금을 조달하기 위해 1991년 유상증자를 실시한 바 있다. 당시 웨소의 현금 상황이 충분해 보이기는 했지만, 이사회는 회사 현금이 실제 계약에 앞서 고객들이 예치한 예치금이므로 그 상당 부분은 여유 현금이 아니라는 점을 주주들에게 적시한 바 있다.

이제 한 기업의 현재 현금흐름에서 미래 현금흐름으로 논의를 진전시켜 보자. 이를 위해서는 먼저 그 용어를 정의해야 한다. 현금흐름이란 한 기업이 한 회계연도 동안 창출한 돈의 순액을 말한다. 순현금흐름을 계산하기 위해서는 현금 지출이 발생하지 않는 비용 항목들을 순영업이익net trading profits에 다시 더해야 한다. 그 주요 항목은 물론 감가상각비다.

반대로 자기자본으로 계상된 계열사 보유 이익잉여금은 순영업이익에서 차감해야 한다. 예를 들어 분석 중인 한 기업(A)이 세후 1,000만 파운드의 이익을 기록한 계열사(B)에 이사를 파견하고 있으며 그 계열사 지분 20%를 보유하고 있다면, A의 연간 순이익 수치에는 지분에 비례하는 B의 이익 기여분 200만 파운드가 포함되어 있을 것이다. 그러나 B가 그 금액의 1/4만 배당금으로 지급했을 수 있고, 따라서 A가 실제로 받은 현금은 50만 파운드에 불과할 수도 있다. 이 경우 A의 그해 순영업현금흐름을 계산하기 위해서는 그 차액인 150만 파운드를 A의 이익에서 차감해야 한다.

현재 회계기준위원회Accounting Standard Board(ASB)는 현금흐름을 분석하는 투자자의 부담을 덜어주기 위해 지금까지 사용하던 자금 원천 및 운용표Statement of Sources and Applications of Funds 대신 현금흐름표 Cash Flow Statement를 의무화하고 있다. 이 새로운 현금흐름표는 현금을 서로 다른 범주로 나누고, 현금흐름의 원천을 그 경제적 사유에 따라 분류하려는 것이다. 현금흐름은 그 원천에 따라 영업활동에 따른 순현금유입(현금흐름), 투자활동으로 인한 현금흐름, 재무활동으로 인한 현금흐름 등의 제목이 붙을 것으로 보인다. 관련된 수치가 너무 많기 때문에 이 중 가장 중요한 핵심, 즉 '영업활동에 따른 순현금유입은 영업활동으로 발생한 이익(즉 영업이익)과 크게 달라서는 안 된다'는 점에 초점을 맞춰야 한다. 1992년 3월 14일까지 그 이전 52주 동안의 실적을 기록한 세인즈베리의 재무제표는 영업이익을 조정해 영업활동에 따른 순현금유입을 계산하는 것이 얼마나 간단한지를 매우 분명히 보여 주고 있다. 세인즈베리의 현금흐름표에서 제시된 주석 24(〈표 5-4〉)를 참조해 주기 바란다.

〈표 5-4〉 주석 24에서 알 수 있듯이, 영업이익 6억 6,770만 파운드에서 유통업체 종업원 이익공유제에 따른 지출 4,940만 파운드를 차감한다. 그런 후 이익에서 차감되지만 현금 지출은 없는 1억 3,560만 파운드에 달하는 거액의 감가상각비를 다시 더한다. 그 나머지 조정은 운전자본 수요 즉, 재고자산, 매출채권, 부채 등의 증가나 감소와 관련된 것이다.

이렇게 계산한 최종 결과는 매우 양호한 7억 8,880만 파운드의 '영

〈표 5-4〉 주석 24
영업이익의 영업활동에 따른 순현금유입으로의 조정

	세인즈베리	
	1992년 (100만 파운드)	1991년 (100만 파운드)
영업이익	667.7	585.0
종업원 이익공유제 지출	(49.4)	(44.0)
감가상각비용	135.6	120.2
재고자산의 증가	(1.5)	(52.3)
매출채권의 감소(증가)	4.7	(9.7)
부채의 증가	31.7	109.2
영업활동에 따른 순현금유입	788.8	708.4

업활동에 따른 순현금유입'이고, 이 금액은 6억 6,770만 파운드의 '영업이익'보다 매우 좋다. 이런 내용을 세인즈베리처럼 잘 제시해 놓은 보고서와 재무제표는 그리 많지 않다. 관련 내용이 덜 분명할수록, 우리는 더 조심해야 한다. 핵심 수치에 집중하는 것이 중요하다. '영업이익이 영업활동에 따른 순현금유입보다 많을 때'는 거의 분명 창조적 회계가 작동한 것으로 볼 수 있다.

현금이 왜 그렇게 중요한 것일까? 첫째, 현금은 영업이익, 따라서 이익이 적절한지 확인하는 지표이고, 둘째, 잉여현금흐름은 회사 성장의 재원이 되기 때문이다. 내가 말하는 '잉여현금흐름'은 배당금과 자본적 지출을 차감한 후의 현금을 의미한다. 우수한 현금흐름을 가진 좋은 예는 세인즈베리나 테스코 같은 식료품 유통업체다. 이런 업체는 신규 슈퍼마켓을 개장하는 데 거의 자본이 들지 않는다. 매장은 임대하면 되고, 판매용 식료품은 납품업자들이 제공하기 때문이다. 개장일부터 매장의 금전등록기는 가처분 현금을 끌어 모은다. 예를 들어 빵은 제빵업체에 의해 외상으로 공급되어, 현찰로 팔린 후, 하루나 이틀 내에 소비된다. 슈퍼마켓이 공급받은 빵 대금은 몇 주 후, 어떤 경우에는 몇 달 후 제빵업자의 계좌로 지급된다. 그 사이 슈퍼마켓 회사는 현금을 자유롭게 이용할 수 있다. 그리고 회계연도 말에 이 슈퍼마켓의 현금이익은 세금, 배당금, 부채상환 그리고 추가 성장을 창출할 신규 슈퍼마켓의 개장 등에 사용된다. 유일한 걱정거리가 있다면 과도한 사업 확장과 과도한 개장으로 시장 환경이 매우 경쟁적으로 되어 가격 전쟁이 발생하는 경우다. 그러나 이런 상황도 오래 지속되는 경우는 드물다. 왜 굳이 좋은 것을 망치겠는가?

이전에 나는 지미 골드스미스Jimmy Goldsmith(영국 및 프랑스 국적의 금융인 겸 정치인)가 보브릴Bovril(소고기소스 브랜드)과 마마이트Marmite(이스트 잼 브랜드) 같은 브랜드명을 매우 중시한 이유, 그리고 초기에 부를 일굴 당시 영국의 얼라이드 서플라이어스Allied Suppliers와 미국의 그랜드 유니언Grand Union 같은 식품 유통회사에 집중한 이유를 확실히 알지 못했다. 그러나 지금은 그의 생각을 이해한다. 나는 여러분에게 이런 회사들—경쟁우위, 높은 투하자본수익률 그리고 부정적인 내용의 출자 약정 등에 소모되지 않는 강력한 현금흐름을 가진 기업들—에 투자하는 법을 소개하고 싶다.

자본적 지출은 두 개의 주요 범주로 나뉜다. 첫째는 수리가 어렵고 낡은 설비와 기계 같은 오래된 자산을 대체하는 자본적 지출이다. 이런 자본적 지출은 경쟁력을 보전하기 위한 필수불가결한 비용으로 현상유지 성격을 가진다. 둘째는 신규 브랜드의 개발 및 출시, 가장 현대적인 장비의 도입을 포함한 추가 공장의 건설 같은 실제 사업 확장에 쓰이는 훨씬 낙관적이고 미래지향적인 자본적 지출이다. (현상 유지를 위해) 매년 설비와 장비에 투자해야 하는 철강회사 같은 일부 기업은 주주들에게 거의 혜택을 주지 못한다.

이런 기업보다는 매우 강력한 사업 경쟁력을 가진 기업이 좋다. 이들은 신제품, 신기술, 신사업에 투자할 수 있는데, 이 모든 것은 연간 이익을 단순히 '유지하는 것이 아니라' 증가시키는 데 도움이 된다.

결론 정리

1. 이상적인 기업, 특히 불경기 때의 이상적인 기업은 순현금흐름이 높고, 현금 잔고가 충분하며, 부채는 없는 기업이다.

2. 우리가 용인할 수 있는 차입금(부채비율) 한도는, 다른 모든 기준을 매우 적절히 충족시킬 때에 한해서, 순자산의 50%까지다.

3. 재고자산과 재공품을 뺀 순유동자산(당좌자산) 대비 유동부채의 비율은 적어도 1 : 1, 바람직하게는 1.5 : 1이어야 한다. 요컨대 유동부채 대비 당좌자산의 비율, 즉 당좌비율은 최소 100%, 바람직하게는 150%가 되어야 한다.

4. 상당한 액수의 고객 선결제 예금을 가지고 있는 건설회사의 경우, 현금 상황이 왜곡되어 있는 것은 아닌지 늘 주의해야 한다.

5. 항상 기업의 현금흐름표를 검토해야 한다. "특히, 영업활동으로 인한 순현금유입이 순영업이익에 비해 최소한 같거나, 바람직하게는 더 많아야 한다." 두 항목의 차이가 잘못된 방향으로 상당한 차이를 보이면(요컨대 영업이익이 영업현금흐름보다 상당히 크면), 창조적 회계가 작동한 것이다.

6. 현상 유지를 위한 자본적 지출에 상당한 비용을 투입해야 하는 회사는 피해야 한다. 많은 잉여현금흐름을 창출해 미래 이익을 호대하는 기업이 훨씬 더 매력적이다.

6장
'뭔가 새로운 것'이 있으면 금상첨화
― 주가를 움직이는 4가지 새로운 요인 ―

새로운 요인은 매우 바람직하기는 하지만 투자에 절대적으로 필요한 기준은 아니다. 글락소와 캐드베리 슈웹스Cadbury Schweppes처럼 우수한 브랜드를 가진 기업, 렌토킬처럼 틈새시장을 장악한 기업들은 새로운 어떤 요인이 없어도 매년 평균 훨씬 이상의 높은 주당순이익 증가율을 기록한다. 이들이 자신의 사업 범위에 새로운 제품이나 서비스를 추가할 수는 있지만, 이런 것이 그 자체로 이익 증가를 가져오는 극적인 어떤 새로운 요인은 아니다. 글락소나 렌토킬 같은 유형의 또 다른 성장주(즉 새로운 요인이 없어도 성장하는 주식)를 발견할 수도 있기 때문에, 나는 다른 대부분의 투자 기준이 충족되는 한, 새로 선택한 주식이 새로운 요인 기준을 충족시켜야 한다고 고집하지는 않는다. 그러나 모든 필요한 요건을 갖추고 추가로 새로운 요인이라는 이점까지 가진 주식을 발견한다면, 이는 정말 내 구미에 딱 맞는 주식이다. 새로운 이벤트나 신제품은 높아진 이익 잠재력과 상대적으로 매우 강력한 주가 실적의 원인이 되는 훌륭한 추가 보너스가 되는 경우가 많다.

주가에 상당한 영향을 미칠 정도로 중요한 새로운 요인으로는 다음 네 가지 범주가 있다.

1. 새로운 경영진
2. 신제품이나 신기술
3. 신규 법제도를 포함해 전체 해당 산업에 발생한 새로운 사건
4. 새로운 인수

이 중 가장 중요한 것은 새로운 경영진이다. 그 이유는 간단한데, 우수한 새로운 경영진이 회사에 미치는 영향은 광범위하면서도 지속적이기 때문이다. 능력 있는 새 경영진이 회사를 경영한다면, 그들의 노력은 향후 여러 해 동안 좋은 결실을 맺을 가능성이 높다.

이와 관련된 잘 알려진 여러 사례 중 두 가지를 들자면, 와일즈 그룹 이사로 취임한 제임스 핸슨James Hanson과 고든 화이트Gordon White 그리고 F.H. 톰킨스에 합류한 핸슨의 전직 임원 그레그 허칭스Greg Hutchings이다. 와일즈 그룹은 회사명을 핸슨으로 개명했고, 그 후 28년 동안 200만 파운드도 안 되던 회사가 110억 파운드가 넘는 회사

로 성장했다. 톰킨스도 그레그 허칭스가 취임한 후 9년 동안 600만 파운드의 회사에서 14억 파운드의 회사로 성장했다. 이런 경영진 변화에 따른 혜택은 수년간 계속됐고, 지금도 계속되고 있다.

신제품이나 신기술로 인한 혜택도 계속될 수 있다. 예를 들어 1981년 10월 글락소는 신규 특허제품인 위궤양 치료제 잔탁을 출시했다. 그 후 1991년까지 잔탁의 매출액은 총 16억 파운드에 달했다. 잔탁 출시 당시에는 이 제품의 전 세계적인 성공을 예상하기 어려웠을 것이다. 그러나 1983년을 넘긴 직후 잔탁이 미국에서 사용 허가를 받고 미국에서 신규 의약품이 달성한 모든 기록을 깼을 때, 잔탁을 보고 글락소에 투자했던 현명한 투자자라면 누구라도 엄청난 자본차익을 누릴 수 있었을 것이다. 현재 잔탁의 매출액은 안정화되었지만, 여전히 글락소 이익의 상당 부분을 차지하고 있다.

〈그림 6-1〉 글락소 주가 (파운드)

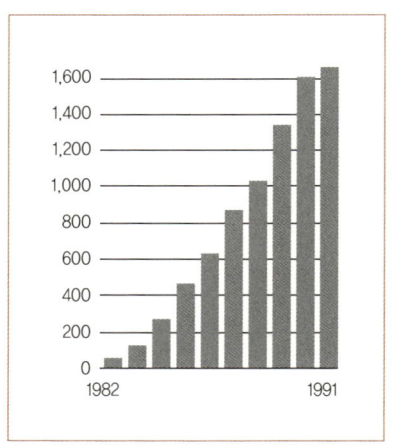

〈그림 6-2〉 잔탁 매출액 (100만 파운드)

〈그림 6-3〉 핸슨 주가 (1964~1991년)

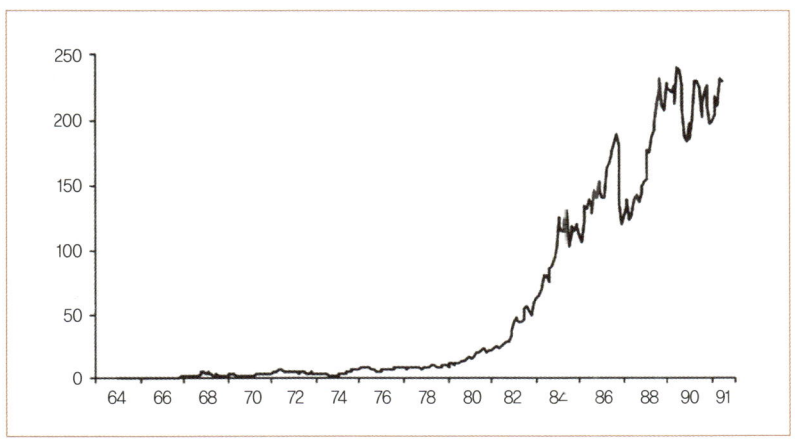

출처 : Datastream

〈그림 6-4〉 톰킨스 주가 (1983~1992년)

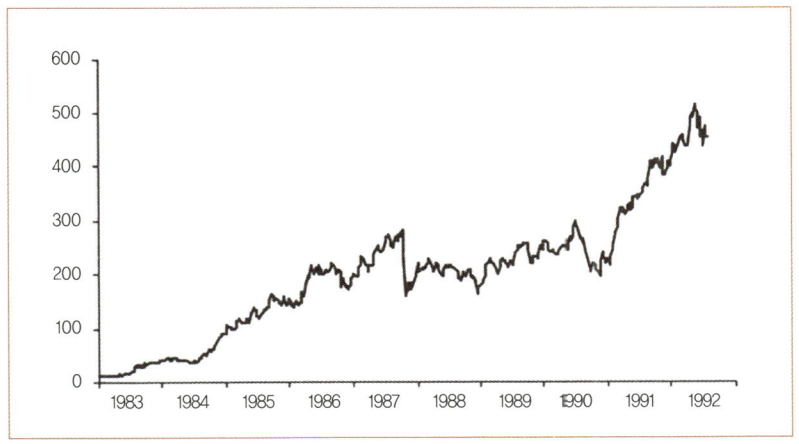

출처 : Datastream

1991년 미국의 대표적인 국제컴퓨터전시회에서 상을 수상한 사이온Psion의 신형 팜탑컴퓨터도 미래 매출액과 이익에 큰 영향을 미칠 게 분명하다. 그러나 급변하는 컴퓨터산업에서는 경쟁자가 보다 나은 제품을 개발할 우려는 항상 존재한다. 이런 종류의 제품은 특허 받기가 어렵고 제품 개발에서 제품화에 이르는 리드타임lead time이 핵심 요인이다. 사이온 같은 회사는 기회를 잡았을 때 성과를 올려야 한다. 투자자는 신규 특허 제품과 시장에서 쉽게 대체될 수 있는 제품을 잘 구별하는 것이 중요하다.

신제품이 대성공을 거둘 수도 있지만 그 제품이 회사에서 차지하는 상대적으로 덜 중요한 지위 때문에 정작 이익에는 거의 영향을 미치지 못할 수도 있다. 나는 소니가 워크맨으로 혜택을 보긴 했지만 워크맨의 성공이 이미 거대한 소니의 이익에 미치는 영향은 미미했다고 확신한다. 반면 닌텐도는 비디오게임의 성공으로 훨씬 더 직접적인 혜택을 봤다. 여러분이 할 일은 최선의 판단력을 동원해 신제품이 성공할지 여부를 판단하고 그것이 회사 이익에 미칠 영향을 평가하는 것이다. 그러나 이런 평가가 항상 쉬운 일은 아니다. 따라서 새로운 요인을 찾을 때는 회사 사업에서 상당한 부분을 차지하고 있고, 사업 활동에 핵심적이며, 미래 이익에 큰 영향을 미칠 게 분명한 제품만 고려할 것을 권한다. 예를 들어 미국의 폴라로이드는 즉석현상 사진이라는 20세기 최고의 새로운 제품 아이디어를 갖고 있었다. 이어서 폴라로이드는 컬러 제품도 만들었고, 그 결과 1960년대에 주가가 수배로 뛰었다. 세계 인구의 상당수가 폴라로이드가 새로운 요인을 가졌으며, 그것이 폴라로이드 사업의 주요 부분을 차지하고 있고, 그로 인해 향후 여러 해 동안 이익이 증가할 것이라고 본 게 분명했다.

신제품과 관련해 염두에 두어야 할 나머지 고려 사항은 수명이 짧은 신제품과 수명이 무한할 수도 있는 신제품을 구별하는 것이다. 장난감산업에서 바비 인형은 출시된 지 50년이 넘은 지금도 잘 팔리고 있지만, 윔블든의 웜블 캐릭터들The Wombles of Wimbledon(동화를 모태로 한 장난감 캐릭터들)은 잊혀진 지 오래다. 최근에는 닌자 거북이가 유행이지만, 나라면 그 캐릭터들에 높은 점수를 주지는 않을 것이다.

해당 산업에서 발생한 새로운 사건에는 주요 경쟁자의 몰락이 포함된다. 해리 굿맨의 인터내셔널 레저그룹의 파산은 오너스 어브로드, 에어투어스와 다른 여러 여행회사에 득이 되었다. 또 북해유전의 발견은 많은 석유채굴장비회사와 애버딘City of Aberdeen(북해 연안에 있는 스코틀랜드의 경제문화도시) 소재의 여러 부동산 및 관련 서비스 회사들에 상당한 혜택을 제공했다. 전쟁은 방위산업체에 많은 혜택을 준다. 정권의 교체는 향후 병원비 지출에 영향을 미칠 수 있고, 쓰레기 처리와 환경 정화에 관한 신규 입법도 해당 산업 관련 회사들에 큰 영향을 미칠 수 있다. 영불해저터널의 개통(1994년 개통)은 프랑스 북부와 영국 남부 지역 부동산 가치에 이미 큰 영향을 미쳤다. 독일의 통일은 소비 수요를 크게 신장시켜 서독 산업 대부분, 특히 자동차업계에 큰 혜택을 제공했다. 이 외에도 이런 사례는 수없이 존재한다.

앞으로 새로운 사건들은 이런 식으로 생각해야 한다. 중요한 새로운 상황의 전개나 제품에 관한 자세한 내용을 접하게 되면, 그런 새로운 요인들이 장기적인 승자가 될 수 있는지 의식적으로 노력해 판단하고 자신의 기존 포트폴리오에 포함된 주식과 분석 중인 주식에 미칠 효과도 고려해야 한다. 비디오레코더에 대해 처음 들었을 때, 여러분은 거의 분명히 그것이 전 세계적인 성공을 거둘 것이라고 생각했을 것이다. 이때 여러분의 문제는 그로 인해 혜택을 볼 특정 기업을 고르는 일이었을 것이다. 그런데 대부분의 주요 전자회사들이 자체 비디오레코더를 생산했기 때문에 전 세계적인 비디오레코더의 성공으로 발생한 혜택은 전자산업 전반에 걸쳐 조금씩 나눠 돌아갔을 뿐이다. 특허를 받을 수 없는 제품의 경우에는 이런 일이 자주 발생한다. 이는 투자자라면 항상 염두에 두어야 할 중요한 요인이다.

새로운 경영진 및 특허 제품과 달리 주요 경쟁자의 몰락 같은 새로운 사건은 단기적인 영향만 미친다. 분명히 지속적인 혜택도 있겠지만, 가장 큰 영향은 첫해에 발생하고 그 첫해 발생한 이익 급증이 반복될 수는 없을 것이다.

신규 인수도 기업의 이익과 지위에 큰 영향을 미치는 경우가 많다. 핸슨은 임페리얼 타바코Imperial Tobacco를 인수하자마자, 어마어마한 현금흐름과 강력한 재무구조를 갖춘 영국의 주요 기업으로 부상했다. 물론 핸슨은 임페리얼 타바코를 인수하기 전에도 훌륭한 기업이었다. 그러나 인수 후에 핸슨을 보는 시각은 달라졌다.

새로운 요인이 발생했을 때 주가는 어떻게 반응했는지 네 범주별로 그 사례를 살펴보도록 하자.

1. 새로운 경영진

1) 잉글리시 차이나 클레이(영국의 고령토 채굴회사)

1990년 여름 앤드류 티어Andrew Teare가 최고경영자로 취임한 것은 회사에 큰 영향을 미쳤다. 취임 후 티어는 총 1억 1,000만 파운드에 달하는 비핵심 자산들을 처분하고 핵심 사업에 집중하면서 미국의 한 고령토 회사를 3억 1,000만 파운드에 인수했다. 그 후 잉글리시 차이나 클레이English China Clays의 주가는 1990년 가을 바닥에서 1992년 6월까지 두 배로 상승했다.(〈그림 6-5〉)

〈그림 6-5〉 잉글리시 차이나 클레이 주가 (1988~1992)

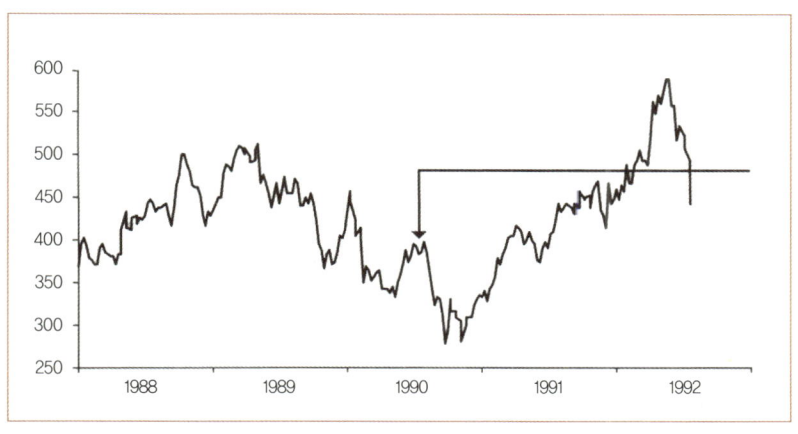

출처 : Datastream

〈그림 6-6〉 칼론 그룹 주가 (1986~1992)

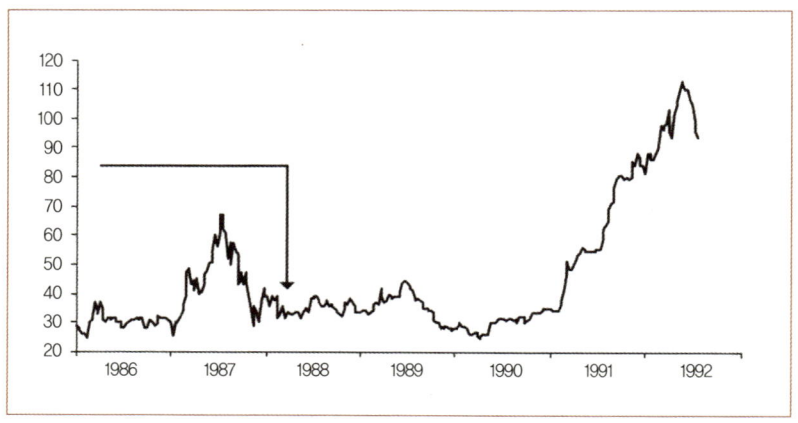

출처 : Datastream

2) 칼론 그룹(영국의 화학회사)

전자제품 판매 체인 딕슨스Dixsons 출신의 마이크 헤네시Mike Hennessy가 1988년 2월 사장으로 취임한 후, 칼론Kalon Group은 손실을 만회하고 1,700만 파운드의 부채도 상환했다. 1988년 칼론의 이익과 주당순이익은 경기 침체에도 불구하고 150% 가까이 증가했고, 지난 회계연도(1991년) 말 순현금도 1,280만 파운드에 달했다.(〈그림 6-6〉)

3) 위어 그룹(영국의 기계장비 제작사)

1980년대 초 위어Weir Group는 연 1,000만 파운드의 손실을 기록하고 있었고, 당시 경기 침체의 희생자가 되는 것처럼 보였다. 그러나 1982년 론 개릭Ron Garrick이 사장으로 취임한 후, 위어는 두 개의 핵심

〈그림 6-7〉 위어 그룹 주가(1979~1992)

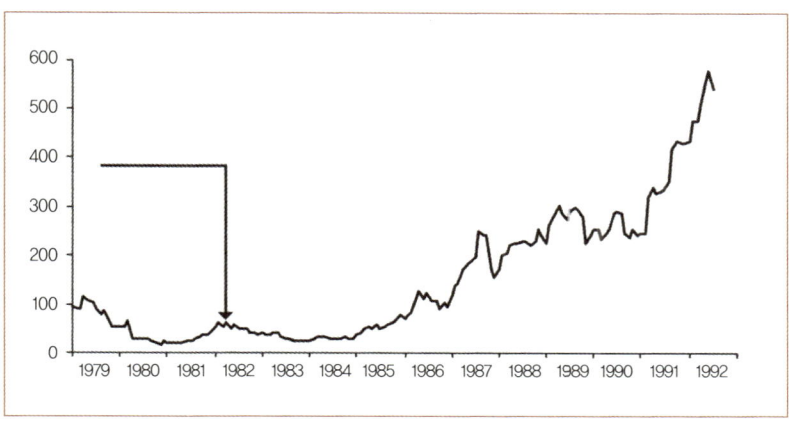

출처 : Datastream

사업을 중심으로 사업 슬림화를 단행했고, 노동력도 감축했다. 그 결과 1980년대 말과 1990년대 초에 이익이 꾸준히 증가해 1991년에는 3,000만 파운드를 돌파했다. 배당금도 1991년까지 5년 동안 두 배로 늘었다.(〈그림 6-7〉)

2. 새로운 제품이나 기술

1) 웰컴(영국의 제약회사, 1995년 글락소와 합병해 글락소웰컴이 됨)

웰컴Wellcome은 에이즈 치료제 리트로비르Retrovir의 개발로 1987년 3월 제품 출시 후 이익이 급증했다. 이 제품은 이윤이 매우 높고, 매출도 향후 오랫동안 계속 증가할 것으로 전망된다.(〈그림 6-8〉)

〈그림 6-8〉 웰컴 주가 (1986~1992)

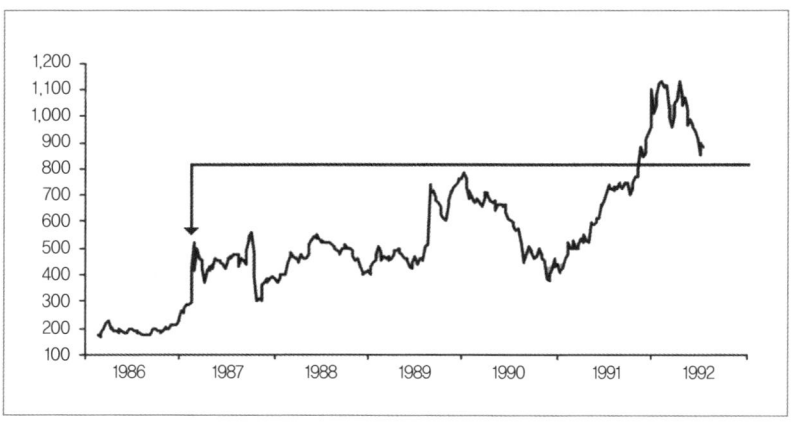

출처 : Datastream

2) 레이컬 일렉트로닉스(영국의 전자회사, 보더폰의 모기업)

1985년 시작한 보더폰 사업의 대성공으로 레이컬 일렉트로닉스Racal Electronics의 주가는 급등했다. 보더폰Vodafone은 1991년 9월 독자회사로 상장되었고, 그 가치는 35억 파운드로 평가되었다.(〈그림 6-9〉)

〈그림 6-9〉 레이컬 일렉트로닉스 주가 (1965~1992)

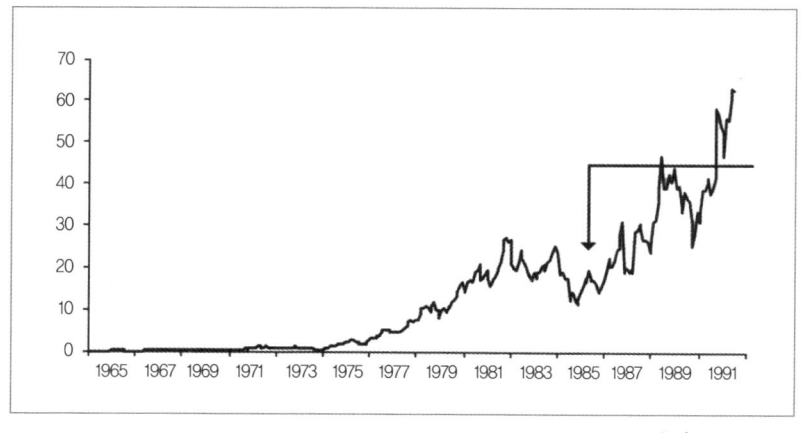

출처 : Datastream

〈그림 6-10〉 마이크로소프트 주가 (1979~1992)

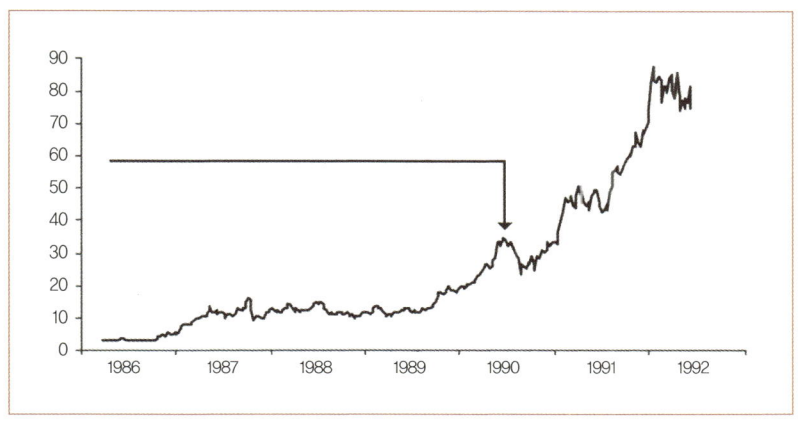

출처 : Datastream

3) 마이크로소프트

마이크로소프트는 1990년 6월 매우 인기를 끈 '윈도우 3.0'으로 컴퓨터산업에 혁명을 몰고 온 미국의 나스닥 상장회사다. 윈도우 3.0 출시 2년 후 마이크로소프트의 시가총액은 20억 달러로 급증했다.(〈그림 6-10〉)

3. 해당 산업 전체에 발생한 새로운 사건

1) 세이지 그룹(영국 기반의 다국적 소프트웨어기업)

영국 내 주요 경쟁자인 페가수스Pegasus의 재무적 어려움 덕분에 세이지The Sage Group는 중소기업 회계 소프트웨어 시장의 74%, 전체 중소기업 소프트웨어시장의 43%를 차지하게 되었다.(〈그림 6-11〉)

〈그림 6-11〉 세이지 그룹 주가 (1989년 12월~1992년 6월)

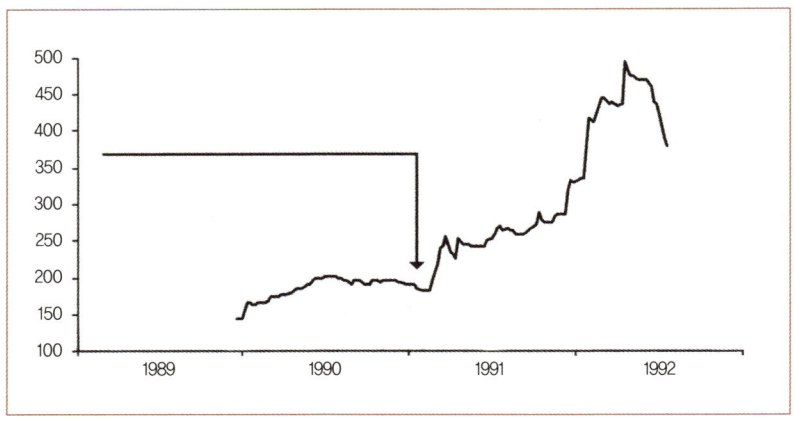

출처 : Datastream

2) 펜트랜드(영국의 패션 및 스포츠용품 회사)

펜트랜드Pentland Industries가 1981년 단돈 7만 7,500달러에 인수한

〈그림 6-12〉 펜트랜드 주가 (1980~1989)

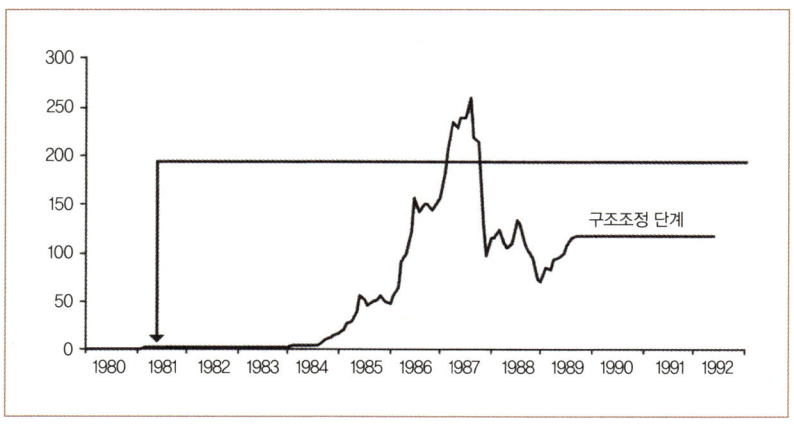

출처 : Datastream

리복Reebok의 지분가치는 패션용품으로서 스포츠 운동화의 유행 그리고 특별 디자인된 에어로빅 운동화에 대한 미국 여성들의 열광에 힘입어 7억 달러 이상으로 상승했다. 리복에 대한 지분은 곧 펜트랜드의 주요 자산이 되었기 때문에, 이런 새로운 소비자 추세는 펜트랜드 주가에 큰 영향을 미쳤다.(〈그림 6-12〉)

3) 세인즈베리

1980년대 초 본격화된 교외 쇼핑과 초대형 슈퍼마켓의 유행으로 세인즈베리와 테스코 같은 대형 유통회사들은 소규모 유통회사들로부터 더 많은 시장점유율을 가져올 수 있었고, 이는 회사가 급성장하는 데 크게 기여했다. 이 과정에서 이익률도 더 좋아졌다.(〈그림 6-13〉)

〈그림 6-13〉 세인즈베리 주가 (1973~1992)

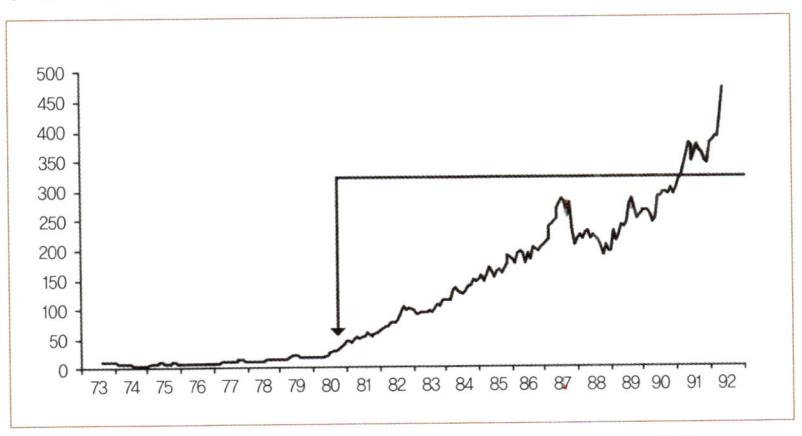

출처 : Datastream

4. 새로운 인수

1) 기네스

1986년 27억 파운드에 디스틸러스Distillers(영국의 위스키회사)를 인수한 것은 논란이 있었지만, 기네스Guinness의 브랜드 포트폴리오를 강화시켜 회사를 세계 최고의 주류회사 중 하나로 만들었다. 기네스의 시가총액은 디스틸러스 인수 전 10억 파운드에서 1992년 6월 현재 120억 파운드 이상으로 증가했으며, 주가는 약 300% 상승했다. (〈그림 6-14〉)

2) 톰킨스(영국의 기계회사)

1986년 1억 9,200만 파운드에 페글러-해터슬리Pegler-Hattersley(영국

〈그림 6-14〉 기네스 주가 (1985~1992)

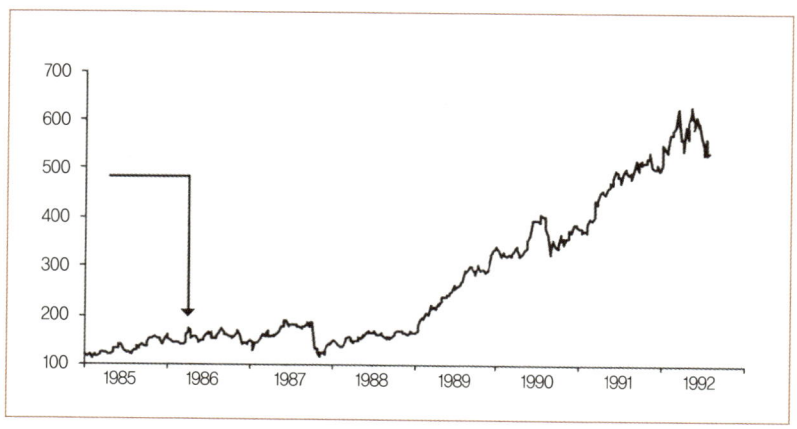

출처 : Datastream

<그림 6-15> 톰킨스 주가 (1983~1992)

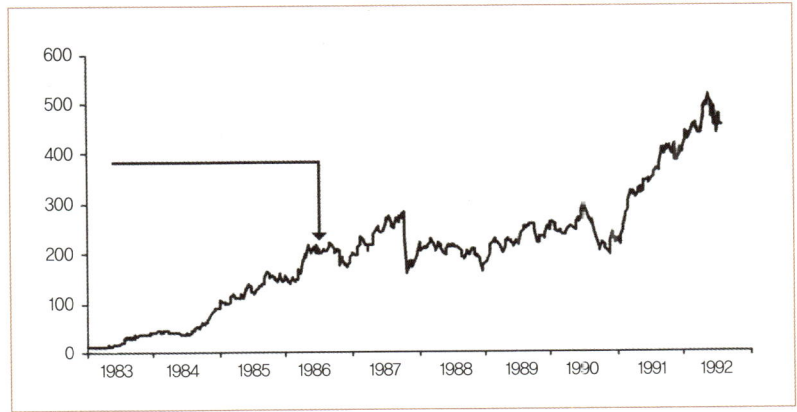

출처 : Datastream

의 배관 및 기계제품 제작사)를 적대적 인수합병하는 데 성공한 톰킨스는 이를 통해 최고의 기업사냥꾼이 되었다. 1987년 5월 결산 회계연도에 톰킨스의 세전 이익은 3,010만 파운드로 4배 증가했고, 매출액은 6,300만 파운드에서 2억 7,000만 파운드로 늘었으며, 주당순이익도 70% 상승했다. 1987년 9월 톰킨스의 시가총액은 3억 6,000만 파운드였고 추가 인수를 위한 준비를 마친 상태였으며, 그 후 일련의 인수를 통해 시가총액은 14억 파운드로 증가했고 FTSE 100 지수에도 포함되게 되었다.(<그림 6-15>)

3) 아가일 그룹(영국의 슈퍼마켓 체인)

아가일Argyll Group은 디스틸러스 인수 실패 후, 식품소매에 초점을 맞췄다. 1987년 2월 6억 8,000만 파운드에 세이프웨이Safeway(다국적

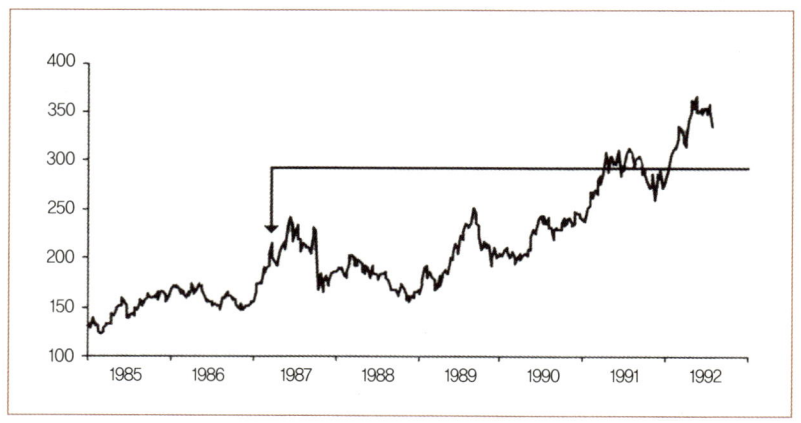

〈그림 6-16〉 아가일 그룹 주가 (1985~1992)

출처 : Datastream

슈퍼마켓 체인점)를 인수한 후 아가일은 최정상급 슈퍼마켓 체인점으로 도약할 수 있었다. 아가일의 시가총액은 디스틸러스 인수에 참여하기 전 7억 파운드에서 1992년 6월 39억 파운드로 증가했다. 같은 기간 매출액은 50억 파운드로 두 배가 되었으며, 세전 이익은 거의 4배로 뛰었다. 주가는 1987년의 시장 급락과 1988년의 불안한 시장 상황에도 불구하고 세이프웨이 인수 후 75% 상승했다.(〈그림 6-16〉)

새로운 요인을 발견하는 데에는 추가적인 이점이 한 가지 더 있다. 해당 주식과 관련된 스토리가 훨씬 흥미로워지고 더 많이 회자되기 때문에, 시장이 이를 빨리 받아들인다는 것이다. 주가에 유리한 기본적인 요인이 약할수록 미래 이익이 증가할 것이라는 희망적인 이야기가 더 필요하다. 현재 이익으로 주가를 지탱할 수 없을 경우, 미래 이익 증가에 대한 희망만이 주가를 지탱하는 요인이 되기도 한다.

예를 들어 1992년 6월 증권사 직원들은 버나드 테일러Bernard Taylor와 메데바Medeva의 이야기를 다음과 같은 식으로 개인 고객에게 전할 수 있었다.

> 글락소의 최고경영자였던 버나드 테일러는 2년 전 메데바라는 아주 작은 회사에 합류했다. 그 후 메데바는 여러 훌륭한 인수를 단행했다. 미국의 의약품 판매조직들, 범용의약품 제약회사 등을 인수했고, 그 결과 현재 메데바는 최대의 백신 공급업체가 되었다. 메데바는 곧 대규모 인수를 단행할 가능성이 높다. PER 견지에서 볼 때, 메데바가 인수하는 자산은 모두 메데바의 자산과 주당순이익을 높일 것이다. 메데바의 주가는 훨씬 더 상승할 수 있다. 지금 메데바는 제2의 글락소로 성장 중이다.

아주 훌륭한 이야기가 아닐 수 없다. 많은 사람들이 메데바에 관한 이야기를 믿는 것으로 보였으며, 그 결과 1992년 6월 메데바의 PER은 30을 넘었고 시가총액은 약 5억 2,500만 파운드로 늘었다. 구식이라고 해도 좋지만, 내가 의약회사에 투자한다면 PER 20에 연간 이익증가율은 25%를 넘는 에머샴 인터내셔널Amersham International처럼 보다 안정적이고 부채가 없는 회사를 택할 것이다. 메데바가 에머샴처럼 좋은 회사가 되기 위해서는 상당히 높은 이익 증가를 실현해야 한다. 말도 안 되게 높은 PER은 피해야 한다. 메데바 같은 회사가 성공할 수도 있겠지만, 잠시라도 흔들리면 이를 감당할 안전판은 없으며 따라서 주가는 곤두박질칠 것이다.

메데바 이야기를 하느라 핵심에서 좀 벗어나긴 했지만, 나의 핵심 논지를 다시 말하면 '새로운 요인이 제공하는 추가적인 이점은 해당 주식 관련 이야기를 설명하기 쉽고, 그러면 시장은 그 이야기를 빨리 수용한다'는 것이다. 좋은 이야기는 주가를 상승시키는 강한 촉매제 역할을 한다. 시장은 좋은 이야기를 좋아하고 새로운 요인은 짜릿함과 흥미를 자극한다.

이야기는 대조 확인 수단으로도 중요하다. 그런대로 괜찮은 기본적인 요인에 좋은 이야기를 갖춘 주식을 샀다면, 현황이 변하지 않는지 계속 확인해야 한다. 이야기는 늘 미래에 상당한 이익 증가가 있을 것이라고 희망하는 이유로 제시된다. 원래의 이야기를 계속 되새기면서 그에 역행하는 새로운 일이 벌어지고 있지는 않는지 확인해야 한다. 나빠지는 쪽으로 상당한 변화가 있으면 빨리 빠져나와야 한다.

이 책을 읽으면서 나의 투자법에 사용되는 기준들이 상호 연관된 경우가 많음을 알았을 것이다. 골반뼈는 허벅지뼈에 연결되고, 허벅지뼈는 무릎뼈와 연결되고, 무릎뼈는 또 다른 뼈에 연결되는 식이다. 새로운 요인도 상대적으로 강한 주가 실적, 이익의 급증, 미래 이익 증가율 전망치의 개선, 따라서 PEG의 개선 원인이 되는 경우가 적지 않다. 한 주식을 보다 자세히 살펴볼 때 기본적인 요인의 변화를 가져온 새로운 요인이 1년 정도 전에 발생했다는 사실을 발견하는 경우가 있다. 예를 들어 1991년 나는 예상 PER이 7에 불과했고, 이익 증가율은 연 15%에 달했으며, 유동성이 강하고, 사업의 중심이 중공업에서 보다 매력적인 도구산업 쪽으로 옮겨가고 있는 것으로 보여 웨소 주식을 좋아했다. 당시 웨소는 MTL 인스트루먼트의 이탈리아 경쟁자를 막 인수한 상태였다. 웨소의 상태를 보다 자세히 분석했을 때, 나는 2년 전 사장과 재무담당 이사가 새로 취임한 사실을 발견했다. 이것이 바로 웨소의 이익, 미래 성장 전망 그리고 회사 전체에 대한 인식의 변화를 가져온 새로운 요인이었던 것이다.

내 투자법의 필수적인 기준들은 서로 밀접히 연관되어 있다. 따라서 어떤 한 기준을 확인하기 위해서는 이를 확인해 주는 또 다른 기준을 찾아봐야 한다. 이익이 급증하고 있고 주가가 상대적으로 좋은 실적을 보이고 있다면, 거기에는 원인이 있는 것이다.

핵심 정리

1. 새로운 요인은 매우 바람직한 것이다. 그러나 절대적으로 필요한 것은 아니며, 해당 기업이 나의 기준을 대부분 충족시킬 경우에는 특히 그렇다.

2. 새로운 요인의 주요 범주는 새로운 경영진, 새로운 제품이나 기술, 새로운 인수, 입법을 포함해 해당 산업 전체에 발생한 새로운 사건 등이다.

3. 이 중 새로운 경영진이 가장 좋은 것인데, 그 이유는 그 효과가 매우 광범위하고 지속적이기 때문이다.

4. 새로운 기술, 새로운 사건, 새로운 인수도 실질적으로 해당 기업의 미래 이익을 증가시키는 데 상당히 중요한 요인이다.

5. 겉만 그럴싸한 일회성 제품과 오래 지속될 수 있는 제품을 구별해야 한다.

6. 한 산업에서 경쟁자의 몰락 같은 새로운 사건이 해당 기업의 이익에 미치는 효과는 1년이나 2년 정도로 제한될 수 있다. 반면 신규 입법이 미치는 효과는 훨씬 더 길게 지속된다.

7. 새로운 요인의 추가적인 이점은 그것이 해당 기업에 적절한 이야기를 제공한다는 것이다. 이런 이야기는 시장이 해당 주식에 관심을 갖게 만드는 데 도움을 주고, 미래의 상황 전개를 모니터링하는 수단으로 사용될 수 있다. 좋은 이야기는 현재의 기본적인 요건이 좋지 않을 때 가장 중요한 요인이 된다. 그 이야기로 갖게 되는 미래에 대한 희망이 주가를 상승시키는 연료 역할을 할 것이기 때문이다.

8. 새로운 상황의 전개, 새로운 제품 혹은 새로운 사건을 알게 되었다면, 의식적인 노력을 통해 그것이 여러분의 포트폴리오에 포함된 주식과 분석 중인 주식에 미칠 효과를 따져봐야 한다.

9. 새로운 요인은 나의 다른 기준들이 충족되고 있음을 확인해 주는 훌륭한 증거 역할도 한다. 예를 들어 새로운 요인은 이익 급증, 예상 이익 증가율 상승, PEG 하락, 상대적으로 강한 주가 실적의 원인이 되기도 한다. 새로운 요인은 퍼즐의 빠진 부분으로, 그것을 채워야 퍼즐이 완성되는 경우가 많다.

7장

진정한 성장주의 확실한 특징
— '경쟁우위'를 숫자로 확인하라 —

　경쟁우위competitive advantage는 반드시 그리고 충분히 이해해야 할 매우 중요한 투자 기준이다.

　연 이익 증가율 20%에 PER은 10, PEG도 매우 매력적인 0.5에 불과한 꿈 같은 기업을 하나 찾았다고 해보자. 그리고 이 주식의 주당 순이익은 10펜스라고 해보자. 한 주식이 이런 비율로 성장한다면 미래 어떤 시점에 가면 PER은 적어도 20이 되고 그러면 PEG는 1이 된다는 걸 여러분은 거의 분명히 알 것이다. 그런데 시장이 특별히 강세 국면에 있으면, PER은 25~30까지 쉽게 오를 수 있다. 이 회사가 꾸준히 연 20%의 이익 증가율을 기록한다는 것을 더욱 많은 투자자가 알게 되므로 PER은 분명 오른다는 것을 이해하는 게 중요하다. 5

년 후 이익은 주당 10펜스에서 25펜스로 증가할 것이고, 그때까지 PER이 20이 되면 주가는 500펜스가 된다. 이를 이 회사의 PER이 10에 불과했을 때의 주가 100펜스와 비교해 보자. 수익률이 자그마치 400%에 달한다. 연 20%의 비율로 이익이 계속 증가하는 주식을 찾았다면, 이는 돈을 찍어 낼 허가를 받은 것이나 다름없다. 4~5년이 지난 후에야 PER이 20 이상이 될 수도 있다고 주장할 수 있지만, PER이 오르는 것은 가정이 아니라 시간문제에 불과하다.

여기서 '이익이 연 20%씩 증가해야 한다'는 중요한 조건으로 돌아가 보자. 이 가정은 가능한 매우 믿을 만한 증거에 기초해야만 할 것이다. 그런 증거들을 찾기 위해 여러분은 증권사의 추정 이익 합의치, 산업 전망, 그 회사의 과거 실적, 최고경영자가 말한 회사 전망 등을 확인할 것이다. 그러나 이런 것 말고도 여러분이 적용해야 할 또 하나의 필수적인 기준이 있는데, 그것은 바로 그 회사의 경쟁우위다. 경쟁우위는 여러분이 한 회사의 이익 증가율을 전망하는데 기초가 되고 그 전망치에 신뢰성을 제공한다.

경쟁우위를 일컫는 또 다른 말은 경쟁력$_{edge}$인데, 결국 경쟁우위란 이기기 힘들고 흉내 내기 어려운 뭔가 특별한 것을 말한다. 여러분이 작은 도시에 살고 있다면, 다음 중 어떤 기업을 소유하고 싶은가?

1. 30년 된 지역 유일의 신문사
2. 반경 40마일 내에서는 유일한 자갈 공급원인 지역 자갈채취장

3. 주요 자동차제조사나 그와 유사한 성격을 가진 영국 내 고객들에게 부품과 부속품을 공급하는 기계부품회사
4. 주요 경쟁자 없이 그 지역에서 50년간 사업해 온 지역 건축 및 인테리어 업체

물론 이 질문은 상당히 의도적인 것이다. 다른 사람이 그 지역신문사에 대항해 또 다른 신문사를 세우려 할 가능성은 별로 없을 것이다. 그 작은 도시의 주민 대부분은 한 주에 하나의 지역신문만 읽으려 할 것이고, 따라서 두 종류의 신문을 지탱할 충분한 수요는 없을 것이다. 자갈사업도 경쟁사를 세우는 것이 거의 불가능하다. 또 다른 자갈채취장을 세우기 위해서는 허가가 필요하고, 대부분의 시의원들은 또 다른 흉물이 지역에 들어서는 걸 원하지 않을 것이다. 더욱이 수송비용이 자갈 판매가의 상당 부분을 차지하고 있기 때문에 훨씬 먼 곳의 자갈채취장이 경쟁자가 될 여지도 없을 것이다.

그러나 기계부품회사는 매우 다르다. 일반적으로 자동차제조사는 납품업체에 지불하는 가격에 분명한 의견을 제시하고 있다. 기계부품회사 소유주는 최선을 다해 협상하겠지만, 최종 결정권은 고객에게 있으며, 납품하는 제품이 브랜드 파워가 있거나 특별한 제품은 전혀 아니기 때문에 자동차제조사는 언제라도 다른 납품업체를 찾을 수 있다. 이런 기계부품회사 소유주와 광고료를 훨씬 쉽게 인상할 수 있는 지역신문사 소유주는 그 입장이 분명히 다르다. 자갈공급업자도 다른 지역 업자의 경쟁 참여를 비경제적으로 만드는 수준

에서 가격을 유지하는 한 가격을 인상할 수 있다.

건축 및 인테리어업체도 재고할 가치가 거의 없다. 오랫동안 심각한 경쟁이 없었을지는 몰라도 위협은 항상 존재했을 것이다. 얼마 전 다른 직장에서 퇴직하고 인테리어 일을 하려는 사람이 있다고 해보자. 우선 그가 일을 시작하는 데 필요한 장비는 거의 없다. 또 그가 기존 건축 및 인테리어업체보다 낮은 가격을 제시할 수도 있고, 훌륭히 작업을 해낼 수도 있으며, 빠르게 입소문을 타서 다른 고객을 얻을 수도 있다. 그리고 눈 깜빡할 사이에 한 친구가 그와 합류해 둘이 간편 인테리어회사instant decorating business를 세울 수도 있다.

이 작은 도시에서는 1번과 2번의 회사가 3번과 4번에 비해 경쟁우위를, 그것도 분명한 경쟁우위를 갖고 있음을 쉽게 알 수 있다. 그러면 이제 한 국가와 국제적인 수준에서 상장기업들의 경쟁우위를 확인하는 법을 살펴보자.

하나 이상의 훌륭한 브랜드를 소유함으로써 경쟁자에 비해 상당한 우위를 갖는 기업이 있다. 세계에서 가장 유명한 제품 중 하나로 쉽게 생각나는 것은 코카콜라다. 네슬레와 소니의 브랜드도 좋은 사례다. 이 세 기업은 모두 오랫동안 질 좋은 제품을 공급해 왔고, 대규모의 지속적인 광고를 통해 대중의 마음에 좋은 제품이라는 이미지를 주입하고 강화했다. 영국에서는 캐드베리 슈웹스, 기네스, 막스 & 스펜서Marks & Spencer(영국의 유통업체)가 이런 기업에 속한다. 이들의 브랜드는 그 자체로 다른 기업이 경쟁에 뛰어드는 것을 매우 어렵게 만드는 대단한 자산이다.

선택할 수 있다면, 여러분은 분명한 열위에 있고 모두로부터 공격을 받을 수 있는 기업보다는 다른 기업에 비해 분명한 우위를 가진 기업에 투자할 것이다. 또 당연히 여러분은 공격에 취약한 기업보다 공격에 강한 기업을 선호할 것이다. 캐드베리 슈웹스, 기네스, 막스 & 스펜서 같은 기업은 상대적으로 공격하기 어렵고 맞서 경쟁하기가 거의 불가능하다는 점에서 강력한 경쟁우위를 갖고 있다고 할 수 있다. 반면 소규모 식당, 옷가게, 건축 및 인테리어업체, 일반 기계부품회사처럼 어떤 경쟁우위도 없는 기업들은 공격에 매우 취약하다. 이런 기업의 경우, 거의 누구라도 적은 자본으로 별 어려움 없이 경쟁사를 세울 수 있다. 따라서 이런 기업은 이윤에 극단적인 압박을 받는 경우가 많고 실패율(폐업률)이 높다.

미국의 전설적인 투자자 워런 버핏은 좋은 경쟁우위를 가진 기업을 찾는다. 코카콜라, 질레트, 디즈니 등은 모두 그런 기업에 속할 것이다. 1991년 워런 버핏은 기네스에 투자했다. 그는 자신의 투자철학의 이런 중요한 측면을 자신만의 독특한 화법으로 다음과 같이 요약했다.

> 경쟁우위에 대한 검증은 거금을 가진 현명한 남자라면 시도해 볼 수 있는 일이다. 당신이 내게 10억 달러와 미국 전역의 50명의 경영자 중 최고의 경영자를 준다면, 나는 미국 업계와 언론계 모두를 요리할 수 있을 것이다. 그런데 당신이 '가서 〈월스트리트저널〉을 해치우시오'라고 하면, 나는 당신에게 그 10억 달러를 돌려줄 것

이다.

말이 난 김에 좀 더 부연하자면, 당신이 내게 비슷한 액수의 돈을 주고 오마하 내셔널 은행Omaha National Bank 혹은 오마하 대표 백화점의 수익성을 약화시키거나 시장지위를 바꾸라고 한다면, 나는 이들에게 힘든 시간을 선사할 수 있다. 그 과정에서 여러분에게 많은 혜택을 줄 수는 없겠지만, 이 기업들에는 여러 문제를 유발시킬 수 있다. 한 기업에 대한 진정한 검증은 경쟁자가, 수익에 대해서는 아무것도 모르는 바보라 해도, 그 기업에 얼마나 많은 해를 입힐 수 있는지 보는 것이다.

주변에 악어와 상어와 피라냐가 우글거리는 매우 큰 해자를 가진 기업들이 있다. 그런 기업이 바로 우리가 원하는 기업이다. 내가 젊은 시절에 스타였던 조니 와이즈뮬러Johnny Weissmuller(1930년대 타잔 역할을 한 근육질 영화배우)가 갑옷을 입고도 건널 수 없는 해자를 가진 그런 기업을 우리는 원한다. 그리고 그런 기업은 존재한다.

워런 버핏의 말이 좀 투박하긴 하지만, 나는 그런 스타일이 좋다. 비록 약간의 은유를 섞긴 했지만 그가 말하고자 하는 바를 정확히 알 수 있다. 사실 갑옷이 악어와 상어와 피라냐를 막아줄 수는 있겠지만, 제아무리 할리우드의 타잔이라 해도 쇠사슬갑옷을 입고 해자를 헤엄쳐 건너기는 어려울 것이다.

특허 받은 제품에도 경쟁우위가 있다. 에이즈 치료제 리트로비르로 특허를 받아 큰돈을 번 웰컴에 대해서는 이미 소개한 바 있다. 특허권은 보통 16년 지속되지만, 특허권이 만료될 때쯤이면 해당 제품의 브랜드와 수용도가 매우 강해져서 경쟁자들이 수익성을 훼손하는 정도가 미미한 수준에 그치는 경우가 많다. 저작권은 50년 유효하며 특별한 가치를 가질 수 있다. 리처드 브랜슨Richard Branson이 버진 레코드Virgin Records를 5억 5,000만 파운드에 손 EMIThorn EMI에 매각한 것은 저작권의 가치를 잘 보여주는 사례다. 오늘날 비슷한 수준의 영화를 만들 때 소요되는 크게 늘어난 비용을 고려할 때, 그리고 케이블TV 및 위성TV 시장의 전 세계적인 성장으로 인해 기존에 출시된 영화의 저작권 가치도 점점 커지고 있다. 많은 신규 방송국들은 지금 열심히 더 많은 콘텐츠 제품을 찾고 있는 중이다.

입법도 경쟁우위를 부여해 독점과 과점을 창출해 내는 경우가 많다. 이와 관련해서는 전기, 가스, 수도를 공급하는 유틸리티기업과 케이블TV가 가장 잘 알려진 사례다. 그러나 이런 기업에는 한 가지 문제가 있는데, 그것은 이들이 대개 강한 규제를 받기 때문에 확실한 근거 없이는 가격을 인상할 수 없다는 것이다.

워런 버핏은 이와 관련해서도 다음과 같이 말했다.

> 내가 오마하의 유일한 수도회사를 갖고 있는데, 규제를 받지 않는다면 아주 잘 경영할 수 있을 것이다. 우리가 찾고 있는 것은 바로 규제받지 않는 수도회사 같은 그런 기업이다.

이보다는 다소 덜 분명한 경쟁우위는 일부 기업이 단지 해당 산업에서 가장 크고 가장 지배적이기 때문에 획득하는 규모의 이점과 관련된다. 이 경우, 잠재적인 경쟁자들이 해당 산업에 진입하기가 매우 어렵다. 영국에서 이와 관련된 좋은 사례는 〈파이낸셜 타임스〉와 렌토킬이 있다. 그런데 규모의 이점은 매우 강한 브랜드, 특허권이나 저작권이 있는 제품 혹은 법으로 제공된 보호수단 등으로 확보한 '경쟁우위'보다 투자자에게 덜 매력적임을 여러분은 쉽게 알 것이다. 오늘날에는 사업이 국제적으로 이루어지고 있기 때문에 영국 각 산업의 대표기업들이 직면한 경쟁의 위험은 분명 더 커졌다. 제너럴 모터스General Motors와 BMC는 일본이 자국 자동차산업에 집중하기 시작했을 때 비용을 치르고 나서야 이런 사실을 깨달았다. IBM도 1970년대 초 이후 찬바람을 느끼고 있는 중이다.

다른 종류의 경쟁우위는 충분한 시장점유율을 가지고 틈새사업을 하는 데서 확보될 수 있다. 예를 들어 드럭Druck은 압력측정기 분야를 주도하는 세계적인 기업이다. 이런 종류의 사업은 늘 리스크가 적기 때문에 주요 기업도 시장 진입을 결심할 수 있지만, 실제로 시장 진입에 성공하기 위해서는 아마도 적절한 수준 이상의 자금과 노력이 소요될 것이다. 시장이 커지고 그 가치가 증대될수록 리스크는 커지지만, 그 사이 드럭 같은 회사들은 계속해서 매우 좋은 이윤을 올리고 평균적인 회사들보다 훨씬 잘 그리고 안정적으로 성장하게 된다.

1992년 기준 지난 12년간 각 업종들의 주식시장 실적을 살펴보는 것도 유익할 것이다. 아래 그림에서 특허권과 강력한 브랜드의 혜택을 누렸던 산업이 그런 경쟁우위가 없던 산업에 비해 압도적으로 우수한 실적을 냈음을 알 수 있다.

   건강(의료·제약) 및 가정용품업종health and household sector이 투자자들에게 최고의 수익을 안겨 줬다는 것은 전혀 놀라운 일이 아니다. 이 업종에 소속된 기업들은 국제적으로 통용되는 특허제품을 가진 경우가 많다. 실적이 상위권에 속하는 업종들에는 강력한 브랜드의 보호와 도움을 받는 주류업종, 식료품제조업종, 식료품유통업종이 있다. 바닥 쪽에는 예상한 대로 기계부품회사, 특히 어떠한 브랜드 제품이나 경쟁우위도 갖지 못한 단순 금속성형회사들이 포진하고 있다. 이 업종에는 신규 경쟁자도 쉽게 진입할 수 있다. 마찬가지로 섬유회사들의 약한 실적도 그리 놀랄 일은 아니다.

   〈그림 7-1〉을 보면서 여러분은 어떻게 해서 여전히 전통산업인 일반 기계부품회사와 브랜드 제품이 없는 섬유회사에 투자하는 사람이 있는지 의아해할 것이다. 물론 모든 것에는 가격이 있지만, 나도 의아하긴 마찬가지다. 나는 또 이익이 감소하는 기업, PER이 매력적이지 않은 기업, 부채가 너무 많은 기업, 이익률이 급격히 감소하는 기업에도 투자하는 사람이 있다는 데 놀라지 않을 수 없다. 나는 오래전부터 이런 비정상적인 기업에 대해서는 더 이상 투자하지도 따라서 걱정하지도 않고 있지만, 다행인지 불행인지 이런 기업에 투자하는 사람들이 아직도 존재한다. 여기서 기억해야 할 것은 이런 사람들과 함께 해서는 안 된다는 것이다. 그들의 사례를 따를 필요

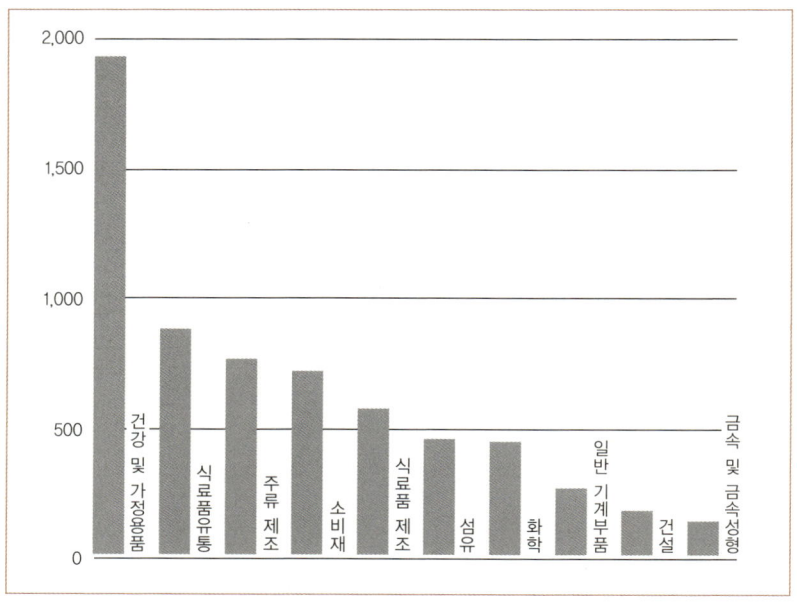

〈그림 7-1〉 FTA 업종지수에 따른 업종별 실적 (1980~1992년) (단위 : %)

출처 : Datastream

는 없다. 우리는 뭔가 특별한 것, 요컨대 경쟁우위를 가진 기업을 찾고 있다. 또 우리가 선택할 주식은 매우 까다로운 여러 추가 기준들을 충족시켜야 한다. 물론 이런 기준들을 제대로 충족시키는 기업은 그리 많지 않다.

코카콜라와 기네스 같은 기업의 브랜드는 그 자체로 자명하고 매우 유명하다. 여러분은 이들 제품은 물론이고 이들이 상당한 경쟁우위를 갖고 있다는 것도 잘 알고 있다. 영국 대표주와 미국 주식을 고르는 법에 대한 내용을 담은 14장에서는 여러분의 이런 지식이 중요한 역할을 할 것이다.

〈표 7-1〉 세전 이익률 비교 (1987~1991년)

매우 우수			
연도	매출액(10억 파운드)	세전 이익(10억 파운드)	세전 이익률(%)
글락소			
1987	1.74	0.75	43.1
1988	2.06	0.83	40.3
1989	2.57	1.01	39.3
1990	3.18	1.18	37.1
1991	3.40	1.28	37.6

우수			
연도	매출액(100만 파운드)	세전 이익(100만 파운드)	세전 이익률(%)
MTL			
1987	7.5	1.79	23.9
1988	9.3	2.31	24.8
1989	11.9	3.08	25.9
1990	14.0	3.77	26.9
1991	18.0	4.61	25.6
렌토킬			
1987	174	37.6	21.6
1988	213	50.1	23.5
1989	279	62.0	22.2
1990	309	74.7	24.2
1991	389	94.6	24.3
스프링 램 Spring Ram			
1987	61	10.7	17.5
1988	85	16.6	19.5
1989	121	24.1	19.9
1990	145	30.1	20.8
1991	194	37.6	19.4

이어집니다 ▶

		적정	
연도	매출액(100만 파운드)	세전 이익(100만 파운드)	세전 이익률(%)
빅톨릭 Victaulic			
1987	51.8	6.5	12.5
1988	62.9	7.6	12.1
1989	78.3	8.8	11.2
1990	99.6	11.5	11.5
1991	115.0	14.3	12.4
랭크 호비스 맥두걸 Rank Hovis McDougall			
1987	1,540	118	7.7
1988	1,670	157	9.4
1989	1,790	176	9.8
1990	1,770	131	7.4
1991	1,530	150	9.8

		열악	
연도	매출액(100만 파운드)	세전 이익(100만 파운드)	세전 이익률(%)
달게티 Dalgety			
1987	5,000	93	1.9
1988	4,500	100	2.2
1989	4,760	110	2.3
1990	4,630	118	2.5
1991	3,770	111	2.9
브리돈 Bridon			
1987	196	7.7	3.9
1988	213	13.5	6.3
1989	305	16.0	5.2
1990	336	10.1	3.0
1991	319	−3.6	−1.1

이어집니다 ▶

브리티시 에어로스페이스 British Aerospace

1987	4,100	−159	−3.9
1988	5,600	236	4.2
1989	9,100	333	3.7
1990	10,500	376	3.6
1991	10,600	−81	−0.8

작은 기업일수록 덜 유명한 브랜드, 특허권, 저작권을 보유하고 있을 가능성이 높지만, 계속 성공을 거두면 결국 이런 브랜드와 특허권은 매우 유명해질 것이다. 작은 기업일수록 틈새시장에서 지배적인 혹은 매우 강력한 지위를 가질 가능성은 더 높다. 이런 성격을 인식하기란 매우 어렵다. 따라서 이를 위한 첫 번째 단계는 영역을 좁히는 것이다. 알겠지만 우리는 거의 예외 없이 섬유, 중장비 및 기계, '일반' 기계부품 및 전기, 건설, 자동차, 은행 등에는 관심이 없다. 내가 기계부품 및 전기 회사를 언급할 때는 '일반'이라는 조건을 붙이고 있지만, 섬유 등 그 외 업종을 언급할 때는 그런 조건을 붙이지 않고 일괄 적용하고 있음을 독자들은 알아챘을 것이다. 그 이유는 간단하다. 기계부품 및 전기 업종에서는 우수한 전문 제품을 가지고 틈새시장에서 사업하는 회사들이 많기 때문이다. 상식적으로만 봐도 MTL과 드럭이 이런 측면에서 좋은 회사라는 것을 알 수 있을 것이다.

그러나 분석에 도움이 되는 또 다른 대략적인 지침이 있는데, 그것은 잘 경영되는 회사가 성장 중인 한 틈새시장에 자리를 잡으면 이익률이 좋고 상승하는 경향이 있다는 것이다. 이익률이 급격히 하락하고 있다면 주의해야 한다. 불과 5% 정도의 이익률을 가진 기업에 투자할 경우에는 실수를 만회할 여지가 거의 없다. 5장에서 설명한 이유로 식료품 유통업을 제외하고는 7.5%의 이익률이 우리가 용인할 수 있는 최소 기준이며, 10~20%면 우리의 기준에 보다 부합한다. 기업은 항상 매출액을 밝힌다. 따라서 이익률을 계산하기란 어렵지 않다. 앞의 표의 사례들을 보자.

물론 각 사례 기업들의 일반적인 사업 조건에는 다소 차이가 있다는 것을 어느 정도 참작해야 한다. 그러나 그 차이는 그리 크지 않다. 최고의 기업들은 대부분의 기업보다 불경기를 잘 버틸 것이고, 틈새시장의 상대적 강자들도 불경기를 거의 느끼지 못할 것이다. 글락소, MTL, 렌토킬, 스프링 램은 달게티와 브리돈 같이 경쟁우위가 전혀 없는 기업들보다 압도적으로 좋은 실적을 내는 훌륭한 투자 대상이다.

강력한 경쟁우위를 가진 기업은 일반적으로 투하자본수익률이 우수하다. 제조업체의 자본수익률은 광고회사와 보험중개사 같은 '사람'을 상대하는 회사보다 훨씬 낮은 경향이 있는데, 영업권을 계산에 포함시키지 않으면 광고회사와 보험중개사는 매우 높은 수익률을 보일 수 있다. 소형 제조업체에 대해 나는 20~25% 정도의 투하자본수익률을 원한다. 이 정도 수익률은 과도한 경쟁을 유인할 정도로 높은 것은 아니지만, 상당한 정도의 미래 성장을 창출하기에는 충분히 높은 수준이라 할 수 있다. 투하자본수익률은 다음과 같이 계산한다.

1. 투하자본은 보통주 자본, 우선주, 사채debentures, 전환사채 및 기타 부채의 합이다.
2. 해당 회계연도 기초와 기말 투하자본의 평균을 구한다.
3. 세전 이익에 미지급이자와 우선배당금preference dividends을 다시 더한다.
4. 위의 2 대비 3의 비율이 투하자본수익률이다.

1991년의 칼론을 예로 들어보자. 칼론의 재무상태표를 보면 주주자본shareholders' funds(순자산net assets, 자기자본shareholders' equity을 말함)은 1991년에는 2,800만 2,000파운드, 1990년에는 2,446만 3,000파운드였다. 이 수치에 더해야 할 다른 항목은 단기부채, 금융리스와 할부 구매 계약에 따라 지급해야 할 금액, 장기부채, 충당금이다.

칼론의 경우 포함되어야 할 유일한 단기부채는 '만기 1년 이내 부채' 항목의 '은행 당좌대월 및 대출금'이다. 주석 15의 '기타 부채'는 금융리스와 할부 구매 계약에 따라 지급해야 할 금액을 말한다. 주석 16과 17은 각각 장기부채와 준비금이다.

〈표 7-2〉 칼론 그룹 재무상태표

1991년 12월 31일	주석	1991년 (1,000파운드)	1990년 (1,000파운드)
고정자산(비유동자산)			
무형자산	10	20,256	19,887
투자자산	11	46	500
		20,302	20,387
유동자산			
재고자산	13	13,255	13,094
매출채권	14	16,889	14,664
예탁 및 보유 현금		14,607	3,643
		44,761	31,401
만기 1년 이내 부채			
은행 당좌대월 및 대출금	610	243	
매입채무		13,386	14,091
기타 부채	15	20,727	11,285
		34,723	25,619
순유동자산		10,038	5,782
총자산 - 유동부채		30,340	26,169
만기 1년 이상 부채	16	(648)	(589)
부채 및 비용 충당금	17	(1,690)	(1,117)
		28,002	24,463
자본과 준비금			
콜업주식자본(자본금)	20	17,930	17,824
준비금			
주식프리미엄계정	21	296	205
재평가적립금	21	4,860	4,860
손익계정	21	4,916	1,574
주주자본		28,002	24,463

〈표 7-3〉 칼론 그룹 계정별 주석

주석 15 기타 부채	1991		1990	
	그룹 (1,000파운드)	회사 (1,000파운드)	그룹 (1,000파운드)	회사 (1,000파운드)
금융리스 및 할부구매 계약	572	572	437	437
법인세	3,834	3,822	2,515	2,515
기타 세금 및 사회보장	3,089	3,004	1,988	1,977
기타 부채	552	332	533	263
발생액	10,887	10,673	4,624	4,507
배당금	1,793	1,793	1,188	1,188
	20,727	20,196	11,285	10,887
주석 16 만기 1년 이상 부채				
만기 2~5년의 금융리스 및 할부구매 계약	323	323	264	264
이자 8.25% 대출금의 균등분할상환액:				
2~5년 사이 상환액	81	81	81	81
5년 이후 상환액	244	244	244	244
	648	648	589	589
주석 17 부채 및 비용 충당금				
이연세금(주석 19 참고)	-	-	160	160
연금 균등적립금	1,690	1,690	957	957
	1,690	1,690	1,117	1,117

따라서 투하자본수익률 계산 방정식에서 투하자본은 다음과 같이 계산된다.

	1991년 (1,000파운드)	1990년 (1,000파운드)
순자산	28,002	24,463
단기부채	610	243
리스 및 할부 구매	572	437
장기부채	648	589
충당금	1,690	1,117
	31,522	26,849

해당 회계연도 전반에 걸쳐 투하자본은 들쑥날쑥할 수 있기 때문에 위의 두 투하자본을 합한 후 2로 나눠 구한 평균 투하자본이 보다 정확한 투하자본 지표다(1990년 기말 투하자본=1991년 기초 투하자본). 이 경우 1991년의 평균 투하자본은 2,918만 6,000파운드가 된다.

투하자본수익률 계산 방정식의 나머지 반은 세전 이익에 미지급이자 및 우선배당금preference dividends을 더한 것이다. 칼론의 경우 917만 7,000파운드의 영업이익이 이에 해당한다. 따라서 칼론이 1991년 사용한 평균 투하자본의 수익률(1991년 투하자본수익률)은 다음과 같이 계산된다.

$$\frac{9{,}177{,}000}{29{,}186{,}000} \times 100 = 31.4\%$$

한 기업의 미래 이익 증가는 상당 부분 세금과 배당금을 공제한 후―사업에 재투자되는―이익에서 발생한다. '높은 투하자본수익률로 자본을 이용하는 능력은 진정한 성장주의 가장 분명한 특징 중 하나다.' 예를 들어 렌토킬은 5년 연평균 53%의 높은 투하자본수익률을 기록했으며, 글락소도 평균 훨씬 이상인 37%의 투하자본수익률을 기록하고 있다.

내가 방금 말한 렌토킬과 글락소의 투하자본수익률은 5년 연평균을 말한 것이다. 5년 정도의 연평균을 확인하는 것이 그 기업이 자본을 잘 활용하고 있는지 판단하는 데 있어 훨씬 신뢰할 만한 방법이다. 추세는 중요할 수 있는데, 5년 평균은 회계적으로 특별한 예외들을 조정해 추세를 보여주는 경향이 있다. 여기서 한 가지 좋은 소식은 여러분의 증권사 직원이 데이터스트림을 이용할 수 있다면, 여러분에게 상세한 모든 관련 자료를 제공해 줄 수 있다는 것이다.

지속적으로 그리고 안정적으로 높은 자본수익률을 기록하는 주식을 살펴보는 또 다른 흥미로운 방법은 그 주식을 우량채권과 비교해 보는 것이다. 어떤 우량채권이 연 20%의 수익률을 낸다면, 당연히 그 채권은 액면가보다 훨씬 높은 프리미엄 가격을 받을 것이다. 뛰어난 경쟁우위를 가진 회사를 찾을 수 있다면, 투하자본수익률이 낮은 주식에 투자할 이유는 거의 없다.

훌륭한 경쟁우위를 가진 소형기업의 좋은 예는 지금은 인터내셔널 톰슨그룹International Thompson Organization이 소유한 〈글래스 가이드 Glass's Guide〉다. 중고차 딜러들을 위한 훌륭한 월간 지침서인 〈글래스 가이드〉는 지나치게 가격에 민감한 제품이 아니다. 또 잠재적 경쟁자가 경쟁사를 세우기도 쉽지 않다. 우리는 이런 종류의 기업들을 찾는 데 매진해야 하며, 대체 가능한 제품을 주요 제품으로 팔고 있는 기업은 피해야 한다. 확신컨대 가스램프를 만들어본 적이 있는 사람이라면 누구나 이런 경고에 동의할 것이다. 또한 한 고객이나 한 납품업체에만 지나치게 의존하는 기업은 이윤이 극단적인 압박을 받기 쉬우므로 경계해야 한다. 일반적으로 구할 수 있는 제품이나 서비스를 판매하는 기업도 항상 가격 경쟁에 취약하며, 가격 경쟁은 이윤에 매우 치명적인 영향을 미칠 수 있다. 예를 들어 미국에서는 항공사에 대한 규제가 풀리자 극심한 경쟁이 벌어졌고, 그 결과 TWA와 팬암 같은 유명한 항공사도 파산 일보 직전까지 가서 파산보호신청(챕터 11 Chapter 11)을 해야만 했다.

내 투자법의 여러 기준들이 서로 깊은 상관관계에 있다는 것은 특히 만족스러운 일이다. 따라서 일단 경쟁우위를 가진 기업을 발견하면, 대개의 경우 그 기업의 이익 실적도 우수하고, 이익 증가율 전망치도 좋고 예측하기 용이할 뿐 아니라 믿을 만하며, 주가도 상대적으로 강한 실적을 보이는 것을 발견하게 된다. 한 기준은 다른 기준을 강화해 준다. 그리고 이 모든 기준들을 종합해 여러분이 최종 선택한 주식은 매우 강한 주식이라고 할 수 있다.

경쟁우위를 가진 기업을 찾기가 아주 어려운 것은 아니지만, 그런 기업을 발견했다 해도 PER이 이미 천정부지로 상승해 있을 때가 많다. 우리는 완벽을 추구한다. 요컨대 경쟁우위를 가졌으면서 가격도 적절한 기업을 찾아야 한다.

핵심 정리

1. 기업의 경쟁우위는 미래 이익 전망의 토대가 되고 이익 전망의 신뢰성을 높여 준다.

2. '사업특권business franchise'이라고도 하는 경쟁우위는 다음과 같은 몇 가지 서로 다른 요인으로 형성된다.
   (1) 우수한 브랜드
   (2) 특허권이나 저작권
   (3) (보통 다소의 규제는 있지만) 사업특권을 만들어 내는 정부 입법
   (4) 확립된 틈새시장 지위
   (5) 한 산업에서의 지배력
   이 5가지 요인은 일반적으로 경쟁에 더 강한 순으로 나열한 것이다.

3. 대표기업일수록 우수한 브랜드, 우수한 특허권, 우수한 저작권을 보유하고 있을 가능성이 더 높다. 보다 작은 기업은 이런 잠재력을 가진 제품들, 그리고/혹은 틈새시장에서의 확립된 지위를 갖고 있는 경향을 보인다.

4. 중요한 한 납품업체나 고객에 과도하게 의존하는 기업, 심한 경쟁으로 유명한 산업에 종사하는 기업은 피해야 한다. 쉽게 대체 가능한 제품을 파는 기업도 조심해야 한다.

5. 일반 기계부품 및 전기회사, 섬유산업, 건설업, 자동차산업은 피하고, 건강 및 가정용품산업, 식료품 유통 및 제조업, 주류업 등에 관심을 가져라.

6. 특히 틈새시장의 경우 경쟁우위는 이익률을 통해 확인할 수 있다. 매출액 대비 이익의 비율로 표현되는 이익률(매출액 이익률)은 최소 7.5%는 되어야 하며, 바람직하게는 10~20%가 좋다. 이익률이 매우 낮은 기업은 피하고, 특히 이익률이 상승하고 있는 기업을 찾아야 한다.

7. 한 기업이 경쟁우위를 가지고 있다는 가장 신뢰할 만한 증거는 평균보다 훨씬 높은 투하자본수익률을 올리는 경영진의 능력이다. 제조업의 경우 연 20% 이상의 투하자본수익률을 올리는 회사가 우리의 목표다. 여러분의 증권사 직원은 데이터스트림에서 5년치 수치를 찾아 제공할 수 있어야 한다.

8. 나의 투자법이 가장 잘 작동될 때는 모든 기준들이 상호 관련될 때이다. 요컨대 강한 경쟁우위를 가진 기업을 발견했다면, 그 기업의 투하자본수익률이 평균 이상이고, 이익 실적도 최고 수준이며, 이익 전망도 믿을 만하고, 주가도 상대적으로 강한 실적을 보였을 가능성이 높다.

8장
기술적 분석에 대한 생각
— 무지의 악재에 대한 사전 경고등 —

　지금부터 약 20년 전인 투자 초창기 시절 나는 차트분석가(기술적 분석가)들이 대개는 더러운 레인코트를 입고 마이너스통장 사용액이 크다는 사실을 발견했다. 그때 나는 기술적 분석을 사용하다 크게 실패했던 한 지인이 생각났다. 지금도 나는 차트분석가이면서 부자인 사람을 많이 알지는 못한다. 그러나 투자 초창기 시절 이후에는 기술적 분석으로 부를 일군 한두 명의 사람을 만난 적이 있고 책으로는 그보다 좀 더 많은 사람을 알게 되었다. 따라서 지금 나는 과거보다는 기술적 분석을 신뢰하는 편이다.

　본질적으로 차트분석가들은 과거 주가 흐름을 보여주는 차트가 모든 투자자들의 희망과 공포를 반영하고 있으며, 부인할 수 없는 한 가지 분명한 사실, 요컨대 해당 주식이 시장에서 기록한 실제 주가 실적에 기초한 것이라고 믿고 있다. 기술적 분석가라면 한 주식에 대한 시장의 인식은 끊임없이 변하는 환상 같은 것이라고 주장할 것이다. 예를 들어 1985~1992년 사이 글락소의 PER은 13.4에서 33.8 사이를 오갔다. 이 기간 동안 글락소가 성장주였던 것은 분명한 사실이지만, 글락소의 주식 가치에 대한 시장의 인식은 계속 변해 왔다.

또 차트분석가들은 주가가 등락할 때는 추세를 보이며, 몇 년 후의 예상 주당순이익을 계산하려고 노력하는 것보다는 그런 추세를 따르는 것이 더 중요하다고 주장한다. 경험 있는 차트분석가가 한 주식을 분석할 때, 그는 최적의 매수 시점―하방 리스크는 최소이고

〈그림 8-1〉 글락소의 PER 변동 (1985~1992년)

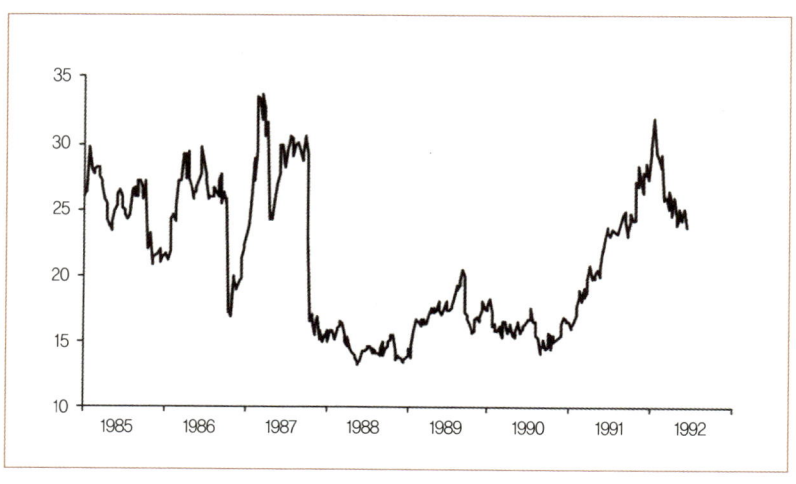

출처 : Datastream

상방 가능성은 최대인 차트상의 한 점―을 제안할 수 있을 것이다.

추세는 이해하기 어려운 이유로 자체 형성되기도 한다. 50펜스에서 100펜스로 상승한 후 80펜스로 하락하고 다시 100펜스로 올랐다가 80펜스로 떨어진 후 다시 120펜스로 곧장 오른 한 주식이 있다고 해보자.

조정기 동안 주가가 80펜스에서 100펜스 사이에서 움직일 때, 적극적인 매도 의사를 가진 투자자라면 결국에는 매도가 한도를 낮춰 매도를 실현할 것이다. 이로 인해 시장에 공급되는 주식 물량은 점점 줄어든다(공급 축소). 이와 유사하게 80펜스 밑에서는 많은 매수자들이 결국에는 매수가 한도를 높여 매매 범위 내에서 매수하려 할 것이고, 이는 주식 공급물량을 더욱 줄어들게 만들어(추가 공급 축소) 주가를 상승시키게 된다. 주가가 상향 돌파할 때, 많은 기존 투자자들은 주식을 계속 보유함으로써 수익을 굴리려 하고, 많은 신규 투자자들은 그 주식을 취득하기 위해 매수가 한도를 높일 것이다. 이는 여러분이 정말 좋아하는 주식이 여러분 손아귀를 벗어나려는 순간 갑자기 탐욕이 생기는 것과 매우 비슷한 상황이다. 이 순간 여러분은 그것을 잡으려고 더 많은 돈을 지불하고, 그러면 상향 추세는 자체 강화된다.

나는 차트를 그 자체로 목표가 아니라 도구함에 들어 있는 여러 도구 중 하나로 여기는 편이다. 차트는 내가 올바른 길을 가고 있다는 것을 추가로 확인해 주거나, 가끔씩은 펀더멘털(기업의 기본적 상황)이 분명히 악화되기 훨씬 전에 내게 경고 신호를 주기도 한다.

펀더멘털이 강력하고 지위 변화(PER 상승)가 임박한 역동적인 성장주에 투자하면, 전체 시장보다 좋은 실적을 낼 수 있다. 여러분의 증권사 직원은 거의 분명 데이터스트림을 구독하고 있을 것이고 따라서 여러분에게 FT 올셰어 지수 대비 보유/관심 주식의 상대적 주가 실적을 보여 주는 차트를 제공할 수 있어야 한다.

〈그림 8-2〉, 〈그림 8-3〉, 〈그림 8-4〉, 〈그림 8-5〉는 1991년 초에서 1992년 6월 사이 FT 올셰어 지수 대비 MTL, 세이지, 렌토킬, 제너럴 일렉트릭의 상대적 주가 실적을 보여 주는 차트다.

이 그림에서 볼 수 있듯이 MTL과 세이지가 우수한 실적을 냈다는 데는 의문의 여지가 없다. 이 둘은 모두 시장을 멀리 따돌려 버렸다. 렌토킬도 좋은 실적을 냈지만 PER이 늘 높은 편이었기 때문에 PER

〈그림 8-2〉 MTL 인스트루먼트(1991년 1월~1992년 6월)

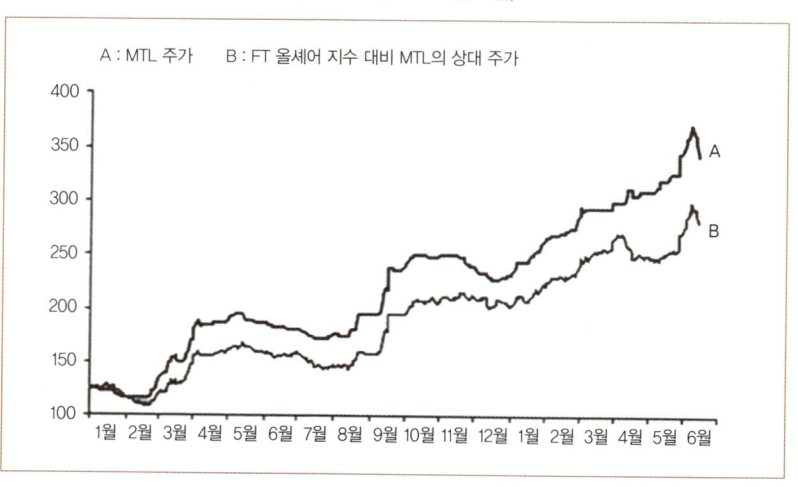

출처 : Datastream

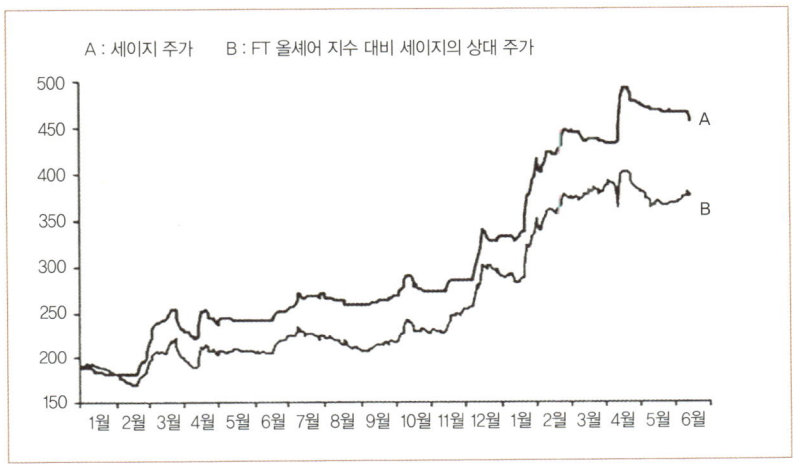

〈그림 8-3〉 세이지 그룹(1991년 1월~1992년 6월)

출처 : Datastream

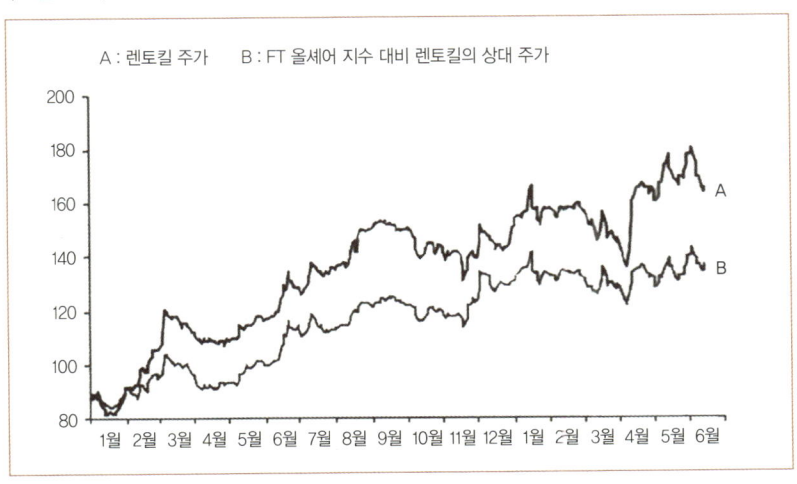

〈그림 8-4〉 렌토킬 그룹(1991년 1월~1992년 6월)

출처 : Datastream

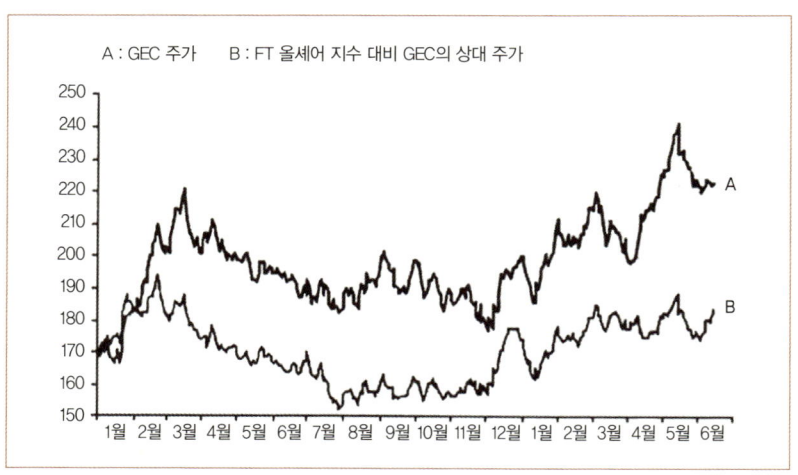

〈그림 8-5〉 제너럴 일렉트릭(1991년 1월~1992년 6월)

출처 : Datastream

지위의 상당한 변화에 따른 혜택은 누리지 못했다. 제너럴 일렉트릭은 그다지 인상적인 실적을 내지 못했고, 시장 대비 주가 실적도 열악했다.

일부 증권사 직원들은 정기적으로 기관 고객들에게 여러 주요 주식들의 상대적 주가 흐름에 관한 상세한 자료를 제공한다. 여러분이 직접 구독할 수 있는 차트 서비스도 있지만, 실용적인 목적에서 볼 때 데이터스트림은 대부분 주식의 시장 대비 실적 양상을 바로 보여준다.

또 다른 대략적인 기술적 투자지침은 주가가 고점 대비 15% 내에 있을 때(즉 고점에서 15% 내로 하락했을 때)에만 역동적인 소형 성장주에 투자하는 것이다. 분명 우리는 비싼 가격보다 싼 가격에 주식을 매수하는 것을 선호한다. 따라서 이런 지침은 모순적으로 들릴 수 있다. 그러나 성장주가 고점에서 15% 이상 하락했다면 펀더멘털에 뭔가 문제가 있는 것일 수 있다. 요컨대 우리가 미처 듣지 못했으며, 주가의 열악한 흐름을 통해 그 신호를 보내고 있는 어떤 악재가 있을 수 있다.

상대적으로 강한 주가 실적이 중요하다는 또 다른 증거는 윌리엄 오닐William O'Neil의 『최고의 주식 최적의 타이밍How To Make Money in Stocks』에서 확인할 수 있다. 그는 1953년부터 1990년까지 최고 실적을 낸 500개의 미국시장 상장주식을 분석한 결과, 주가가 본격적인 상승을 시작하기 전에도 상대적 주가 실적 점수가 평균 87로 매우 높다는 것을 발견했다. 이는 평균적으로 500개 주식이 본격적인 상승(이를 매수 시점이라고 생각해 보자) 이전의 그 중요한 기간 동안 비교 그룹에 포함된 다른 주식들의 87%보다 높은 실적을 냈음을 의미한다.

자산 상황 주식(일반적으로 가치주)에 투자할 때는 주가의 상대적 실적을 보지 않는다. 자산 상황 주식의 경우, 시장이 무시해도 우리는 그 주식을 꾸준히 모으려 하고, 주가가 다소 떨어지면 오히려 더 많이 매수하기도 한다. 그러나 성장주에 투자할 때는 평균 매수 단가를 낮추려고 해서는 절대 안 된다.

나는 차트전문가는 아니지만, 영국의 대표적인 차트분석가 중 한 명인 브라이언 마버Brian Marber를 친구로 두고 있다. 따라서 그에게 개별 주식의 매수와 매도 신호에 대한 조언을 구해보기로 했다. 11장에서 소개하겠지만, 나는 그에게 전체 시장의 매수와 매도 신호에 관한 조언도 구했다.

브라이언 마버가 사이먼 & 코츠Simon and Coates에 있을 때, 기술적 분석에 관한 그의 뉴스레터에서 '시티의 거대한 거짓말Great Lies of the City' 몇 개를 소개했다. 아래와 같은 그 거짓말들은 아직도 유효하다.

'지금 모든 것이 확실히 통제되고 있습니다.'
'당신께만 알려 주는 정보입니다. 아무한테도 말하지 마세요.'
'쓰레기통에 들어가지 않는 보고서는 당신 것뿐이오.'
'그 상황에 아주 편안함을 느끼고 있습니다.'
'본질적으로 우리는 장기투자자이고, 따라서 단기 시장 변동에
  는 관심이 없습니다.'

브라이언은 브라이언 마버 & Co.의 회장이며 기술적 분석을 사용하는 외환 및 주식시장 컨설턴트다. 아래는 그와의 인터뷰를 그대로 옮긴 것이다.

나 : 나는 데이터스트림 차트와 나의 15% 룰이 주식의 상대 실적을 확인하는 방법이라고 설명했다. 당신도 이에 동의하나?

브라이언 : 절대 동의한다. 15% 룰에 대해 들어본 적은 없지만, 상당히 일리 있다고 본다.

나 : 일반 투자자들이 사용하기 쉽고 실용적인 다른 방법은 없는가?

브라이언 : 바닥권을 뚫고 올라오는 주식을 좋아하지만, 성장주는 바닥권을 전혀 형성하지 않는 경우가 많고, 상대 실적 차트를 사용해야만 발견할 수 있다.

나 : 상대 실적 차트를 어떻게 보는가? 어떤 게 좋은 신호고 어떤 게 나쁜 신호인가?

브라이언 : 다른 모든 주식 차트를 보는 것과 동일한 방식으로 상대 실적 차트를 본다. 패턴, 이동평균, 추세선, 모멘텀 등을 본다. 갈수록 고점과 저점이 높아지는 것은 분명 좋은 신호지만, 갈수록 고점과 저점이 낮아지는 것은 나쁜 신호다.

나 : 나는 항상 적당히 오랜 기간 주가 다지기를 한 후 바야흐로 새로운 고점으로 치고 올라가려는 성장주를 좋아한다. 이런 특별한 패턴에 어떤 특정한 이름이 있는가? 이런 주식을 찾는 데 도

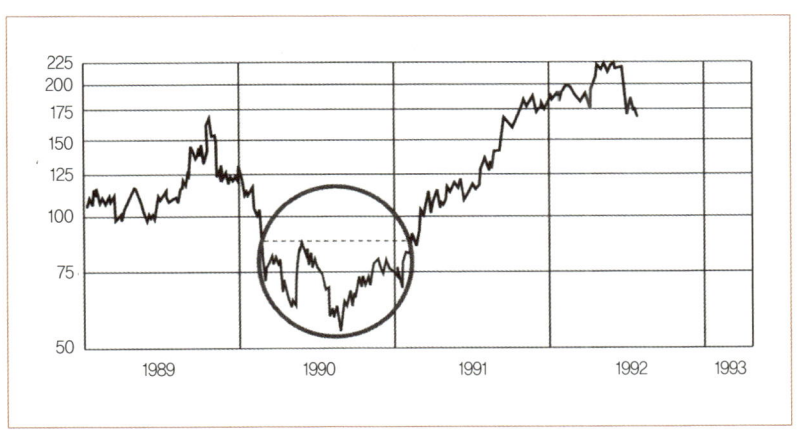

〈그림 8-6〉 바닥권 탈출 양상 : 퀵 피트KWIK FIT(영국 자동차보험사)의 사례

출처 : Investmen: Research of Cambridge LTD.

움이 되는 지침이 있다면 무엇인가?

브라이언 : 이미 말한 것처럼 성장주는 상대 실적 차트가 그와 같은 패턴을 보일 수 있을지는 몰라도 오랜 기간 주가 다지기를 하는 경우는 매우 드물다.

나 : 상대적으로 우수한 실적을 보인 주식이 하락하려고 한다면, 혹은 그렇게 될 가능성이 있다면 이는 어떻게 확인하는가?

브라이언 : 상대 실적이 우수한 주식을 파는 것은 항상 어려운 일이지만, 상대 실적 곡선이 상승하는 중에도 주가 차트 자체는 천정권—머리어깨형, 이중고점 혹은 하락삼각형—을 형성하는 것이 가능하다고 본다. 그러나 이 모든 경우에 시장 고점에 매도하는 것은 불가능할 것이다. 아무튼 기술적 분석가들이 상투에서 팔고 바닥에서 사는 것을 좋아하긴 하지만, 본질적으로 추세추적 기법인 기술적 분석으로 절대 고점이나 절대 저점을 정확히 찾아낼 수는 없다. 사실, 나는 기술적 분석가들이 시장을

〈그림 8-7〉 이중고점 : C. E. 헤스 C. E. Heath(영국 보험사)의 사례

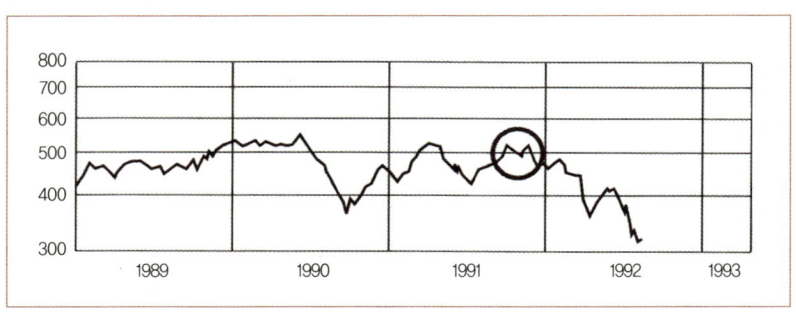

출처 : Investment Research of Cambridge LTD.

⟨그림 8-8⟩ 머리어깨형(천정형)
: 아르고스Argos(영국의 생활 및 가전제품 유통체인)의 사례

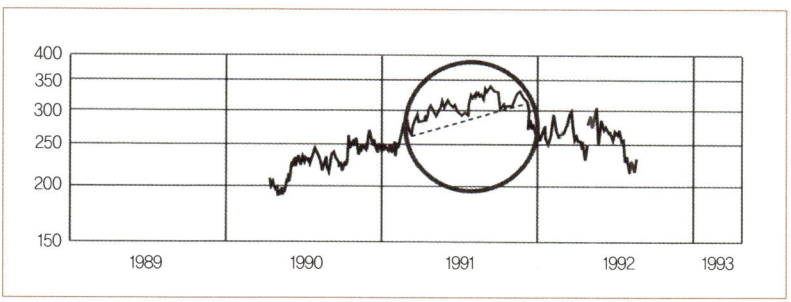

출처 : Investment Research of Cambridge LTD.

⟨그림 8-9⟩ 머리어깨형(바닥형)
: 인치케이프Inchcape(영국의 자동차 판매 및 서비스 회사)의 사례

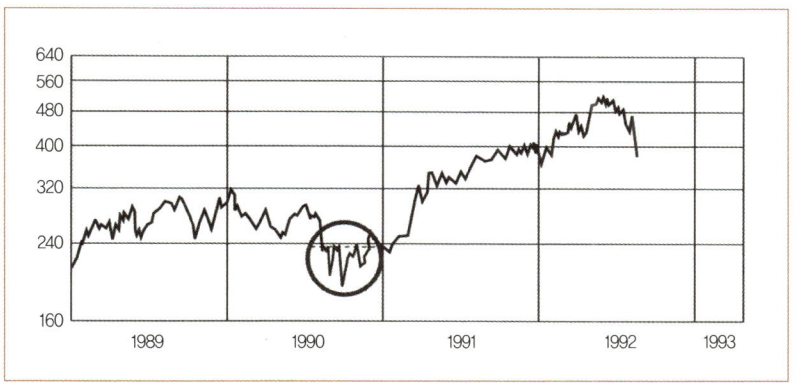

출처 : Investment Research of Cambridge LTD.

예측하려는 것은 아니라고 믿기 때문에…… 그들은 추세를 추론하는 사람들이기 때문에 그들도 상투나 바닥에 잡힐 가능성은 꽤 있다.

나 : 주가가 90일 혹은 180일 이동평균선 밑으로 떨어지면 향후 주

가가 약세를 보일 것이란 신호로 알고 있는데, 맞는가?

브라이언 : 반드시 그런 것은 아니다. 사실 나는 63일(3영업월)과 253일(1영업년) 이동평균을 사용하며, 주가가 63일 이동평균으로 돌아가거나 그 밑으로 하락한 직후에는 오히려 중간 조정 intermediate reaction이 끝나는 경우가 많다는 걸 자주 발견했다. 주가가 63일이나 90일 이동평균선과 만나는 방식을 보고 주가 반등 여부를 알 수는 없다. 이와 관련해서는 다음과 같은 식으로만 생각할 수 있을 것이다. 요컨대 주가가 63일 이동평균선 밑으로 떨어졌다가 다시 그 위로 반응했을 경우 그 주식이 새로운 하향 조정을 겪으면 취약함을 보일 것이고, 그 주식이 63일 이동평균 밑으로 떨어진 후 다시 그 위로 상승하지 않으면 약세가 오래 지속될 가능성이 있다. 어떤 이동평균을 사용하는 게 더 좋은지는 개인의 선호에 따라 다르다. 나는 장기 분석용으로는 1영업년 이동평균을 좋아한다. 그보다 짧은 기간의 이동평균들보다 방향 변동성이 적기 때문이다. 그러나 1년 3개월 이동평균을 사용하는 사람도 있다. 어떤 이동평균을 사용하느냐는 전적으로 개인의 선호에 달려 있다. 자기한테 맞으면, 그걸 사용하면 된다.

나 : 주가가 이동평균선을 상향 돌파하면 매수 신호 아닌가?

브라이언 : 주가가 이동평균선을 상향 돌파하면 좋은 신호이긴 하다. 그러나 이동평균선 자체가 하락하는 중에 있다면, 그 이동평균선 혹은 그 주변이 저항선이 되어 추가 상승을 막을 수도

있다.

나 : 매수 시점 차원에서, 주가가 상당 기간 이동평균선 밑으로 하락한 경우가 좋은가, 아니면 하루나 이틀 정도의 하락을 확인하는 것만으로도 충분한가?

브라이언 : 상당한 기간이 하루나 이틀보다 좋을 대가 많지만, 어떤 경우에는 특히 큰 폭으로 하락했을 때는 하루도 충분하다.

나 : 거래량은 어떤 관련이 있는가?

브라이언 : 나는 런던증권시장을 분석했고, 런던증권시장에서는 최근에 와서야 개별 주식의 거래량 정보를 제공하기 시작했다. 따라서 차트 분석을 하는 대부분의 기간 동안 나는 거래량 자료 없이 분석해야 했다. 따라서 나는 거래량 전문가는 아니다. 그렇지만 기술적 분석가들은 주식시장보다는 환율 예측을 훨씬 잘했을 것이라고는 말할 수 있다. 시카고 국제통화시장은 예외지만, 외환시장에서도 거래량 정보는 제공되지 않는다. 따라서 기술적 분석가들이 거래량 정보 없이도 외환시장에서 살아남을 수 있었다면, 주가 차트를 분석하는 데 있어서도 거래량은 그 가치가 줄어들 수밖에 없었을 것이다.

거래량에 대한 내 생각은 다음과 같은 추가적인 논점, 아니 농담으로 정리할 수 있다. 한 증권사 직원이 고객에게 전화를 걸어 말했다. '좋은 소식과 나쁜 소식이 있습니다.' 고객은 나쁜 소식부터 전해달라고 했다. 그러자 증권사 직원은 '우리가 50펜스에 산 주식이 지금 3펜스로 떨어졌습니다'라고 했다. 고객은

'그럼 좋은 소식은 뭐냐?'라고 물었다. 그러자 증권사 직원은 '적은 거래량에 가격이 하락한 겁니다'라고 했다.

적은 거래량에 주가는 떨어질 수도 오를 수도 있다. 일반적으로 적은 거래량에 주가가 떨어지면 좋은 소식으로, 주가가 오르면 나쁜 소식으로 간주되지만, 어떤 경우든 거래량과 주가의 관계에 대해서는 설명해 주는 바가 없다.

나 : 이동평균선들의 움직임은 아주 느리다. 그런 이동평균선으로 시장 움직임을 예측할 수 있는가? 보다 통찰력 있는 방법은 없는가?

브라이언 : 이동평균선들은 느리다. 이들은 선행지표라기보다는 추세를 확인해 주는 역할을 한다. 그러나 모멘텀은 시장에 선행하는 경우가 많다.

나 : 당신이 말하는 '모멘텀'은 변화비율을 말하는가?

브라이언 : 그렇다. %로 나타낸 변화비율을 말한다.

나 : 투자자들이 이동평균선 차트를 쉽게 구할 수 있는 방법은?

브라이언 : 캠브리지 인베스트먼트 리서치 Investment Research of Cambridge Ltd. 등 여러 회사가 이동평균선이 포함된 차트를 판매하고 있다.

나 : 머리어깨형은 모두 아는 패턴인데, 항상 약세 신호인가?

브라이언 : 전혀 그렇지 않다. 머리어깨형은 시장의 고점과 바닥에서 모두 나타날 수 있고, 바닥에서 나타날 경우 머리어깨 반전 패턴(머리어깨 바닥형)head and shoulders reversal이라고 한다. 머리

어깨 조정패턴head and shoulders consolidation pattern이란 것도 있는데, 이는 한 방향으로 움직였던 시장이 잠시 움직임을 멈추고 패턴을 형성했다가 다시 그 방향으로 계속 진행하는 경우를 말한다.

나 : 다른 유명한 신호들로는 어떤 것이 있는가? 예를 들어 이중바닥은 중요한가?

브라이언 : 이중바닥은 중요하며, 머리어깨형처럼 주가의 방향성을 정확히 계산할 수 있게 해준다. 다른 신호의 경우, 예를 들어 삼각형triangles은 반전패턴과 조정패턴 두 경우 모두 자주 나타난다.

나 : 역동적인 성장주를 매수할 때 투자자들은 어떤 신호나 패턴을 찾아야 하는가?

브라이언 : 급격히 상승하는 상대 및 절대 주가 곡선을 찾아야 한다.

나 : 자산상황주, 턴어라운드주 혹은 경기주의 경우에는 매우 다른 패턴을 찾을 텐데, 이에 대해 설명해 줄 수 있는가?

브라이언 : 자산상황주와 턴어라운드주 혹은 경기주는 성장주보다 머리어깨 반전패턴이나 이중바닥 같은 바닥권을 (보다 분명히) 형성할 가능성이 훨씬 높다. 1970년대 초 약세장에서 올브라이트 & 윌슨Albright and Wilson(영국의 화학회사)은 '매우 긴' 이중바닥을 형성했다가 그 패턴을 돌파해 강세로 전환했다. 당시 시장은 여전히 하락 중이었다. 당연히 이 회사는 상대적으로 강한 주가 실적을 보였다.

나 : 상대 실적 분석은 강세장에서 가장 효과 있고 약세장에서는 위

험할 수 있다고 할 수 있나?

브라이언 : 그렇다. 모든 차트 분석은 강세장에서 더 효과 있고 약세장에서는 위험할 수 있다. 그러나 주가 차트 그 자체를 무시하는 것은 항상 위험한 일이다. 약세장에서는 한 주식의 주가가 하락해도 시장보다 덜 하락하면 상대적으로는 우수한 실적을 보일 수 있다. 주가 차트는 투자자들이 최악의 함정에 빠지지 않도록 도와줘야 하는데, 이 경우 상대적으로 우수한 실적은 (주가가 하락하는 데도 상대 실적이 좋다고 해서 그 주식에 투자하는, 따라서 결국에는 손실을 보는) 긍정오류를 유발할 수 있다.

〈그림 8-10〉 이중바닥 : 올브라이트 & 윌슨의 사례(1973년)

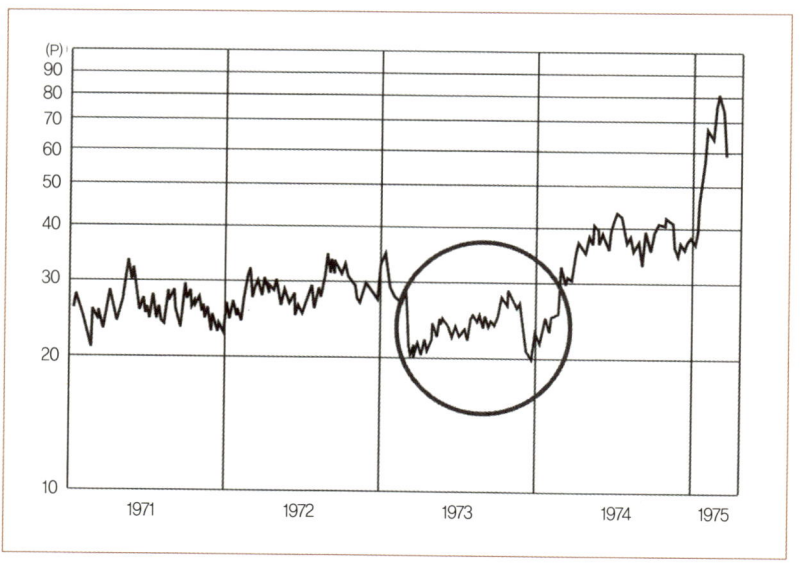

출처 : Investment Research of Cambridge LTD.

나 : 차트에 관한 다른 일반적인 조언이 있다면, 특히 역동적 성장주에 관련된 조언이 있다면 무엇인가?

〈그림 8-11〉 포세이돈 주가 추세

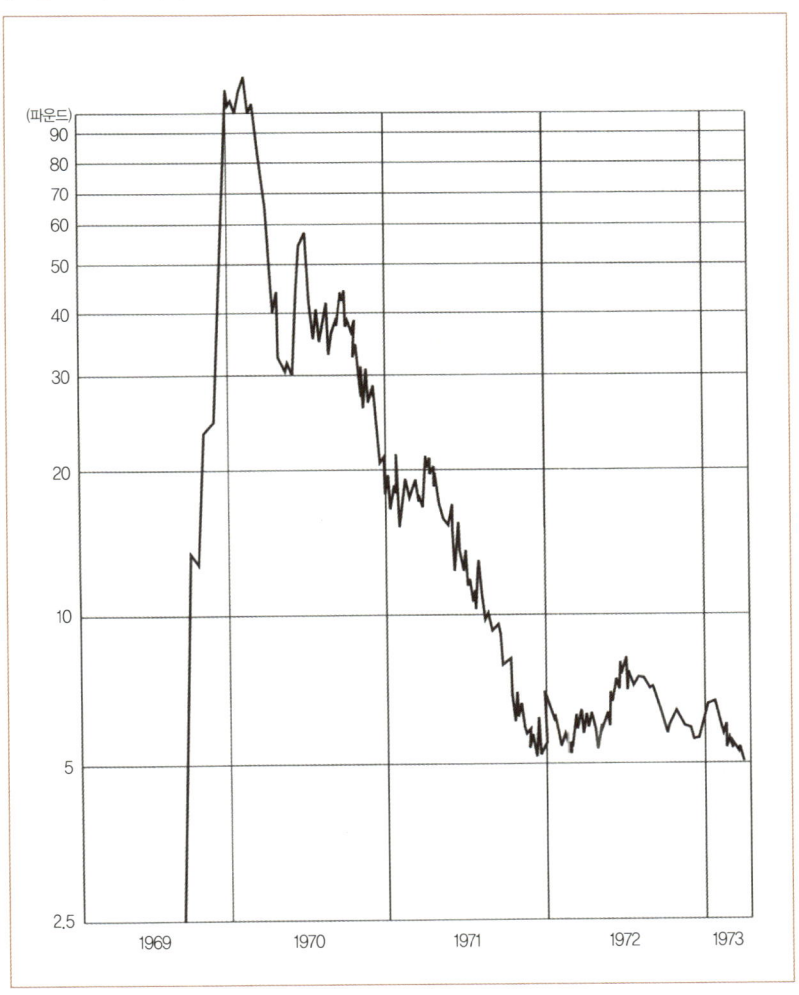

출처 : Investment Research of Cambridge LTD.

브라이언 : 역동적인 성장주의 차트는 분명 가파른 상승곡선을 보일 것이다. 그리고 그런 추세가 오래 진행될수록 그 추세선이 무너졌을 때의 의미는 더욱 중요해진다. 예를 들어 1970년대 초 역동적인 성장주로 간주되던 포세이돈Poseidon(호주의 니켈 광산회사)은 아주 오랫동안 최초의 주가 상승 추세를 유지했다. 그런데 그 상승 추세가 무너지자마자 오랜 조정기가 없었던 탓에 주가는 거의 어떤 저항도 없이 계속 하락해 결국 처음 주가로 돌아갔다.

나 : 나도 포세이돈의 경우를 잘 기억하고 있다.

브라이언 마버는 결론 삼아 상대 주가 실적에 대한 다음과 같은 경고성 이야기로 인터뷰를 마쳤다. 어느 날 한 의사가 병원 10층에 있는 불치병 환자 병실로 들어왔다. 그리고는 창문을 열고 뛰어내렸다. 환자들은 모두 놀라 자빠졌다. 10층에서 떨어지는 동안 의사의 기분은 그가 바닥에 부딪쳤을 때의 기분에 비해 '상대적으로' 좋았다. 그리고 의사가 창문을 열고 뛰어내릴 때 이를 본 불치병 환자 가운데 한 명은 그 의사보다 '상대적으로' 기분이 나았다. 아무튼 며칠 후 이 환자는 세상을 떠났다. 이 이야기의 교훈은 분명하다. 요컨대 상대 실적에 의존하는 것은 '그 과정에 죽지만 않는다면' 참 좋다는 것이다.

여기서 우리는 기술적 분석에 관한 몇 가지 생각만으로 그 개념만 살펴봤다. 기술적 분석에 보다 관심이 있다면, 『주가 추세의 기술적 분석Technical Analysis of Stock Trends』이란 책을 추천한다. 이 책에 대해서는 16장의 추천 문헌 부분에서 자세히 소개해 놓았다. 또 나는 데이터스트림의 상대적 주가 실적 차트와 나의 15% 룰을 사용할 것을 권한다. 그리고 매수한 주식의 실적이 약세를 보이는 중이라면 상대적 주가 실적을 확인하는 것을 잊지 말아야 한다. 요컨대 주가 움직임은 진행 중인 (그러나 아직은 여러분이 모르는) 어떤 악재에 대한 사전 경고를 줄 수 있다.

9장
작고, 짭짤하고, 싸고, '그들'이 사는 주식
— 성장주 투자에 적용할 그 밖의 4가지 기준 —

역동적인 소형 성장주를 고르는 주요 기준들은 앞에서 자세히 설명했고, 이번 장에서는 그 외 나머지 기준들을 살펴볼 것이다.

1. 적은 시가총액

코끼리는 빨리 달리지 않으며, 작은 기업이 아주 큰 기업보다 미래 성장 가능성이 훨씬 크다는 것은 당연한 사실이다. 시가총액 200만 파운드 미만일 때의 와일즈 그룹(현재의 핸슨)은 시가총액이 100억 파운드를 넘은 현재의 핸슨보다 훨씬 큰 상승 잠재력을 가지고 있었다. 지금 매우 작은 회사들 중 일부는 미래의 핸슨, 글락소, 톰킨스가 될 것이다.

　앞서 나는 시가총액 한도로 1억 파운드를 제시했지만, 다른 내 기준들을 모두 만족시킨다면 그 한도를 2억 파운드나 그 이상으로까지 기꺼이 올릴 것이다. 1억 파운드라는 한도는 필요라기보다는 선호의 문제이며, 결코 절대적인 기준은 아니다.

2. 배당수익률

　나는 배당금을 지급하는 회사를 좋아한다. 대부분의 기관투자가들은 투자자산에서 수입이 발생하길 원하고 따라서 배당금을 지급하는 회사에 투자할 확률이 높기 때문이다. 또 배당금 지급과 (혹 있다면) 그 전망은 미래에 대한 경영진의 확신을 어느 정도 보여주는 증거가 된다. 이상적인 회사라면 배당금이 꾸준히 증가하고 대체로 이익과 함께 상승할 것이다.

　여러분이 투하자본수익률이 연 20%인 기업을 발견했다면, 그 기업이 이런 이익을 유지하는 한 여러분은 훨씬 좋은 수익을 올릴 수 있다. 따라서 투자수익률이 만족스럽다면, 배당금이 적어도 걱정할 필요는 없다. 제대로 된 기업이라면 매우 높은 수익률로 사업에 재투자되는 (배당금을 지급한 후의) 이익이 미래의 이익과 자본가치를 증대시킨다.

　어찌되었든 배당금 감소는 중요한 사건이며, 주가에 심각한 영향을 미칠 수 있다. 배당금 감소가 발표될 때면 이미 많은 손해가 발생해 있을 것이다. 다행히, 대개 우리는 배당금이 위태롭다는 어떤 사전경고를 받게 되는데, 이때 나의 조언은 문제를 암시하는 첫 번째 경고가 나왔을 때 그 주식을 팔라는 것이다.

3. 적절한 자산 상황

이 책에는 자산에 대해 훨씬 자세히 다루는 가치투자에 관한 장이 따로 있다. 그러나 성장주에 투자할 때도 자산은 제한적으로나마 중요한 의미를 갖는다. 충분한 자산가치를 가진 것으로 보였던 스페이호크Speyhawk와 로즈호우Rosehaugh같은 부동산회사는 불경기에 거의 모두 자산가치를 잃었다. 1992년 6월 스페이호크는 지난 회기 회계 장부에서 2억 500만 파운드의 자산가치를 상각했다. 반대로 캐드베리 슈웹스와 유니레버는 국제적으로 우수한 자신들의 브랜드를 실제 가치보다 적게 장부에 계상하고 있다.

안정적으로 잘 성장하고 있는 회사라면 PER이 평균 이상이고, 따라서 주가도 자산가치보다 훨씬 높은 경향을 보일 것이다. 투하자본 수익률이 높을수록 그 기업의 이익 증가율과 PER이 높고, 그 결과 주가도 자산가치보다 높은 프리미엄을 갖게 된다. 초고도 성장주의 경우, 어떤 시점에 이르면 유형자산은 (주가와) 거의 상관없이 된다. 렌토킬의 주가가 보유하고 있는 자산가치보다 상당히 높다고 해서 이것이 정말 문제가 될까? 누구도 렌토킬의 주당자산에 신경 쓰지 않는다. 또 렌토킬이 충분한 운전자본을 갖고 있고, 부채가 과도하지 않으며, 상대적으로 강한 재무구조를 갖고 있는 한, 주당자산에 신경 쓸 가능성도 전혀 없다. 여러분이 알아야 할 유일한 것은 여러분이 고른 기업이 자기 사업을 계속 잘해 나갈 수 있느냐, 요컨대 계속해서 평균 이상의 이익 증가율을 보일 수 있느냐 하는 것이다.

4. 경영진의 주식 보유

나는 회사 이사진이 '주인의식'을 가지기에 충분한 수준의 지분을 보유하는 것을 좋아한다. 그러나 이들이 회사에 대한 지배력을 갖고, (경영권에) 안심할 수 있으며, 미래에 있을지 모를 기업 인수를 거뜬히 방어할 정도로 그렇게 많은 지분을 보유하는 것은 좋아하지 않는다. 여기서 중요한 포인트는 그 주식 보유가 해당 이사 개개인에게는 상당한 의미가 있는 수준이어야 한다는 것이다. 이사들 대부분이 적절한 수준의 주식을 보유하고 있는 것을 좋아한다. 그런데 이들 중 재무담당 이사가 빠져 있으면 나는 늘 불안해한다.

경영진의 보유 주식 매도는 매우 큰 관심 사안이다. 1만 5,000주를 보유하고 있던 재무담당 이사가 1만 주를 매도한다면 분명 걱정할 일이다. 회사 설립자나 대주주가 적은 수의 주식을 매도한다면 걱정하지 않아도 된다. 그들도 먹고살 돈이 필요할 테니 말이다. 그러나 이들이 보유 주식의 반을 매도한다면, 이는 매우 불안한 일이다. 또 나는 한 명 이상의 이사들, 특히 그들에게 보수를 지급하는 회사의 경영에 적극적으로 관여하고 있는 이사들이 회사 주식을 매수하고 있는 상황을 좋아한다.

    이사들의 회사 주식 매매가 공시된 직후에 그 내용을 자세히 소개하는 〈디렉투스Directus〉라는 훌륭한 잡지가 있다. 여러분의 증권사 직원은 거의 분명 이 잡지, 혹은 그와 유사한 서비스를 구독하고 있을 것이며, 따라서 여러분이 분석 중인 주식의 관련 동향에 대해 조언해 줄 수 있어야 한다.

    이제 여러분은 역동적인 소형 성장주 투자에 적용해야 할 모든 기준에 대해 좀 더 잘 알게 되었을 것이다. 다음 장에서는 이런 기준 각각에 어떤 가중치를 부여해야 하는지 살펴보도록 하자.

10장
더 중요한 것과 덜 중요한 것
― 11가지 기준별 핵심 체크포인트 ―

각 기준들의 상대적 중요성에 대해 평가하기 전에 지금까지 소개한 역동적인 소형 성장주 선정 기준들을 정리하면 다음과 같다.

1. 지난 5년 중 최소 4년 주당순이익 증가율이 플러스일 것
2. 이익 증가율 대비 PER 비율이 낮을 것
3. 최고경영자의 말이나 발표가 낙관적일 것
4. 강한 유동성, 낮은 부채, 높은 현금흐름
5. 충분한 경쟁우위
6. 새로운 요인
7. 적은 시가총액

8. 상대적으로 강한 주가 실적
9. 그리 낮지 않은 배당수익률
10. 적절한 자산 상황
11. 경영진의 의미 있는 수준의 주식 보유

1번 기준은 매우 중요하다. 지난 5년의 실적은 그 다음 해 이익 증가율을 돋보이게 만드는 배경 역할을 하며, 이를 통해 돋보여진 그 다음 해 이익 증가율은 해당 기업을 더 좋아 보이게 만들고, 이는 다시 PER의 지위 변화를 촉진한다. 그러나 5년이란 기간에 절대적으로 얽매일 필요는 없다. '쉽게 확인할 수 있는 분명한 이유로' 최근 이익 증가율이 급상승했다면 그보다 짧은 기간도 좋다. 또 가장 좋은 매수 기회 중 일부는 순조롭게 증가하던 이익이 일시적으로 상승을 멈췄을 때 오기도 한다.

예를 들어 베터웨어Betterware(영국의 가정용품 판매회사)의 1992년 실적에 대한 〈인베스터스 크로니클〉의 평가를 살펴보자. 1989년 실적은 부진해서, 계속사업의 세전 이익은 180만 파운드에 불과했고 중단사업에서는 125만 파운드의 세전 손실을 기록해 전체적으로 그 해 세전 이익은 55만 파운드에 그쳤다. 그러나 그 후 베터웨어의 실적은 환상적이었고, 1992년 6월 현재 기록 중인 매우 높은 PER을 정당화하기에 충분했다. 다른 유사한 사례도 많다. 이익 실적상의 사소하고 일시적인 문제 때문에 훌륭한 성장주의 매수를 포기해서는 안 된다. 4년이나 5년 전에 일어났던 일은 그리 문제가 되지 않는다.

물론 5년의 실적을 살펴봐야 하지만, 최근 실적이 우수하고 미래 전망도 매우 강하면 상당한 유연성을 발휘해야 한다. 바로 이런 경우

〈표 10-1〉

인베스터스 크로니클

베터웨어

가정용품 유통

시가

보통주 주가 : 336펜스 시가총액 : 1억 3,400만 파운드

1991~1992년 최고가 : 338펜스, 최저가 : 73펜스

배당수익률 : 1.2% PER : 27

순자산가치 : 40펜스(주당) 순현금 : 460만 파운드

연도 (12월 결산)	매출액 (100만 파운드)	세전 이익 (100만 파운드)	주당순이익 (펜스)	주당 총배당금 (펜스)
1988	21.7	1.25	2.2	1.48
1989	16.2	0.55	1.3	1.85
1990	19.2	2.78	4.6	2.43
1991	28.9	4.02	7.0	3.10
1992	41.7	7.04	12.2	4.08
증가율(%)	+44	+75	+74	+32

〈인베스터스 크로니클〉의 가장 최근 논평 : 1991년 11월 15일자 44쪽

베터웨어는 1989년 이후 놀라운 실적 전환을 이뤘고, 불경기라는 영국의 경제 상황을 감안할 때 최근 실적도 인상적이다. 이익 증가는 핵심 사업인 가정판매사업의 대상 지역 확대에 따른 것이다. 고객 1인당 평균 구매액은 9파운드에서 7파운드로 하락했지만, 판매 실적으로만 보수를 받는 판매업자 채용은 계속 증가해 왔다. 프랑스 사업은 초기 단계에 있으며 장기적으로 유망해 보이고, 유럽 사업 확장 책임자로 에이본Avon(미국의 화장품 및 가정용품 판매회사)의 전 임원이 합류했지만 올해는 이 부문에서 이익이 발생할 것 같지는 않다. 주식은 고평가되었고 수익을 내기 쉽지 않은 상태다. 현재 이 주식의 가능성은 그 대부분이 가격에 있다(요컨대 가격이 떨어졌을 때 매수해야 수익을 낼 수 있다).

가 가중치를 사용해야 할 경우다.

두 번째 기준인 이익 증가율 대비 낮은 PER, 요컨대 0.75 이하, 바람직하게는 0.66 이하인 PEG 기준은 주식을 매우 매력적인 수준에서 매수하기 위한 기준이다. 이런 수준의 주식은 PER 상승 가능성이 매우 높다. 낮은 PEG에서 주식을 매수하면 안전요인safety factor도 확보할 수 있다. PER 15에 연이익 증가율 20%, 따라서 PEG가 0.75인 주식은 PER 30에 연이익 증가율 15%, 따라서 PEG가 2.0인 주식보다 매수하기에 훨씬 안전하다.

최고경영자의 연례 발표와 그해 그가 말한 모든 말들이 낙관적이어야 한다. 그렇지 않을 경우 미래 성장이 의심스럽기 때문이다. 최고경영자가 신중한 성격이라 강한 표현을 하지 않는 사람이라면, 약간의 긍정적인 전망만 해도 수용할 수 있다. 어떤 부정적인 소식이나 발표를 전하면 서둘러 그 주식을 버리고 다른 주식을 찾아야 한다. 강한 유동성, 적은 부채, 높은 현금흐름은—특히 불경기 상황에서—매우 중요하기 때문에 나는 이를 필수적인 기준으로 보고 있다. 그러나 이익 증가율이 매우 우수하고 불편한 유동성 상황이 매우 높은 현금흐름으로 곧 완화될 것으로 판단되면 나는 다소 유연한 기준을 적용한다.

한 주식이 이런 모든 기준을 충족시키면, 보통은 그 기업이 내가 아직 확인 못한 경쟁우위를 가지고 있다는 것도 곧 확인하게 된다. 강력한 경쟁우위 혹은 강력한 틈새사업은 대개 상대적으로 높은 투하자본수익률을 통해 확인된다. 내가 요구하는 투하자본수익률은 연 20%이며, 그 기준을 다소 완화하는 경우도 있지만, 대부분의 경우 이 기준은 필수적으로 요구한다.

이런 경쟁우위를 포함한 처음 5개의 기준이 내 투자법의 핵심 기준이며 필수적인 기준임을 이해해야 한다. 나머지 기준들은 리스크를 줄이는 데 도움이 되는 추가 보호막 역할을 한다.

이 나머지 6개 기준들을 하나하나 살펴보고 이들의 상대적 중요성을 나타내기 위해 1점에서 10점까지 점수를 매겨보도록 하자. 이를 통해 낮은 PEG, 강한 재무 상황, 강한 경쟁우위를 가진 주식만 매수하는, 그 자체로 이미 매우 보수적인 전략 속에서 이 나머지 기준들이 서로 어떻게 결합되어 안전망을 형성하는지 보게 될 것이다.

1. 새로운 요인 : 8점

이익 실적 기간이 일반적인 경우보다 짧을 때는 새로운 요인이 매우 중요한 기준이 된다. 이익이 급격하게 증가한 이유를 설명하는 데 도움이 되기 때문이다. 주가가 추가 상승한 이유를 제공하면서 하락 위험은 줄여 주는 확인된 훌륭한 보너스가 되기도 한다.

2. 적은 시가총액 : 7점

시가총액이 적을수록 상승 잠재력이 커서 리스크-보상 비율도 좋아진다. 내가 코끼리는 빨리 달리지 않는다고 거듭 말하면서도, 적은 시가총액을 중요하지만 비필수적인 기준으로 분류한 것에 놀랐을지도 모르겠다. 다른 모든 기준을 만족시킨다면, 나는 기꺼이 대표기업에도 투자할 것이다. 그러나 FTSE 100 지수에 편입된 대표기업들은 증권사 직원과 기관투자가들에 의해 철저히 분석되는 경향이 있어서 나의 기준에 부합하는 대기업을 찾기란 쉽지 않다. 그러나 시가총액 1억 파운드에서 3억 파운드대의 기업들에서는 이따금 보석을 발견할 수 있다.

3. 상대적으로 강한 주가 실적 : 6점

한 주식의 주가 실적이 상대적으로 강하면 갑작스럽게 주가가 급락할 리스크는 상당히 줄어든다. 열악한 주가 동향은 적색경보를 발동하는 유용한 경고신호가 되기도 한다.

4. 배당수익률 : 5점

항상 편안함을 주는 요인이다. 이따금 배당정책은 미래에 밝혀질 문제의 선행지표 역할을 하기도 한다.

5. 적절한 자산 상황 : 5점

순자산가치가 낮은 주식은 인수될 가능성은 더 적고, 어려운 시기에 무너질 가능성은 더 크다.

6. 경영진의 주식 보유 : 5점

회사 경영진이 자신의 개인 자산을 회사 지분에 투자하고 있다면 매우 흡족하다. 이들의 회사 주식 매매 동향을 주시하면 하방 리스크도 줄일 수 있다.

　위의 점수들은 매우 자의적인 것이며, 정확한 점수라기보다는 단지 각 기준의 상대적 중요성을 나타내기 위한 것이다.
　11가지의 모든 기준들을 세 가지 주요 범주로 나누면 다음과 같다.

　1~5번 기준에 대해서는 타협의 여지가 거의 없다. 그러나 6~8번 기준의 경우, 다른 모든 기준이 충분히 충족되면 그중 하나가 매우 약하거나 심지어는 충족되지 않아도 이를 용인할 수 있다. 상대적으로 강한 주가 실적은 매수 시점에서는 6~8번 기준 중 가장 덜 중요

한 기준이지만, 매수 후에는 주가의 약세 여부를 모니터링할 수 있는 훌륭한 기준이 된다.

9~11번 기준의 경우 다른 대부분의 기준이 충족되는 한, 상당한 타협이 가능하다. 성장주를 고르는 일은 계산의 문제라기보다는 판단과 느낌의 문제에 훨씬 가깝다는 점을 염두에 두어야 한다. 그러면 과거의 실제 사례를 한번 살펴보자.

먼저 팬뮤어 고든Panmure Gordon 증권사가 1992년 5월 상장시킨 인더스트리얼 컨트롤 서비스(ICS) 주식의 경우를 보자. 주식시장은 내 의견과 같아서 110펜스의 공모가를 낮은 것으로 보았다. 이 주식은 5월 말 150펜스로 첫 거래를 개시해 팬뮤어 고객들은 즉석에서 최초 투자액의 약 1/3에 달하는 수익을 올렸다. 그러나 모든 투자자가 팬뮤어 고객인 것은 아니다. 따라서 거래 첫날 가격인 150펜스를 기준으로 주식을 분석하고, 이때 이 주식이 내 기준들에 부합하는지 살펴보자.

1. 긍정적인 5년 실적

회계연도별 주당순이익을 나타낸 〈표10-2〉에서 알 수 있듯이, 1988년 이익이 크게 감소했지만, 그 이후 회복되어 최근에는 매우

〈표 10-2〉

1987	1988	1989	1990	1991
4.2펜스	0.4펜스	3.2펜스	4.5펜스	7.3펜스

큰 폭으로 증가했다. 가장 최근 회계연도(1992 회계연도 ; 1991년 6월 ~1992년 5월)를 분석에 포함시킨다고 할 때, 현재 시점(1992년 6월)에서 완전한 하나의 5년 실적을 이루는 것은 아니지만, 1992 회계연도 전반기(1991년 6월~1991년 11월) 실적은 이미 공개됐고 매우 만족스러운 것이었다. 몇 개월 후면 1992 회계연도 전체 실적이 발표될 것이고, 그러면 기준연도인 1988 회계연도 실적은 이례적인 것으로 무시한다 해도, 긍정적인 5년 실적이 수립된다.

2. 이익 증가율 대비 낮은 PER : 낮은 PEG

1992년 5월 31일 끝나는 1992 회계연도의 예상 주당순이익은 9.1펜스로 1991 회계연도의 7.3펜스에서 1.8펜스 증가했다. 따라서 1992 회계연도의 이익 증가율은 25%이다.

여기서 다소 귀찮은 계산이 필요하다. 9.1펜스의 주당순이익은 현재 추진 중인 자회사 ICS 베일리ICS Bailey 지분 50% 매각의 영향을 감안해 하향 조정되어야 한다. ICS의 사업설명서에 따르면, 450만 파운드로 추산되는 1992년 예상 이익에 대한 ICS 베일리의 이익 기여분은 세전 119만 파운드였다. ICS 베일리 지분 50% 매각 후에는 이 가운데 반이 사라질 것이고, 그러면 예상 세후 이익은 294만 파운드에서 254만 파운드로 감소하며, 조정 가중평균자본에 대한 수정 주당순이익은 7.7펜스가 된다. 그러나 ICS가 계속 보유할 나머지 지분 50% 부분에서 받을 현금 항목에서 발생할 수입은 반영되지 않았고 회계연도 말에 가까운 시기에 작성되는 사업설명서의 예상 이익은 일반적으로 보수적이기 때문에, 나는 PER 계산 목적으로 주당순이익을 8펜스로 설정하는 데 별 부담이 없었다.

ICS의 회계연도 종료월이 5월이기 때문에 1992/3년(1993 회계연도) 예상 PER로 작업하는 것이 적절하다. 성장 중인 안전시스템시장의 경우 향후 몇 년은 계속해서 지금과 같은 연 25%의 이익 증가율을 보일 것으로 기대할 수 있다. 그러면 1992/3년 주당순이익은 8펜스에서 10펜스로 상승하고, 1992/3년 예상 PER은 현재 주가 150펜스에서는 15가 된다. 따라서 예상 PEG는 예상 PER 15를 이익 증가율 25로 나눈 0.6이 된다. 0.6이면 매우 매력적인 PEG 비율이다.

3. 낙관적인 최고경영자의 말

우리는 ICS의 상장명세서를 통해 1991년 11월 30일 끝나는 1992 회계연도 상반기의 이익이 좋았다는 것을 알고 있다. 상장명세서의 사업설명 항목에서 '이사회는 추가 성장 잠재력이 매우 좋다고 본다'는 문장을 찾아볼 수 있다. 7억 5,000만 달러가 넘는 안전시스템시장은 연간 약 10% 비율로 성장하고 있으며, 영국에서 ICS의 성장에 도움이 될 여러 새로운 전기 생산 프로젝트들이 발표되고 있다는 점을 유념할 필요가 있다. 최근의 실적과 함께 감안하면, 이런 요인들은 우리의 기준을 충족시키기에 충분하다.

4. 강한 유동성, 적은 부채, 높은 현금흐름

상장 후 ICS의 순유형자산은 1,660만 파운드를 넘어설 것이다. 그러면 은행 당좌대월, 할부구매 및 금융리스상의 지급 의무, 모기지 대출을 합한 부채 총액에서 보유 현금을 뺀 순부채는 690만 파운드를 조금 넘는 수준으로 순부채비율은 약 40%이며, 당좌비율은 115%가 된다. 순부채비율과 당좌비율 모두 아주 매력적이진 않지만, 그럭저럭 괜찮은 수준이다.

5. 경쟁우위

ICS는 성장하고 있는 안전산업의 기술적 선두주자로 브리티시 가스British Gas, BP, 엑손Exxon, 셸Shell, 셰브론Chevron, 토탈Total 같은 중요한 고객을 대상으로 주요 장비 설치를 마친 상태다. 1991년 영업이익은 매출액의 10%를 넘었으며, 같은 해 투하자본수익률도 25%를 넘었다.

6. 새로운 요인

1992년의 해외안전법The Offshore Safety Act 1992에 따라 영국 보건안전청Health and Safety Executive에 새로운 규제 권한이 부여되었으며, 해외 안전 규정을 어길 경우 부과되는 벌금도 인상되었다.

7. 적은 시가총액

150펜스의 주가에 ICS의 시가총액은 6,000만 파운드에 조금 못 미치는 수준으로 우리의 시가총액 한도 기준을 잘 충족시키고 있다.

8. 상대적으로 강한 주가 실적

공모가(100펜스)에서 50% 상승한 상장 매매 시초가(150펜스)를 판단 기준으로 보면, 미래의 상대적 주가 실적도 매우 강할 것으로 보인다.

9. 배당수익률

주가 150펜스에서 배당수익률은 3.2%로 받아들일 만한 수준이다.

10. 적절한 자산 상황

시가총액의 1/3을 약간 밑도는 순자산은 그 자체만으로는 그리 매력적이지 않지만, 그래도 조금은 안심할 수 있는 수준이다.

11. 경영진의 주식 보유

이사들이 상장 후 회사 주식의 60% 이상을 보유하고 있다. 이상적이진 않지만 용인할 수는 있는 수준이다.

내 투자법의 기준 대부분을 충족시키고 있기 때문에, 특히 예상 PEG가 매우 매력적인 0.60이기 때문에 ICS 주식은 매수해야 할 주식이다.

안전장비사업을 하고 있는 MTL 인스트루먼트의 사례로 돌아가, 1991년 3월 150펜스에서 1년 후 295펜스, 1992년 5월엔 340펜스로 주가가 상승한 이 회사가 내 기준을 얼마나 충족시키고 있는지 살펴보자.

지난 5년 동안 MTL의 이익 증가율은 연복리로 20%를 넘었다. 1991년의 주당순이익은 16.6펜스였다. 1992년 5월 두 증권사의 1992년 주당순이익 전망 합의치는 18.3펜스로 전년 대비 증가율은 10%를 조금 넘는 수준이었다. 주가 340펜스에 이 합의치를 적용한 예상 PER은 18.6이다. 따라서 10% 이익 증가율에 예상 PER 18.6이면 PEG는 1.86으로 매우 높다. 이 수치로만 보면 MTL은 분명 매도 대상 주식이다.

그러나 나는 과거의 눈부신 실적을 감안할 때 MTL은 일단 무죄 추정의 원칙을 적용받아야 할 훌륭한 회사라고 본다. 과거의 선례로 볼 때 증권사들의 예상은 으레 보수적이며, MTL의 보다 가능성 있는 1992년 예상 주당순이익은 19펜스 정도가 될 것이다. 그러면 예상 PER은 17.5, 이익 증가율은 14.5%가 된다는 게 내 생각이다. 따라서 예상 PEG는 1.86에서 1.20으로 내려간다. 여러분도 알다시피 나는 MTL 같은 초고속 성장주는 좋을 때나 나쁠 때나 장기 보유해야 한다고 믿는다. 그러나 낙관적인 가정 하에 산정한 1.20의 예상 PEG는 그런 믿음이 틀릴 수도 있음을 보여 준다. MTL이 이미 경험한 PER의 지위 변화가 기대되는 다른 성장주들과 비교했을 때, MTL은 주가 340펜스에서는 분명 매수 대상이 될 수 없다. 그러나 MTL은 보다 나은 재매수 기회를 기다리면서 계속 관심을 가지고 지켜 볼 대표적인 성장주다.

이번에는 빅톨릭Victaulic을 살펴보자. 빅톨릭은 도로 가에 쌓여 있

〈표 10-3〉

인베스터스 크로니클

빅톨릭

플라스틱 파이프 및 부품 제작

시가

보통주 주가 : 769펜스	시가총액 : 1억 6,800만 파운드
	1991~1992년 최고가 : 769펜스, 최저가 : 403펜스
배당수익률 : 2.5%	PER : 18
순자산가치 : 172펜스(주당)	순현금 : 970만 파운드

연도 (12월 결산)	매출액 (100만 파운드)	세전 이익 (100만 파운드)	주당순이익 (펜스)	주당 총배당금 (펜스)
1987	51.8	6.5	21.9	10.0
1988	62.9	7.6	25.2	11.3
1989	78.3	8.8	28.8	13.0
1990	99.6	11.5	34.9	16.0
1991	115.0	14.3	42.5	19.6
증가율(%)	+15	+25	+22	+23

〈인베스터스 크로니클〉의 가장 최근 논평 : 1991년 8월 25일자 35쪽

　　영국 수도회사들의 자본적 지출 증가로 빅톨릭은 또다시 훌륭한 실적을 기록했다. 빅톨릭은 불경기에 강한 수도 및 가스산업에 파이프, 조인트, 기타 부품을 공급하는 시장 지배자로 회사 매출의 78%가 이들 산업에서 발생하고 있다. 작년에는 신제품 엑셀 고성능 파이프의 사용이 증가했고, 수도회사들도 기존의 계약 기간보다 긴 3년 계약으로 전환했다. 이익률도 0.5% 상승한 12.2%로 개선되었고, 강한 현금흐름으로 부채를 줄였다. 올해 증권사들은 최소 1,550만 파운드의 이익을 예상하고 있으며, 이 경우 현 주가를 기준으로 할 때 PER은 16으로 하락한다. 이 정도 주가 수준은 수도회사들의 지출이 계속 증가하는 한 정당화될 수 있지만, 장기적으로 빅톨릭이 성장 모멘텀을 유지하기 위해서는 사업 다각화를 시도해야 할 것이다. 현 주가는 사상 최고 수준이지만, 가치는 여전히 좋다.

는 모습을 자주 보게 되는 바로 그 노란 배관파이프를 만드는 회사다. 가스와 수도 공급회사들이 빅톨릭의 주 고객이다. 〈인베스터스 크로니클〉의 1992년 3월 6일자 기사에서 볼 수 있듯이 최근 몇 년간 빅톨릭의 이익 증가 실적은 매우 우수했다.

해당 산업은 상대적으로 불경기에 강하며 현금흐름도 강하다. 그러나 빅톨릭의 미래(1992년) 이익 예상치는 1,550만 파운드에 불과했는데, 이는 이익 증가율이 둔화되고 있음을 의미한다. 보다 최근인 1992년 4월에 〈에스티메이트 디렉토리 The Estimate Directory〉는 10개 증권사의 예상 이익 합의치가 1,590만 파운드라고 소개했다. 이 합의치를 기준으로 하면, 이익은 작년의 1,430만 파운드에서 160만 파운드 증가한 것으로 이익 증가율로는 11%가 된다. 예상 세전 이익 1,590만 파운드에서 세금을 공제한 후의 세후 이익을 기준으로 하면, 예상 PER은 약 16이 된다. 이 경우 예상 PEG는 예상 PER 16을 이익 증가율 11로 나눈 1.45로 높게 나온다. 빅톨릭 주식이 훌륭한 주식일지는 몰라도 우리 투자법으로 볼 때 안전마진 safety margin 이 충분하지는 않다.

이번에는 다시 세이지의 사례를 가지고 놀라운 성장을 한 후 지금 이 회사가 우리 기준을 충족시키고 있는지 살펴보도록 하자. 203펜스에 매수한 세이지 주식이 1992년 5월에 와선 469펜스까지 상승했다는 사실을 기억할 것이다. 이렇게 훨씬 높아진 가격에 세이지를 매수해야 할까, 보유해야 할까, 아니면 매도해야 할까? 이번에는 〈인베스터스 크로니클〉이 아니라 역시 판단에 필요한 대부분의 정보를

<표 10-4>

세이지 그룹 PLC

액면가 5펜스의 보통주

주가 : 477펜스
시가총액 : 9,600만 파운드

사업 분야 : 개인 컴퓨터용 업무소프트웨어 개발 및 판매, 컴퓨터 관련용품 및 소모품 판매

증권사	추천	예상일	1992년 예상 실적(9월 결산)			1993년 예상 실적(9월 결산)		
			세전 이익 (100만 파운드)	주당 순이익 (펜스)	주당 배당금 (펜스)	세전 이익 (100만 파운드)	주당 순이익 (펜스)	주당 배당금 (펜스)
BZW	매수	92.4.14.	8.7	29.1	9.00	10.0	33.1	10.00
County Natwest	매수	92.4.24.	9.0	30.2	9.00	10.5	35.0	10.50
Matheson	보유	92.3.30.	8.1	27.0	9.00	9.1	30.5	10.00
Panmure Gordon	매수	92.2.10.	8.4	29.3	9.25	–	–	–
UBS Phillips & Drew	–	92.4.23.	9.0	30.9	9.00	10.5	36.2	10.00
Warburg	보유	92.3.5.	8.5	30.2	9.00	9.4	33.5	10.00
Wise Speke	장기 매수	92.4.24.	9.0	30.1	9.50	10.1	32.8	10.40
합의치			8.7	29.5	9.11	9.9	33.5	10.15
전년 대비 증감률(%)			+31	+16	+13	+15	+13	+11
합의치 기준 예상 PER 및 배당수익률				16.1	2.5%		14.2	2.8%

9월 종료되는 1991 회계연도 실적

세전 이익 : 660만 파운드	PER : 18.7	상대 주가
주당순이익 : 25.5펜스	배당수익률 : 2.2	1개월 +2%
세율 : 29%		2개월 +17%
주당순배당금 : 8.05펜스		12개월 +90%

주요 주주

A Wylie	13.44%
A Goldman	10.51%
Lever P	7.78%
Morgan Grenfell Group	4.26%
Fmr Corp	4.12%
Framlington Group Plc	3.22%
Standard Life	3.18%
Norwich Union Life	3.04%

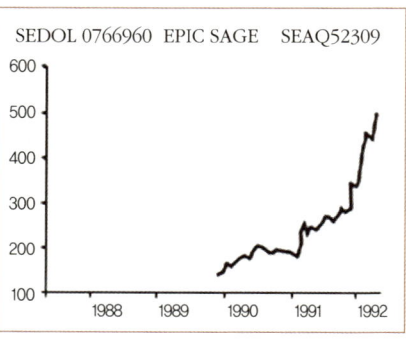

SEDOL 0766960 EPIC SAGE SEAQ52309

실적 발표

중간실적 발표	92.4.14.
최종실적 발표	91.12.10.
보고서/재무제표 발간	92.1.27.
정기주주총회	92.2.20.

제공해 주는 〈에스티메이트 디렉토리〉 1992년 5월호의 내용을 소개하겠다.

〈표 10-4〉에서 알 수 있듯이, 세이지가 최근 몇 년 보였던 경이로운 이익 증가율은 현재 둔화되고 있는 것으로 보인다. 1992년 9월 종료되는 1992 회계연도의 주당순이익에 대한 증권사들의 예상 합의치 29.5펜스를 기준으로 하면, 1992년 이익 증가율은 16%가 된다. 그러나 지난 4월 발표된 상반기 실적으로 인해 나는 이와는 다른 결론을 내리게 되었다. 1991년 세이지는 상반기에 11.6펜스, 하반기에 13.9펜스, 연간으로는 25.5펜스의 주당순이익을 기록했다. 1992년 상반기 세이지는 얼마 전 인수한 미국의 회계 소프트웨어 개발사 대크이지DacEasy의 이익 기여로 인해 전기 대비 25% 상승한 14.5펜스의 주당순이익을 기록했다. 나는 하반기 이익도 전기 대비 최소 20% 상승한 17.4펜스가 되어, 1992년 연간으로는 총 31.9펜스의 주당순이익을 기록할 것으로 예상한다. 여러분도 알겠지만 나의 예상치인 31.9펜스는 모든 증권사의 예상치를 웃돈다. 따라서 나는 증권사 예상치 중 최고치인 30.9펜스를 내 계산의 기준으로 삼아 주가 469펜스에 1991/2년(1992 회계연도) 예상 PER은 15를 조금 넘는 것으로 계산했다.

또 증권사들의 예상 합의치에 따르면, 1993년 주당순이익은 33.5펜스이고 이익 증가율은 13%이다(불경기를 감안했을 때 이 정도면 우수한 실적이지만, 세이지의 그간 실적과 비교하면 꼭 그런 것은 아니다). 지난 4월 중간 실적이 발표된 후 공개된 증권사들의 예상 주당순이익 합의치는 표에 나타난 최초 예상치 33.5펜스보다 높은 34.3펜스였다. 그러나 1992년과 마찬가지로 나는 이 중 가장 높은 예상치인 UBS 필립스 & 드류UBS Phillips & Drew의 36.2펜스가 맞는 것으로 밝혀질 가능성이 더 크다고 본다. 여러분은 훌륭한 성장주, 특히 100%가 넘는 투하자본수익률을 구가하는 세이지 같은 회사에 대해서는 일단 믿고 보는 것이 대개의 경우 좋다는 점을 알게 될 것이다.

이 모든 것을 종합하면 어떻게 될까? 우리는 세이지의 예상 주당순이익 최고치로 1992년은 30.9펜스, 1993년은 36.2펜스라는 수치를 얻었다. 그 차액인 5.3펜스는 17%의 이익 증가율을 의미한다. 1991/2년 예상 PER은 15다. 따라서 예상 PER 15를 이익 증가율 17로 나누면, 1991/2년 예상 PEG는 약 0.9가 된다. 내 투자법에 따라 볼 때 매수할 주식은 아니지만, 특히 (세이지 매도 후 타 주식을 매수하는 데 드는) 전환비용을 고려할 때 보유해야 할 종목임에는 분명하다. 또 세이지의 경우에는 203펜스에 주식을 매수한 후 이를 매도하지 않고 보유하고 있는 주주들에게 제공되는 주당 100펜스의 무이자 정부 대출의 혜택도 있다. 결과적으로 세이지 주가가 크게 올랐다고 해서 매도해 그 차익에 대한 자본소득세를 물 필요는 없다.

세이지의 회계연도는 9월 30일 종료된다. 주가가 지금 수준에 머무른다면 시장은 세이지의 1992/3년(1993 회계연도) 예상 PER을 약 13으로 보기 시작할 것이다. 여기에 17%로 예상되는 1992/3년 이익 증가율을 고려하면 1992/3년 예상 PEG는 (1991/2년 예상 PEG 0.9)보다 매력적인 0.75가 되어, 우리의 최저 매수 기준을 통과한다. MTL

의 사례로 3장에서 설명한 것처럼 매수 타이밍이 좋으면 그 주식에 대한 시장의 인식이 최근 실적 기준 PER에서 예상 PER로 옮겨가기 전에 매우 싸게 그 주식을 매수할 수 있다. 이 방법에 유일한 문제가 있다면 주가 상승을 기다리는 동안 평소보다 많은 시간을 투자해야 하고, 단 1년이 아니라 2년의 이익을 믿어야 한다는 것이다. 직전 회계연도 실적 발표를 기다린다면, 그해 예상 이익에 대한 리스크만 부담하면 된다. 그러나 과거에 세이지 같은 기회를 놓쳤고, 아직 발표되지 않은 직전 회계연도 예상 이익과 내년 예상 이익이라는 두 개의 예상에 대한 리스크를 부담할 준비가 되어 있다면, 이런 방법을 통해 기회를 잡을 수도 있다.

이번엔 뉴스에 자주 오르내리고 용기 있는 투자자들에게 큰 보상을 제공했던 훌륭한 성장기업 더바디샵The Body Shop의 경우를 살펴보자. 여러분이 이 주식을 1984년 상장 직후 시장에서 매수했다면, 공모가에 50% 프리미엄이 붙은 가격을 지불했을 것이다. 당시 이 주식은 예상 PER 24에 상장되었기 때문에, 50% 프리미엄을 지불하고 매수했다면 예상 이익의 36배를 지불한 셈이 된다(즉 예상 PER 36에 매수한 셈이 된다). 그럼에도 불구하고 그 후 더바디샵이 몇 번의 무상증자와 유상증자를 했지만, 현재 주가 기준으로 여러분은 투자금의 6배가 넘는 돈을 벌었을 것이다. 이 주식의 PER은 항상 높았으며, 전체 시장과 비교했을 때 늘 비싸보였다. 그러나 PEG 관점에서 볼 때, 이 주식은 상대적으로 싼 경우가 많았다. 결국 예상 PER이 36이라 해도 연간 예상 이익 증가율이 50%라면, PEG는 0.72가 되어 우리

<그림 10-1> 더바디샵 주가 (1984~1992년)

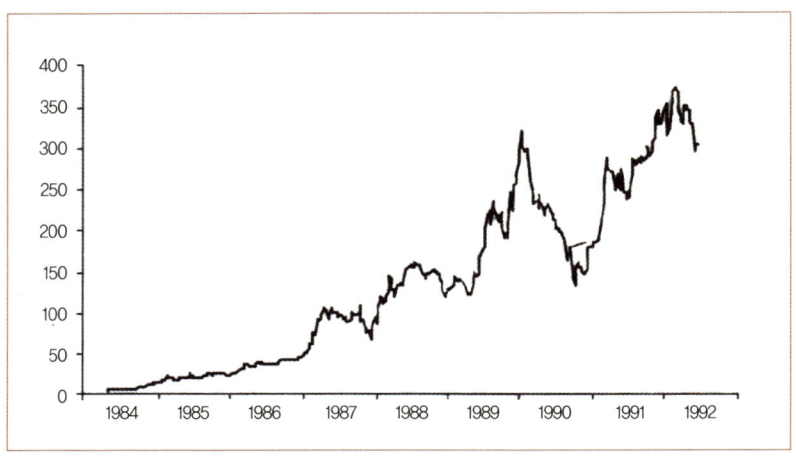

출처 : Datastream

의 기준 한도에 들어오게 된다. 물론 50%의 이익 증가율이 상당 기간 지속될 것이라고 믿기는 쉽지 않은 일이다. 과거는 알기 쉽지만 미래는 모르는 일이다. 1992년 7월 현재 더바디샵의 상황을 살펴보자.(〈그림 10-1〉)

〈에스티메이트 디렉토리〉를 보면 더바디샵의 주가는 278펜스, 내년(1992/3년) 예상 이익 증가율 합의치는 29%이며, 이를 기준으로 한 예상 PER은 24.6이다. 그러면 예상 PEG는 PER 24.6을 이익 증가율 29로 나눈 0.85가 된다. 대표적인 초고속 성장주치고는 상대적으로 매력적인 수준이다.

더바디샵의 경우 핵심은 매우 우수한 이익 증가율 때문에 높은 PER이 정당화될 수 있다는 것이다. 여러분이 이 주식을 샀다면, 이

〈표 10-5〉

더바디샵 인터내셔널 PLC

액면가 5펜스의 보통주

주가 : 278펜스
시가총액 : 5억 2,000만 파운드

사업 분야 : 자연 추출 화장품과 모발관리 상품 및 관련 상품의 개발, 생산, 직영점 및 프랜차이즈 매장을 통한 판매. 1992년 2월 29일에 종료된 1992 회계연도에 더바디샵은 영국에 210개, 해외에 517개 매장을 보유하고 있으며, 이는 전년 대비 국제적으로 148개 증가한 것이다. 1992 회계연도 동안 고용된 평균 종업원 수는 1,926명이었다(1991 회계연도는 1,844명).

증권사	추천	예상일	1993년 예상 실적(2월 결산)			1994년 예상 실적(2월 결산)		
			세전 이익 (100만 파운드)	주당 순이익 (펜스)	주당 배당금 (펜스)	세전 이익 (100만 파운드)	주당 순이익 (펜스)	주당 배당금 (펜스)
Beeson Gregory	매수	92.5.28.	32.95	11.4	2.00	40.0	14.5	2.40
Carr Kitcat	매수	92.6.30.	32.0	11.4	2.00	−	−	−
Country NatWest	매수	92.6.25.	31.5	11.2	2.10	42.0	14.9	2.70
Fleming Securities	보유	92.6.1.	33.0	11.4	1.70	40.0	13.8	2.20
Girozentrale Gilbert Elliot	보유	92.6.1.	32.0	11.4	2.00	38.0	13.6	2.40
Hoare Govett	OV	92.5.28.	31.5	11.1	2.00	38.0	13.5	2.45
James Capel	A3	92.6.29.	32.0	11.0	2.00	41.0	14.3	2.50
Kleinwort Benson	−	92.6.26.	32.0	11.3	2.00	37.0	13.0	2.25
Nomura	보유	92.5.28.	31.5	11.1	2.00	39.0	13.9	2.50
Panmure Gordon	매수	92.6.3.	33.0	11.5	2.10	42.0	15.0	2.70
Peel Hunt	−	92.2.13.	34.0	12.0	2.25	−	−	−
S.G.S.T. Securities	보유/매수	92.6.29.	31.1	11.0	2.00	40.2	14.2	2.40
Warburg	보유	92.6.1.	30.0	10.3	1.90	35.0	12.0	2.30
Williams de Broe	매수	92.5.28.	34.5	12.4	2.20	47.0	16.8	3.00
합의치			32.2	11.3	2.02	39.9	14.1	2.48
전년 대비 증감률(%)			+28	+29	+26	+24	+25	+23
합의치 기준 예상 PER 및 배당수익률				24.6	1.0%		19.7	1.2%

92년 2월 종료되는 1992 회계연도 실적

세전 이익 : 2,520만 파운드	PER : 31.6	**상대 주가**	
주당순이익 : 8.8펜스	배당수익률 : 0.7	1개월	−2%
세율 : 34%		3개월	−19%
주당순배당금 : 1.60펜스		12개월	+12%

이어집니다 ▶

주요 주주	
I Mcglinn	27.97%
T Roddick	13.87%
A Roddick	13.76%

실적 발표	
중간실적 발표	91.11.12.
최종실적 발표	92.5.27.
보고서/재무제표 발간	92.6.10.
정기주주총회	92.6.30.

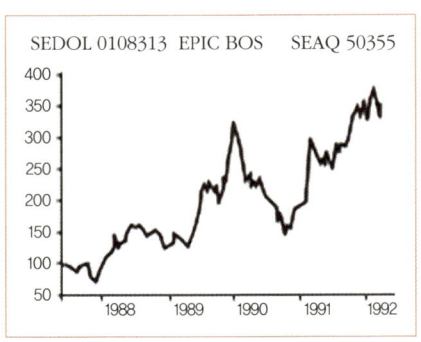

사진이 일부 보유 주식을 팔고 비우호적인 보도들이 나왔을 때 등 몇 차례 힘든 순간도 있었을 것이다. 그러나 이익 증가가 일시적으로 둔화됐던 1990년 이전에는 PEG가 1.2를 훨씬 넘는 경우는 거의 없었다.

더바디샵 같은 주식을 매수할 때 걱정할 것은 이익 증가가 갑자기 멈추면 주가가 오랫동안 하락하고 매도 폭풍이 몰아칠 수 있다는 것이다. 그러나 어느 정도 리스크를 부담하지 않고는 투자금을 몇 년 만에 6배로 불릴 수는 없다.

더바디샵이 상장된 지 10년도 안 됐다는 것은 흥미로운 일이다(이 책의 원서는 1992년에 출간되었다). 세이지가 상장된 것은 훨씬 더 최근의 일이다. 이 두 회사는 모두 한 살배기 망아지에서 시작한 특별한 성장주다. 우리는 이 둘 중 하나는 업계의 레드 럼Red Rum(영국의 전설적인 장거리장애물 경주마)이 될 정도로 강한 의지, 능력, 끈기를 갖기를 바란다.

상장시장new issue market(신규발행시장, 기업공개시장)에는 아직도 많은 기회가 존재한다. ICS에 대해서는 이미 말한 바 있다. 또 다른 최근 상장기업은 1992년 5월 총선 즈음 로스차일드Rothschild가 주간사로 상장시킨 브리티시 데이터 매니지먼트British Data Management(BDM)다. 이 회사도 특별한 성장주가 될 자질을 가지고 있기 때문에 좀 더 자세히 분석해 볼 필요가 있다. BDM 매수를 정당화하기 위해서는 이익 증가율과 PEG를 다룰 때 다소 창의적일 필요가 있기 때문에 나의 분석법을 학습해 볼 가치가 있다.

BDM은 BP급의 중요한 고객을 대상으로 한 상업용 및 석유탐사 데이터의 저장 관리 및 유통 사업에 종사하고 있으며 급성장 중인 석유 및 가스 탐사산업에서 40%의 시장을 점유하고 있다. BDM은 연간 데이터 보관 및 필요시마다 제공하는 문서 검색 서비스 수수료를 고객에게 청구한다. 이 서비스는 매우 정교한 것이며, 당연히 컴퓨터를 기반으로 하고 있다.

총선을 앞둔 시점의 불확실성 때문에 BDM 상장은 완전 실패작이었고, 상장 후 주가는 한동안 125펜스의 공모가 밑을 맴돌았다. 그렇다 해도 보수적인 입장에서 125펜스의 공모가를 매수가로 보고 BDM을 분석해 보도록 하자.

공모 당시 공개한 문서들에 따르면, BDM의 회계연도는 6월에 끝나며, 이사회가 예상하는 238만 파운드의 세전 이익에 기초해 계산한 주당순이익은 10.9펜스이다.(〈표 10-6〉)

그러나 상장이 1992 회계연도 개시 시점(즉 1991년 7월경)에 있었

〈표 10-6〉 1992년 6월 30일 종료되는 1992 회계연도의 예상 이익 및
예상 주당순이익

(단위: 1,000파운드)

	이사회 예상치	추정 실적
이자 및 세금 공제 전 이익	3,500	3,500
순미지급이자	(1,120)	–
세전 이익	2,380	3,500
법인세	(490)	(850)
세후 이익	1,890	2,560
보통주 (가중평균) 주식 수	17,262,398	23,262,398
보통주의 주당순이익(펜스)	10.9	11.4
매수가 기준 PER	11.4배	11.0배

다고 가정하면, 주당순이익은 11.4펜스로 올라간다. 여기서 이익과 주당순이익의 최근 증가 실적을 보자.

〈표 10-7〉 사업 실적과 이익 예상치

(단위: 1,000파운드)

	6월 30일 종료되는 회계연도			12월 31일까지 6개월 실적	6월 30일까지 1년 예상 실적
	1989년	1990년	1991년	1992년 상반기	1992년 전체
매출액	8,131	11,155	12,679	6,203	
이자 공제 전 이익(손실)	(253)	989	2,306	1,466	3,500
순미지급이자	(221)	(1,291)	(1,166)	(687)	(1,120)
특별 비경상 항목	(1,257)	–	–	–	–
세전 이익(손실)	(1,731)	(302)	1,140	779	2,380
법인세	311	–	45	10	(490)
세후 이익(손실)	(1,420)	(302)	1,185	789	1,890
주당순이익(펜스)	(9.3)	(2.0)	7.8	5.3	10.9

이 주식이 높은 미래 이익 증가율 및 상대적으로 낮은 PER과 관련된 우리의 기준 대부분을 충족시키는지 확인하려면 1993년 예상치가 필요하다. 그 예상치가 없다고 해서 이 아까운 회사를 그냥 포기할 수는 없다. 따라서 임시로 몇 가지 예상을 할 필요가 있다. 1991 회계연도의 이익은 1990년보다 두 배 이상 많았고, 1992년 이익은 1991년 대비 50% 이상 증가했다. 1992 회계연도 상반기 이익 146만 파운드와 그해 전체 이익 350만 파운드의 차액, 요컨대 1992 회계연도 하반기 6개월의 이익은 200만 파운드 이상이다. 그러면 그 다음 1년 전체로는 200만 파운드의 두 배인 400만 파운드가 될 수 있다. 여기에 다음 6개월, 요컨대 1993 회계연도 상반기(1992년 7~12월)의 이익 증가를 고려해 50만 파운드를 추가할 수 있고, 그러면 1993 회계연도의 이익은 450만 파운드로 추산할 수 있다.

비슷한 방법으로 계산하면 1994 회계연도의 이익은 약 550만 파운드가 된다. 반기 실적에 영향을 미칠 수 있는 계절적 요인을 고려하지 않았고 즉흥적으로 대충 한 계산이기는 하지만, 미래 성장 가능성이 우수해 보이는 회사를 좋아하기 때문에 나로서는 그다지 불안한 계산은 아니다.

다시 공모 당시 제출된 문서에 나타난 1992 회계연도 예상 이익 350만 파운드와 주당순이익 11.4펜스를 보자. 이익 실적에서 확인할 수 있듯이, 그 이전 회계연도들에서 상당한 손실을 기록해 미래로 이월되어 미래 이익에서 차감될 세금공제 결손금이 증가했다. 따라서 1992 회계연도 추정 실적 pro forma forecast에 따른 85만 파운드의 법인세는 이례적으로 적은 것이고, 1991년 실적에 대한 법인세는 거의 없었다. 1992 회계연도의 추정 법인세는 36만 파운드 증가했는데, 이는 112만 파운드의 순미지급이자 유보금을 이사회의 세전 이익 예상치에 더해 계산한 추정 세전 이익에 기초한 것이다. 정상적인 법인세는 세전 이익의 약 1/3이고, 이 경우는 37만 3,000파운드가 추가되어야 함을 의미한다. 이는 법인세 증가분 추정치 36만 파운드에 매우 근접한 수치로 회사가 제공받았던 손실에 따른 세금공제 혜택이 다 소진되었고 향후 회사는 정상 법인세를 납부해야 함을 의미한다.

1992 회계연도 추정 이익 350만 파운드에 대해 1/3의 정상 법인세를 가정하면, 세후 순이익은 약 233만 5,000파운드가 된다. 그리고 상장 후 발행주식 수는 2,326만 2,398주가 되므로 주당순이익은 정확히 약 10펜스가 된다(공모 문서들에서는 왜 이런 내용을 확실히 보여주지 않는지 이해할 수가 없다). 1992/3년(1993 회계연도)의 경우 우리가 추산한 450만 파운드의 이익에서 1/3에 해당하는 법인세를 공제한 후 계산하면 주당순이익은 13펜스가 되고, 1993/4년(1994 회계연도) 추산 이익 550만 파운드를 기준으로 하면 주당순이익은 약 16펜스가 된다.

그럼 이제 PEG를 계산해 보자. 현재 1992 회계연도 말에 근접해 있고 BDM은 급성장하는 회사이기 때문에 나는 1992/3년 예상 PEG를 사용할 것이다. 1993 회계연도 추정 주당 순이익은 13펜스이고, 공모가(우리의 매수가)는 125펜스이므로 예상 PER은 약 10이 된다.

그 다음해(1994 회계연도) 이익 증가율은 약 22%이므로 예상 PEG는 10을 22로 나눈 0.45로 매우 매력적인 수준이 된다.

다른 나머지 기준도 좋다. 상장 후에도 부채는 없을 것이고, 산업 내에서 차지하는 지위도 좋으며, 투하자본수익률도 22.5%로 매우 만족스럽다. 북해유전 사업권이 1992년 3월 경신되었으며, 시가총액도 2,910만 파운드로 작고, 배당수익률도 4.25%에 이른다. 장부에 계상되지 않은 부동산 가치를 감안하면, 주당순자산도 주가의 약 1/3에 달하며, 경영진도 상당한 주식을 보유하고 있다. BDM이 만족시키지 못한 유일한 기준은 상대적 주가 실적이 열악한 것이다. 그러나 총선이 투자자 심리에 영향을 미쳤다는 것을 쉽게 이해할 수 있으므로 나는 이런 단점을 크게 중시하지 않는다.

BDM을 이렇게 자세히 다룬 것은, 여러분도 알겠지만 이 주식이 정말 매수할 만한 주식인지 확인하기 위해서였다. 이례적인 법인세에 관한 교훈적 내용도 있었지만, 더욱 중요한 것은 예상 이익을 '수립하고construct' 미래의 이익 증가율을 추산하는 방법에 관한 것이다. 내 추산이 맞는지는 시간이 말해 줄 것이다. 예기치 못한 사건만 없다면, 나의 추산치마저도 보수적인 것으로 드러날 것으로 본다.

이해해야 할 매우 중요한 한 가지 논점은 이익 증가율에 비해 매우 낮은 PER을 가진 주식을 찾기란 어렵다는 것이다. 그러나 〈인베스터스 크로니클〉, 거래 증권사의 추천 보고서, 투자 뉴스레터 등을 꼼꼼히 살펴보고 관련 서적들을 읽어 보면, 매년 한두 개 정도는 그런 주식을 찾을 수 있을 것이다. 또 많은 경우 정상 시장가보다 할인된 가격에 제공되는 신규 발행주식들 가운데서도 일부 훌륭한 주식을 찾을 수 있다. 그러나 BDM의 경우처럼 해당 주식이 투자 기준에 부합하는지 판단하기 위해서는 그 주식을 대상으로 다소의 분석 작업을 해야 할 경우도 있다. 회계연도 말 가까운 시점에 상장되는 신규 발행주식의 경우 특히 그렇다. 이 경우 우리는 몇 달 후 그 주식이 어떤 모습일지를 예상해야 하며, 다른 투자자를 이기기 위해서는 여러 수치도 계산하고 평소보다 조금 더 많은 리스크를 부담해야 할 것이다. 그런 후 그 주식이 매력을 충분히 실현하는 때가 되면 아마도 그 주식을 매도해야 할 것이다.

여러분은 내가 필수적인 기준을 제외한 다른 대부분의 기준은 사뭇 경시하고 있음을 알아챘을 것이다. 일단 PEG가 매력적이고, 최고경영자의 예상(혹은 계산된 예상치)이 낙관적이며, 회사의 재무구조가 우수하고, 투하자본수익률이 높기만 하면, 나는 그 주식에 열광하고 내가 틀렸을 가능성에 대해서는 (많은 신경을 쓰는 것이 아니라) 약간만 살펴보는 스타일이다. 아주 이상하게도 그런 경우 대부분의 다른 기준도 적절히 충족시키는 게 보통이다. 이는 그리 놀랄 일도 아니다. 한 기업이 경쟁우위를 갖고 있고 긍정적인 새로운 요인이 발생하고 있으면, 이익 증가율도 우수하다고 예상할 수 있다.

상대적 주가 실적이 열악하다는 이유만으로 그 주식을 버려서는 안 되지만, 주가의 약세는 뭔가 잘못될 가능성이 있음을 경고하는 것이다. 확실한 성장주인 경우, 순자산가치가 썩 좋지 않아도 우려할 일은 아니다. 여러분이 걱정해야 할 때는 비필수적인 기준들 중

'많은' 것이 적절치 않을 때 뿐이다. 비필수적인 기준들은 함께 모여 안전망을 구축한다. 그리고 이 안전망은 그것을 형성하고 있는 가닥(비필수적 기준)들 중 '여러 개'가 낡아 해어지거나 없어질 때에야 무너진다.

11장
경기주와 턴어라운드주 투자 전략
- 주식 유형별 매매 전략 ① -

대부분의 기업들은 경기가 상승하면 혜택을 누리고 경기가 하강하면 고통을 받는다. 그러나 정말 좋은 성장주라면 깊은 불경기 속에서도 이익을 증가시킬 수 있다. 강한 경쟁우위를 가진 기업은 우울하고 침울한 불경기의 영향을 놀라울 정도로 받지 않는 것으로 보인다. 반면 경기주들은 불경기에는 다른 대부분의 기업들보다 훨씬 큰 고통을 받는다. 건축 및 건설회사, 철강회사, 자동차제조사, 유통회사들은 경기라는 대세를 거스르지 못한다. 이들이 최대한 희망할 수 있는 것은 다음 경기 정점에서는 이전 정점보다 실적이 좋고, 다음 경기 바닥에서는 지난 바닥보다 상황이 좀 나아지는 것뿐이다.

이런 경기주에 투자하는 것은 머리털이 곤두서는 일이기는 하지만, 타이밍만 잘 잡으면 큰돈을 벌 수 있고, 그러기 위해서는 경기주기에 대한 해부학적 수준의 이해가 필요하다. 주택건축을 예로 들어보자. 경기 바닥에서 살아남은 소수의 건축업자들은 경쟁 감소로 인한 혜택을 누리면서 고비를 넘기게 된다. 좋은 토지와 인력을 획득하는 것이 전보다 훨씬 쉬워졌고, 따라서 훨씬 싼 값에 획득할 수 있다. 또 건축 중인 주택 수가 전보다 적어서 주택 판매가격은 건축회사에 더 유리해지고, 따라서 이익률은 개선되고 이익도 좋아진다. 이때쯤 되면 주택건축시장에 기회가 커지고 있음을 알게 된 다른 기업가들이 건축회사를 세우거나 기존의 건축사업을 확대하면서, 토지와 인력을 놓고 경쟁을 벌이게 된다. 그러면 비용 압력이 증대되기 시작한다. 일부 건축회사는 점점 더 획득하기 어려워지는 토지를 돈을 빌려서라도 미리 확보하려 하고, 따라서 토지는 더 비싸진다. 바로 이즈음 건축업은 과잉생산능력 단계로 들어가고, 일부 건축회사들은 시장점유율을 유지하기 위해 가격을 인하한다. 이런 가격 인하와 비용 증가로 이익률은 잠식된다. 이런 상황에서 자신이 제공한 여신이 위험에 빠지는 것을 두려워하는 은행들은 한계 상황에 몰린 기업들에 대해 담보권을 행사하고, 그러면 해당 기업은 파산하게 된다. 이때쯤 보다 기업가적인 일부 건축회사들은 다른 곳에 더 나은 기회가 있을 것으로 보고 주택시장을 떠난다. 그러면 경쟁은 감소하고, 가격압력도 완화되며, 이익은 개선되기 시작한다. 주기는 이런 식으로 또다시 반복된다.

    이 경우, 명백히 매수 시점은 이익이 상승하기 전이고 매도 시점은 환경이 분명히 개선되고 있을 때이다. 여기서 우리가 알아야 할 중요한 논점은 경기 정점 부근에서 경기주는 매우 높은 PER과 낮은 배당수익률을 누려서는 '절대 안 된다'는 것이다. 전형적인 경기주인 GKN을 사례로 지난 두 번의 경기주기가 이익과 주가에 어떤 영향을 미쳤는지 살펴보자.(〈그림 11-1〉)

분명 여러분은 매수 타이밍을 맞춰 경기 바닥 근처에서 매수하려고 할 것이다. 동시에 여러분은 자신이 선택한 주식이 살아남을 것이라고 확신하고 싶을 것이다. 물론 생존 가능성은 낮았지만 의외로 불경기를 무사히 버텨 모든 사람을 놀라게 할 주식에 투자한다면 훨씬 큰 이익을 올리게 될 것이다. 리스크가 클수록 잠재적 보상도 크다. 그리고 리스크가 더 큰 기업은 경기 바닥에서 매우 많은 차입금

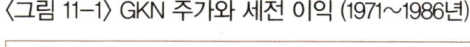

〈그림 11-1〉 GKN 주가와 세전 이익 (1971~1986년)

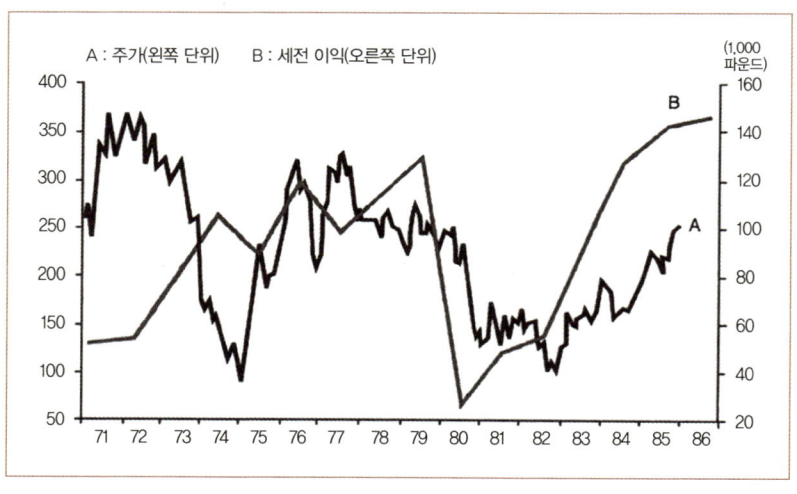

출처 : Datastream

을 갖고 있는 게 보통이다. 이런 기업이 돈을 모두 소진하면, 이제 많은 것은 채권은행과 채권자들의 태도에 달려 있다.

경기주를 고를 때 도움이 되는 몇 가지 지침은 다음과 같다.

1. 전국적으로 유명한 회사들의 생존확률이 더 높다. 그 유일한 이유가 있다면, 그것은 그들이 망하는 것에 대한 거부감이 더 크다는 데 있다. 이들은 우리 사회를 구성하는 중요한 부분이고, 따라서 관련 은행과 채권자들이 다소 특별대우를 해줌으로써 생존에 도움을 받을 수 있다. 채권은행과 채권자들의 이런 특별대우는 어떤 경우에는 지원을 중단했을 때 받을 비난을 피할 목적으로, 또 어떤 경우에는 진정으로 그 회사를 도와 줄 목적으로 이루어진다.

2. 유명한 회사는 대개 우수한 증권사와 강력한 기관주주들을 보유하고 있다. 이 우수한 증권사와 강력한 기관주주들은 회사 구조조정 자금 조달을 위한 유상증자에 도움이 될 가능성이 더 많다. 이와 관련해 그 회사의 주거래 증권사가 대표적인 증권사인지 분명히 확인해야 한다.

3. 익숙한 브랜드와 여타 다른 종류의 강한 경쟁우위를 가진 기업을 찾아야 한다. 특히 투하자본수익률이 높은 기업을 찾아야 한다.

4. 경영진의 능력도 분명 중요하다. 보수적인 회사 설립자들이 여전히 전반적인 경영을 책임지고 있다면, 더욱 조심해야 한다. 능력 있는 사람이 최고경영자가 되는 식의 경영진의 변화는 분명 회사의 미래 전망을 밝히고 여러분의 투자도 더 나은 것으로 만든다.

5. 주요 경쟁자들이 사업을 포기하는지 계속 주시해야 한다. 주요 경쟁자가 사업을 포기하는 것은 늘 매우 좋은 신호다. 경쟁자가 사업을 포기할 경우 결과적으로 여러분이 고른 회사는 시장 파이의 보다 크고 보다 수익성 높은 부분을 차지할 수 있게 된다.

6. 시가를 초과하는 자산을 가진 회사를 찾아라. 이런 자산은 경기가 회복될 때 이익을 창출하는 데 도움이 되며, 기업사냥꾼의 눈길을 끄는 요인이 될 수 있다. 인수를 염두에 둔다면, 주주 기반이 넓고 경영권을 충분히 방어할 지배세력이 없는 회사에 우선 관심을 두어야 한다.

7. 평소와 마찬가지로 약간의 계산은 불가피하다. 경기가 회복될 경우, 증권사들의 예상 합의치는 얼마인가? 지난 경기주기 정점에 기록한 PER은 얼마였는가? 이 두 수치를 고려하면, 상승 잠재력을 쉽게 계산할 수 있다. 통제할 수 있는 수준의 차입금을 가진 회사라면(아래 8번 항목 참고), 상승 잠재력은 최소 100%이거

나 아마도 그 이상이 될 것이다.

8. '차입금'이란 마법의 단어는 또 다른 중요한 논점으로 이끈다. 그것은 바로 순자산가치를 초과하는 총부채에 한도를 설정해야 한다는 것이다. 요컨대 순자산 대비 부채비율은 100%를 넘어서는 안 된다.

9. 그해 이익이 증가하거나 흑자 전환할 것으로 반드시 예상되어야 한다. 손실은 여러분이 피하려고 하는 치명적인 상황을 초래할 수 있다.

10. 가장 중요한 것은 타이밍이다. 누군가 마천루의 펜트하우스에서 창밖으로 금고를 던졌는데, 여러분이 3층 창밖으로 몸을 내밀어 그 금고를 받으려고 한다면 끔찍한 일이 벌어질 것이다. 그 금고(경기주기)가 바닥에 떨어지는 것을 실제로 확인하기 전까지는 기다려야 한다. 변화의 첫 신호, 우울한 불경기 후 좋은 소식을 알리는 첫 번째 힌트를 발견할 때까지 기다려야 한다. 그렇게 하면 조금 더 많은 비용을 지불하겠지만, 그 추가 비용은 일종의 보험료로 봐야 한다.

11. 우리는 선택한 주식이 경기 상승으로 큰 혜택을 보기를 원한다. 따라서 할 수 있는 한, 그 회사의 주요 인프라가 불경기 동안 손

상을 입지 않았다는 것을 분명히 확인할 필요가 있다. 증권사들의 예상 이익 합의치는 산술적 견지에서 이를 반영하고 있지만, 다음과 같은 몇 가지 구체적인 사항을 추가로 확인해야 한다.

a) 그 회사가 생산 능력을 유지하고 있는지, 주요 공장들이 매각되지는 않았는지 확인해야 한다.
b) 이익률만 손상을 입었을 뿐 매출액은 대체로 유지되고 있는지 확인해야 한다. 이는 이익률이 신속히 회복될 수 있음을 보여 주는 좋은 지표다.
c) 상당한 비용 감축이 있었는지 확인해야 한다. 경기 상승 전환 시 우리의 기업은 군살 없이 매우 효율적인 상태여야 한다.
d) 평소 좋은 현금 창출자였던 기업을 찾아야 한다. 세금공제 결손금이 미래 이익으로 상쇄될 수 있으면, 단기 부채는 매우 빨리 상환될 수 있다.

12. 경기 상황을 고려할 때 경영진의 주식 매매는 매우 중요하다. 경기 저점 근처에서 많은 경영진이 주식을 매수하면 이는 매우 고무적인 신호가 분명하다. 그들이 틀릴 수도 있지만, 뭔가 알고 있어야 할 그런 사람들인 것만은 분명하다.

13. 유상증자 시 매수하는 것도 회복 국면에 참여하는 매우 좋은 방법이다. 이 경우 주주들에게 제공되는 최신 회사 자료를 받아 분

석할 수 있다는 좋은 이점이 있다. 이 자료들을 통해 경영진이 경영진 자격으로 무엇을 하고 있는지, 얼마나 많은 부채가 남아있는지 확인할 수 있고, 미래 이익 전망을 즉각 파악할 수 있다.

14. 무엇보다 우리는 정상 상황에서는 자기 분야에서 충분한 힘을 발휘할 수 있는 기업을 찾고 있다. 이를 보여 주는 가장 좋은 지표 중 하나는 시가총액 대비 매출액 비율이다. 매출액이 시가총액의 5배를 넘으면 상대적으로 싼 주식이다. 이에 관한 좋은 사례는 넥스트Next(영국의 의류회사)다. 1985년 넥스트의 매출액은 1억 4,600만 파운드, 시가총액은 1억 9,500만 파운드로 시가총액 대비 매출액 비율은 0.75였다. 1990년 12월에 와서 매출액은 8억

〈그림 11-2〉 넥스트 주가 (1985~1992년)

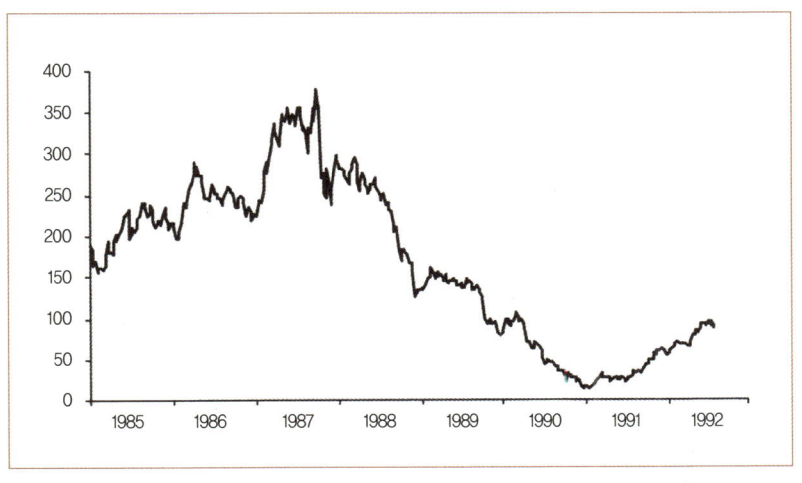

출처 : Datastream

파운드로 전망되었지만, 시가총액은 2,400만 파운드로 떨어졌다. 이때 시가총액 대비 매출액 비율은 33배로 매우 매력적인 수준이 되었다. 결국 그 후 주가는 1990년 12월 6.5펜스에서 1992년 6월 95펜스까지 상승했다.

그러면 경기주는 언제 매도해야 할까? 성장주를 가지고 있다면 가능한 오래 그 주식의 성장을 누리고 싶겠지만, 경기주의 경우 매도 목표가는 보다 제한적인 경향이 있다. 해당 경기주가 성장주라고 주장하는 언론보도나 증권사 분석을 보자마자 매도해야 한다. 또 경기회복 2년 차의 예상 이익 기준 PER이 그 회사가 기록했던 역대 최고 PER의 75% 수준까지 올랐을 때 매도해야 한다. 요컨대 해당 기업이 불경기를 버티고 살아남았으며 지금은 훨씬 좋은 사업 환경을 누리고 있다고 대중들이 인식하면, 바로 그때 매도해야 한다. 경쟁 격화, 비용 증가, 수요 감소가 진행되기 전에 매도해야 한다. 우리는 충분한 안전마진을 두고 투자해야 하며, 따라서 경기 정점 한참 전에 매도해야 한다.

나는 매도에 적용할 수학적 공식을 썩 좋아하는 사람은 아니지만, 부채비율이 매우 높은 경우(충분한 리스크를 부담한 대가로 파격적인 보상을 기대하는 경우다)를 제외하고는 주가가 두 배가 되면 적어도 매도를 고려할 것을 권한다.

이제 보다 어려운 문제로 넘어가, 손실이 발생했을 때 손절매하는 법에 대해 살펴보자. 경기가 바닥을 치고 올라올 때만 매수해야 한다는 점을 먼저 상기하자. 경기가 상승 반전하지 않고 계속 하락하거나 다른 중요한 문제로 인해 투자에 실망한 상태라면, 상황을 재평가해야 한다. 다른 나의 모든 투자법의 경우처럼, 이야기가(상황이) 나쁜 쪽으로 상당히 변했다면, 즉각 매도해야 한다. 이유를 설명하기 어려운 주가 하락은 그 자체로 받아들여 평가해야 하며, 판단과 느낌에 더 따라야 할 문제다. 이 특별한 문제에 대해서는 포트폴리오 운영에 관해 다룬 17장에서 보다 자세히 살펴보도록 하자.

내가 보기에 경기 상승으로 인한 주가 상승은 일회성 이익으로만 국한되기 때문에 나는 경기주에는 거의 투자하지 않는다. 그러나 타이밍과 주식 선정에 전문가라면 경기주 투자로 큰 수익을 올릴 수 있다.

넥스트는 이와 관련된 좋은 사례로 좀 더 자세히 살펴볼 가치가 있다. 주가가 6.5펜스의 저가일 때 투자할 기회를 놓쳤을 수도 있지만, 그 후에도 몇 번의 추가 기회는 있었다. 다른 대부분의 소매유통 회사와 마찬가지로 넥스트도 1980년대 후반 과도한 성장을 추구해 체인매장 증가율은 놀랄 만한 수준에 이르렀고, 신용판매와 우편 주문으로까지 사업을 확장했다.

그런데 1988년 12월에 와서 넥스트는 '상당한 이익 감소'를 경고했고, 한때 유통업계의 스타였던 조지 데이비스George Davies는 사임을 요구받았다. 그리고 1990년 12월 회사가 상당한 적자 상태로 들어서고 환매가 임박한 두 전환사채의 환매액이 1억 5,000만 파운드로 전망되면서, 투자자들은 거의 절망 수준에 이르렀다. 1991년 3월 넥스트는 통신판매 자회사인 그래턴Grattan을 1억 6,700만 파운드에 매각했다. 다른 소규모의 자산 매각과 함께 그래턴의 매각을 통해 넥스트는 부채를 상환했고, 이때 비로소 넥스트는 다음과 같이 우리의 투자 기준 대부분을 아주 적절히 충족시키게 되었다.

1. 넥스트는 유명한 회사고, 파산했다면 매우 큰 사건이 되었을 것이다.
2. 넥스트의 거래 증권사는 유명하고 영향력이 있었다.
3. 넥스트 브랜드는 매우 우수하다.
4. 조지 데이비스가 사임하고 그 후임으로 데이비드 존스David Jones와 울프선 경Lord Wolfson of Sunnungdale이 취임했는데, 둘 모두 능력이 출중하고 재무 지향적인 사람들로 넥스트의 재무구조를 회복시키는 데 확고한 의지를 가지고 있었다.
5. 버튼Burton과 같은 주요 경쟁자도 상당한 재무적 압박을 받고 있었다.
6. 그래턴 매각 이후, 부채는 더 이상 문제가 되지 않았다.
7. 적자는 멈추었고, 증권사들은 앞다퉈 이익 개선을 전망하기 시작했다.
8. 회사의 목표는 핵심 사업을 회복하는 것이었다. 매장들은 폐쇄됐고, 재고 관리도 개선되었으며, 제품 라인도 정비되었다. 이 과정에서 매출액이 감소했지만 이익률은 크게 개선되었다.
9. 시가총액 대비 매출액 비율은 여전히 높았다. 그래턴 매각 후에

도 매출액은 4억 5,000만 파운드로 전망되었는데, 주가 30펜스 기준 1억 1,000만 파운드의 시가총액 대비 매출액의 비율은 4배 이상이었다.

넥스트를 매수해야 할 가장 분명한 시점은 파산의 공포가 사라진 그래턴 매각 후였다. 이때 넥스트를 매수했다면 그 즈음 몇 달간 넥스트가 기록했던 25~30펜스 사이의 주가에서 매수했을 것이고, 그랬다면 1992년 6월 현재 투자금은 세 배로 불어나 있을 것이다.

턴어라운드 주식은 경기주 및 자산 상황 주식과 전혀 다른 주식은 아니다. 수년간 무시되었고 파산 문턱에 이르도록 악화되었던 자산 상황 주식이 턴어라운드주가 되기도 한다. 또 경영이 열악했던 경기주가 경기 바닥에서 턴어라운드주가 되는 경우도 종종 있다. 경영이 열악하고 예상치 못했던 재앙을 겪은 성장주도 턴어라운드주가 될 수 있다.

턴어라운드 주식에 대한 정확한 정의는 없는데, 내 경우에는, 거의 죽었다 살아날 희망이 생긴 회사를 묘사하기 위해 이 표현을 사용한다. 생존할 수 있을지 정말 의심이 들 정도로 정신없이 망가져 갈피를 못 잡는 회사였다가 살아날 희망이 보이는 그런 회사를 말한다. 시장은 상승 시의 희망과 하락 시의 공포를 과장하는 경향이 있다. 따라서 기관과 다른 주주들이 앞다퉈 탈출하려는 까닭에 주가 하락이 너무 과도한 경우가 있다.

턴어라운드 주식을 고르는 대부분의 기준은 경기주를 고르는 기준과 같다. 주가가 저점에 있는 많은 턴어라운드 주식은 회사 자체 형편도 어려운데, 이는 회사의 기본 사업에 문제가 있어서라기보다는 경영진과 사업 방향의 변화 때문에 그런 경우가 많다. 정말 열악한 경영진은 어떤 회사든 망하게 할 수 있고, 정말 좋은 경영진은 상황을 빠르게 정상화시킬 수 있다. 우리는 새로운 경영진이 등장하기를 기다리면서 귀중한 시간을 낭비하고 소중한 돈을 위태롭게 만들고 싶지는 않다. (희망컨대 보다 나은 경영진으로의) 주요 경영진의 교체는 이따금 상황이 호전되기 전에 일시적으로 상황을 악화시키기도 하지만, 보통은 좋은 매수 신호다.

예를 들어 유명한 잉글리시 차이나 클레이English China Clays의 경우를 보자. 이 회사는 알 수 없는 어떤 이유로 훌륭한 핵심 사업에 전념하는 대신 사업을 다각화했고 매력적이었던 회사 이름도 머리글자만 따서 ECC라는 끔찍한 이름으로 바꾸기로 결정했다. 그러던 중 1990년 7월 1일 수년간 럭비그룹Rugby Group(영국의 사립교육기관 그룹)을 성공적으로 이끌었던 앤드류 티어가 신임 CEO로 취임했다. 미국 고령토회사 조지아 카올린George Kaolin의 인수는 1990년 5월에 이미 발표된 바 있었는데, 티어는 이 인수를 통해 핵심 사업을 구축하고 이전의 다각화된 사업부문은 모두 정리하기로 했다. 1991년 9월 잉글리시 차이나 클레이는 영국 주택사업에서의 점진적 철수와 핵심 사업인 고령토사업 합리화 프로그램을 발표했다. 본사의 이전, 광범위한 경영 인센티브 제도의 도입, 18개월 내에 10개의 사업 매각, 1만 3,800명에서 1만 800명으로의 인력 감축 같은 변화도 있었다. 1992년 2월 회사는 미국의 일부 고비용 부채를 상환하기 위해 유상증자를 단행했다. 그리고 한 달 후, 이사회는 세전 이익이 50% 이상 증가했다고 발표하고 회사 이름도 훨씬 유명한 원래의 잉글리시 차이나 클레이로 변경할 것을 제안했다.

1990년 7월 잉글리시 차이나 클레이의 주가는 424펜스, PER은 9.2, 예상 PER은 약 18이었다. 1990년 말에 와서 주가는 275펜스로 매우 약세를 보였는데, 이는 건설 경기가 불황에 빠질 것이라는 우려의 직격탄을 맞았기 때문이었다. 그러나 사업 구조조정의 효과가 나타나기 시작한 1992년 6월에 와서 주가는 555펜스로 상승했다.

또 다른 종류의 턴어라운드 주식은 예상치 못한 끔찍한 재무 실적 혹은 유니온 카바이드Union Carbide 보팔공장 폭발 사고 같은 재앙으로도 생겨날 수 있다. 그러나 나는 계량화가 불가능하고 바닥없는 구덩이가 될 수도 있는 사건들을 통해 생겨난 턴어라운드 주식에 투자하는 것에는 반대한다. 보팔 사고 희생자 유가족들은 유니온 카바이드에 어마어마한 수준의 피해 보상을 요구했다. 현재 상황이 어떤지에 대해서는 잘 모르지만, 그 사고로 회사가 받은 재정적 타격의 규모는 수년 후에나 알려질 것이다.

이와 유사하게 (흡연자와 같은 사무실에 있다가 간접흡연으로 암에 걸려 죽어가는) 비흡연자가 간접흡연으로 건강이 악화되었다며 주요 담배회사에 제기한 소송에서 승리할 경우, 그 여파는 측정이 불가능하다. 이런 식의 사건이 발생한다면 위험을 무릅쓰고 투자하기보다는 먼지가 가라앉길 기다려야 한다. 이 경우 바닥 매수에 나섰다가는 그 길로 익사할 수도 있다.

넥스트와 잉글리시 차이나 클레이 사례에서 봤듯이, 유망한 경기주나 턴어라운드주를 발견하면, 특히 새로운 경영진이 들어왔을 때 큰돈을 벌 수 있다. 물론 리스크도 있다. 따라서 이런 주식에는 전체 포트폴리오의 10% 이상을 투자해서는 절대 안 된다. 앞서 설명한 안전기준들도 여러분을 보호하는 데 도움이 될 것이다.

턴어라운드주의 매도 시점은 다행히 아주 분명하다. 해당 기업이 상승 반전해 좋은 이익을 낼 때가 바로 매도 시점이다. 이때가 되면 기관들은 그 턴어라운드 주식을 보유하는 것에 더 이상 부끄러움을 느끼지 않고 조심스럽게 투자하기 시작한다. 증권사들의 예상 이익 합의치는 작년보다 훨씬 상승하고, 그 기업을 성장주로 보는 몇 가지 분석도 나올 것이다. 이때 탐욕을 부려서는 안 된다. 여러분이 가진 주식을 시장에 내줘야 한다. 이때 매도해도 수익률은 최소 100%, 아마도 그 이상은 될 것이다.

12장

셸 주식 투자 전략
― 주식 유형별 매매 전략 ② ―

　나는 '코끼리는 빨리 달리지 않는다'는 표현으로 대기업을 코끼리에 비유한 바 있다. 그 이유는 예를 들어 시가총액이 100억 파운드인 한 대기업이 시가총액을 두 배로 늘리려면 수년간 아주 힘든 노력을 해야 하기 때문이다. 반면 잘 알려지지 않은 작은 기업은 시가총액을 두 배로 늘리는 것이 훨씬 쉽고, 시가총액이 몇 백만 파운드에 불과한 셸Shell 기업의 경우는 이보다도 훨씬 쉽다. 나는 거의 대부분은 느릿느릿 걸으면서 아주 가끔씩만 달리는 코끼리와 대비할 목적으로 셸 주식에 맞는 비유적 표현을 찾아봤는데, 지금까지 찾아낸 최선의 비유는 자기 키의 200배 높이를 뛰어오를 수 있는―인간으로 치면 런던의 세인트 폴 성당을 뛰어넘을 수 있는―벼룩이다. 이 벼룩의 움직임을 보면서, 셸 주식은 어떻게 움직이고 그 과정에서 우리는 어떤 이득을 취할 수 있는지 살펴보자.

셸 주식은 별로 중요하지 않은 작고 특징 없는 사업을 하는 게 보통이고, 그러면서도 특히 주식시장에 시세quotation가 형성된 매우 작은 기업을 말한다. 작지만 시세가 있는 이런 셸 기업에 자기 회사를 끼워 넣는 방식으로 셸 기업에 들어오는 기업가에게는 한 가지 중요한 계획이 있다. 그것은 실적을 입증하기에는 기간이 너무 짧거나 여타 다른 문제로 전통적인 방법으로는 주식시장 시세를 획득하기 어려운 자기 회사를 시세가 있는 셸 기업과 합침으로써 우회적으로 시세를 획득하는 것이다(일종의 우회상장이다). 이는 사실상 셸 기업을 인수해 셸 기업의 지위를 획득하는 것이다. 그리고 그렇게 시세를 획득하면 셸 기업의 이전 경영진은 신속히 빠져나가고, 셸 기업의 본래 사업은 새 회사의 주요 사업과는 관련성이 적기 때문에 매각되는 경우가 많다. 그러면 이 기업가는 그가 원했던 시세와 더불어 회사 이사회에 대한 실질적인 지배권까지 갖게 된다. 이후 주가는 많은 사업이 있을 것이라는 희망으로 급격히 상승하고, 회사는 고공 행진하는 주가를 활용해 추가로 몇 건의 인수합병을 진행한다. 그러면 더 많은 사업이 있을 것이란 기대로 주가는 다시 상승하고, 이런 과정은 계속 되풀이된다. 이는 셸 기업을 이용한 머니게임 중 가능한 최선의 경우에 해당한다. 개인투자자가 셸 주식으로 수익을 올릴 수 있는 방법은 새로 참여하는 기업가가 해당 셸 기업과 처음 거래를 할 당시나 그 직후에 해당 셸 주식을 보유하고 있거나, 그 주식의 초기 매각(사모나 공모) 과정에 참여하거나, 시장에서 그 주식을 매수하는 것이다.

셸 주식이 될 가능성이 많은 혹은 막 셸 주식이 된 기업을 찾는 방법으로 셸 주식을 전문으로 하는 〈페니 쉐어 가이드Penny Share Guide〉와 〈페니 쉐어 포커스Penny Share Focus〉 두 잡지를 추천한다(페니 쉐어penny share 혹은 페니 스톡penny stock은 매우 싼 주식을 뜻한다). 이 두 잡지는 모두 유용하며, 매달 대부분의 셸 주식 현황을 소개하고 있다. 또 이 두 잡지는 잠재적인 셸 주식들과 함께 페니 스톡이라고도 불리는 다른 매우 작은 기업들도 광범위하게 소개하고 있다. 이 두 잡지는 셸 분야의 최근 주요 동향을 파악하는 데 도움이 될 것이다. 또 다른 참고자료로는 〈플릿 스트리트 레터Fleet Street Letter〉가 있는데, 이 간행물은 '포트폴리오 C' 섹션에서 셸 주식을 자주 소개하고 있지만, 주로 중대형 기업에 초점을 맞추고 있다.

여러분의 증권사 직원도 몇 개의 흥미로운 셸 주식에 대해 알고 있을지 모른다. 따라서 그의 견해를 물어보는 것도 좋다. 그는 성심껏 여러분을 도와주려 할 것이다. 신문, 특히 일요판 신문들과 〈데일리 메일Daily Mail〉도 셸 주식을 자주 소개하고 있다. 〈데일리 메일〉의 금융 부편집장 마이클 월터스Michael Walters는 얼마 전 셸 주식 투자에 대해 소중한 조언을 하면서 그 위험도 함께 소개한 『페니 주식으로 부자 되는 법How to Make a Killing From Penny Shares』이란 책을 발간한 바 있다. 셸 주식 투자에 전념할 생각이 있다면, 이 책은 꼭 읽어야 한다.

인수에 적극적인 셸 기업이 초기 주주들에게 어떻게 매우 좋은 투자 대상이 될 수 있는지 이해하는 것이 중요하다. 부동산회사가 유행일 당시, 비상장증권시장Unlisted Securities Market(USM)에서 주당 50펜스에 시세가 형성된 시가총액 50만 파운드, 발행주식 100만 주의 한 부동산회사를 예로 들어보자. 이 회사, 요컨대 이 셸 기업의 순자산가치는 25만 파운드에 불과할 수 있고, 그러면 순자산가치의 100%인 25만 파운드의 가격 프리미엄은 기대감―셸 기업으로 이용될 수 있다는 기대감―이 반영된 것이다.

  이 셸 기업에 새로 참여한 기업가가 400만 주의 신주를 받는 대가로 셸 기업에 예컨대 가치가 200만 파운드인 자신의 부동산회사를 넘겼다고 해보자. 그러면 자산 225만 파운드, 발행주식 500만 주에 시세가 있는 새로운 부동산회사가 탄생한다. 따라서 온전히 산술적으로만 계산하면, 주가가 계속 50펜스에 머물 경우 시가총액은 250만 파운드가 된다(50펜스 × 500만 주). 그러나 200만 파운드 가치의 부동산회사가 추가되면서 나온 언론보도 등으로 인해 주가가 예컨대 100펜스(1파운드)로 상승했다면, 이 회사의 시가총액은 500만 파운드가 된다. 시세를 갖고 있던 처음의 셸 기업이 발행한 주식이 100만 주에 불과하고 그중 많은 부분을 회사의 미래를 믿는 사람과 그 지지자들이 단단히 움켜쥐고 있을 텐데도 이 정도밖에 안 뛴 것은 우리 '벼룩'으로서는 그리 많이 뛴 게 아니다. 시장에 유통되는 주식이 20~30만 주에 불과할 수 있고, 그러면 이 주식들은 신규 투자자들에게 신속하게 그리고 보다 높은 가격에 팔리는 게 보통이다. 셸 주식 투자에서 성공의 관건은 공급량은 상대적으로 제한적이고 수요는 그를 초월하는 것이다. 바로 이것이 매우 작은 기업이 최고의 셸 주식이 될 수 있는 이유다.

다시 위의 부동산회사의 예로 돌아가, 이 새로운 셸 기업이 순자산 250만 파운드를 투자해 기업인수를 단행한다고 해보자. 이 중 100만 파운드는 부동산 담보 거치식 대출 형태, 요컨대 부동산을 담보로 제공하고 나중에 지불하는 외상 형태로 하고, 나머지 150만 파운드는 거래 증권사를 통해 지인, 회사 관계인, 기관을 대상으로 한 사모발행 형식으로 150만 주의 보통주 신주를 발행해 충당한다고 해보자. 150만 주의 신주가 유통 물량에 추가되겠지만, 이 문제는 제한적이다. 왜냐하면 초기 단계에서는 이 150만 주 중 상당량이 장기투자로 그 주식을 보유할 지인과 회사 관계인들의 수중에 있을 것이기 때문이다.

이 모든 것이 종합된 결과는 주당순자산의 증가로 나타난다. 이 과정은 〈표 12-1〉과 같이 세 단계로 진행됐다.

3단계에서 순자산이 150만 파운드만 증가한 것으로 계산한 것은 획득된 총자산 250만 파운드에서 추후 지불해야 할 외상 인수금 100만 파운드를 차감했기 때문이다. 주당순자산이 25펜스에서 58펜스

〈표 12-1〉

	1단계	2단계	3단계
발행주식 수	100만 주	500만 주	650만 주
순자산	25만 파운드	225만 파운드	375만 파운드
주당순자산	25펜스	45펜스	58펜스

로 증가하는 과정에서 투자자들은 250만 파운드의 신규 인수가 매우 영리한 일이었으며 특히 멋진 새로운 개발계획이 승인되면 해당 자산은 그 가치가 훨씬 뛸 것이라는 기대감을 갖게 될 것이다.

부동산회사를 셸 주식의 첫 사례로 든 것은 이익보다는 순자산을 가지고 계산하는 것이 더 쉽기 때문이었다. 사실, 이익 상황은 셸 주식이 위와 같은 게임을 하는 데 훨씬 더 도움이 된다. 본질적으로 미래의 추정 이익은 실현될 수도, 안 될 수도 있는 희망사항이기 때문이다. 제조회사를 위와 유사한 사례로 택해 보면, 낮은 배수로 평가된 이익에 대해 주식(신주)은 높은 PER로 발행될 것이다. 최초의 셸 기업이 25만 파운드의 자산으로 연간 2만 5,000파운드의 현금을 창출한다고 해보자. 새로 참여한 기업가는 위 사례와 동일하게 400만 주의 신주를 받는 대가로 자기 회사를 이 셸 기업에 넘기기로 했다. 그런데 그의 회사가 200만 파운드의 자산을 가진 게 아니라, 연간 30만 파운드의 세전 이익을 내는 회사라고 해보자. 이 거래에 대한 기대와 기본사업의 미래에 대한 희망으로 이 경우도 50펜스였던 주가가 두 배로 상승해 1파운드(100펜스)가 되었다. 그런 후 다른 사업체를 위 사례와 동일한 250만 파운드에 매수했는데, 이 경우 이 사업체의 세전 이익은 연간 40만 파운드였다. 이 경우에도 매도자가 100만 파운드는 거치식 대출 형태(외상)로 하는 데 동의했고, 나머지 150만 파운드는 주당 1파운드의 보통주 신주 150만 주를 발행해 충당했다. 여기까지 진행된 3단계는 〈표 12-2〉와 같다.

(이익 금액이) 낮은 수준에 있는 회사들의 경우 세율이 다르고, 또

〈표 12-2〉

	1단계	2단계	3단계
발행주식 수	100만 주	500만 주	650만 주
연간 세전 이익	2만 5,000파운드	32만 5,000파운드	62만 5,000파운드
세전 주당순이익	2.5펜스	6.5펜스	9.6펜스

문제를 단순화하기 위해 세금은 무시했다. 여기서 나는 거치식 대출금(외상)의 이자비용을 고려해 매년 이익에서 10만 파운드를 공제했다. 3단계의 연 62만 5,000파운드의 세전 이익 수치는 2만 5,000파운드에 30만 파운드를 더하고 여기에 다시 40만 파운드를 더한 후 10만 파운드(이자)를 빼서 구한 것이다. 셀 기업과의 합병과 그 후 1차 인수의 결과 세전 기준 주당순이익이 2.5펜스에서 6.5펜스로, 최종적으로는 9.6펜스로 거의 4배 가까이 급등한 것을 쉽게 알 수 있다. 더욱이 동일 산업 내에서 추가 인수가 진행되면, 기업구조의 합리화, 어떤 경우에는 기업조직 재편으로 인한 기업구조의 극적인 개선이 있을 수 있다. 이처럼 새로운 기대감이 넘쳐나면 PER은 상승한다. 기대감은 높은 PER의 토대다.

인수에 매우 적극적인 기업은 '창조적 회계'를 통해 이익을 부풀릴 수도 있음을 유념해야 한다. 예를 들어 인수비용을 적게 계상해서 챙긴 자금을 미래 이익으로 변환시킬 수 있다. 또 다른 간단한 계책은 셀 기업이 인수하려는 회사에 좀 더 많은 금액을 지불하는 대신 거치식 대출을 무이자로 처리하는 것이다. 그러면 위 사례의 경우 원래 이자비용이었던 연간 10만 파운드가 세전 이익에 추가된다.

인수에 매우 적극적인 기업은 이런 식의 회계를 하는 경우가 많고, 따라서 그들의 이익이 겉보기와는 다른 경우가 많다는 점을 유념해야 한다. 연차보고서나 재무제표의 세세한 내용까지 읽는 사람은 많지 않다. 셸 주식에 투자하는 것은 과학보다는 예술에 가깝다. 어떤 기업이 셸 주식인지, 아니면 시세가 있는 그저 작은 기업에 불과한지를 판단하는 것은 거의 전적으로 견해의 문제다. 누구든 자기 사업을 셸 기업에 합치는 거래를 하는 사람은 늘 이사회 지배권을 확보하고, 그 기본 동기는 우회시세(우회상장)를 확보하기 위한 것이다. 이게 핵심이다. 어떤 경우에는 셸 기업의 본래 사업이 유지, 발전되기도 한다. 그러나 셸 기업에서 가치 있는 자산을 찾는 것은 새로 참여한 기업가에게는 일종의 보너스가 될 수는 있지만, 그것이 실제 그가 셸 기업에 뛰어드는 이유는 거의 되지 않는다.

셸shell에 대한 옥스퍼드사전의 정의 중 하나는 다음과 같다.

'주식시장에서 가진 지위 때문에 인수 대상이 되는 그다지 중요하지 않은 기업'

'겉치레, 단순한 유사성outward show, mere semblance' 같은 표현이 더 관련 있을 것이다. 요컨대 외양(주식시장에서 시세를 가졌다는 지위)뿐인, 그러나 그 외양 때문에 이용가치(따라서 투자가치)가 있는 기업을 말한다.

최근 20년 동안 셸 주식이 보여준 매력과 위험을 더 잘 이해하기 위해 유명한 사례 4가지를 통해 이들이 시장에서 어떤 길을 갔는지 살펴보자.(〈그림 12-1〉, 〈그림 12-2〉, 〈그림 12-3〉, 〈그림 12-4〉)

〈그림 12-1〉 핸슨 주가 (1964~1991년)

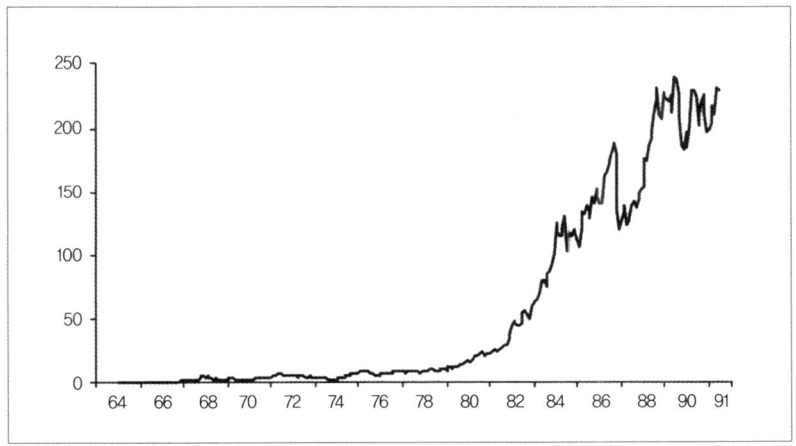

출처 : Datastream

〈그림 12-2〉 윌리엄스 홀딩스 주가 (1978~1992년)

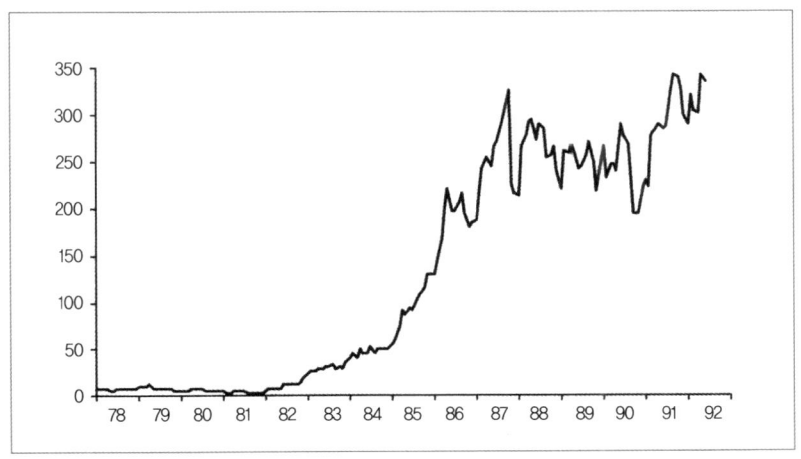

출처 : Datastream

〈그림 12-3〉 폴리 펙 인터내셔널 주가 (1980~1991년, 1990년 9월 20일 거래 중지)

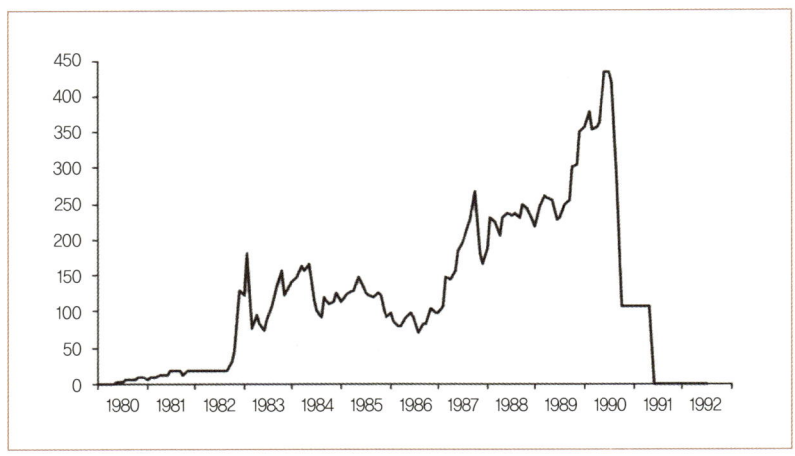

출처 : Datastream

〈그림 12-4〉 파크필드 주가 (1981~1991년)

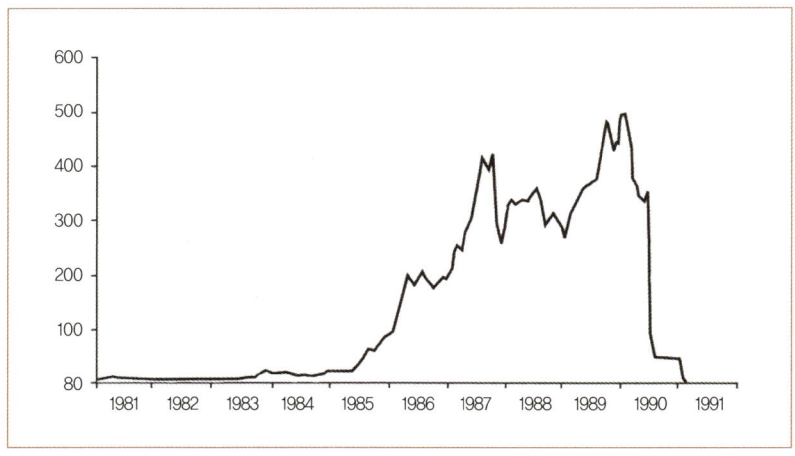

출처 : Datastream

투자자들은 발전 단계에 따라 다음 네 단계에서 셸 주식에 투자할 수 있다.

1. 인수합병을 기다리지만, 가시적인 것은 전혀 없는 단계
2. 인수합병에 대한 소문이 돌고, 투기가 시작되는 단계
3. 인수합병이 발표되고, 회사 주식이 시장에서 다시 거래되는 단계
4. 신규 경영진이 수개월, 심지어는 그 이상 경영을 한 시점으로 그들의 행보를 보여주기 시작하는 단계

처음 두 단계는 대부분의 투자자들에게 너무 모호하고 위험한 단계다. 이때 투자하면 의도와는 반대로 곧 파산할 진짜 문제 있는 회사에 투자하게 될 가능성이 높다. 그렇지 않더라도 새 경영진이 취임해 지배권을 장악할 때까지 아주 오래 기다려야 할지도 모른다. 따라서 그 회사가 셸 기업으로 이용되고 있다는 것을 확실히 알고 투자하기 위해서는 마지막 두 단계에 집중할 것을 권한다. 이때쯤이면 여러분은 새로 들어오는 기업가의 이름과 그 배경은 물론이고, 그의 목적과 회사의 펀더멘털에 대해 확실히 알 수 있을 것이다. 요컨대 많은 불확실성이 제거된 후일 것이다.

새 회사가 셸 기업에 성공적으로 안착하면, 그 후 그 기업의 주식은 보통 약 6주 동안 거래가 정지된다. 이 기간 동안 인수합병 거래의 자세한 내용을 소개한 사업설명서가 준비되고, 이 사업설명서에는 현금을 조달하기 위한 신주 발행 계획이 포함되는 경우도 많다.

그 후 이 셸 주식이 다시 시장에서 거래되면, 회사의 펀더멘털은 무시되는 경향이 있고, 개장 시초가는 거래정지 전 가격과 연관되는 게 보통이다. 예를 들어 기본 가치가 5펜스인 한 기업의 주식이 8펜스에서 거래가 정지되었다면, 그 주식이 "10펜스 정도는 돼 보인다"는 말을 듣는 것도 그리 이상한 일은 아니다. 셸 주식의 경우, 자산과 주당순이익 같은 펀더멘털은 그다지 중요한 요인으로 취급되지 않는 경우가 많다. 펀더멘털보다는 회사를 책임진 새 경영자, 그의 실적, 그의 지원 세력 그리고 인수, 사업합리화, 이따금 성사시킬 훌륭한 거래 등으로 그가 성취할 것들에 훨씬 더 많은 관심이 집중된다.

기업가가 셸 주식으로 들어가는 또 다른 방법은 단순히 셸 기업의 초빙에 응하는 경우다. 이사회에 대한 실질적인 지배권을 가진 한 대주주가 유명 인사를 최고경영자로 초빙할 때가 있다. 그리고 그가 최고경영자로 취임한 직후에는 그가 충분한 지분을 획득할 수 있도록 유상증자를 하는 경우가 많고, 스톡옵션으로 그에게 보상과 인센티브를 주기도 한다.

셸 기업의 지배권을 획득하는 서로 다른 여러 방법에 대해서는 최근에 있었던 세 건의 셸 주식 게임을 통해 확인해 보자.

1. 클라크 푸드

미국 사업가 헨리 클라크Henry Clarke는 가족과 함께 작은 투자회사 옐버튼 인베스트먼트Yelverton Investments의 실질적인 지배권을 획득한 후, 이 회사를 현금 보유 셸 기업으로 전환시켰다. 그리고 1991년 그는 힐스다운 홀딩스Hillsdown Holdings의 아이스크림사업과 얼라이드 라이언스Allied Lyons의 아이스크림 브랜드 라이언스 메이드Lyons Maid를 인수했다. 이 아이스크림사업에서 이익이 발생하려면 좀 더 기다려야 했지만, 클라크 푸드Clarke Foods는 하루아침에 영국의 대표적인 고급 아이스크림 제조 및 판매사가 되었다. 아이스크림사업에 뛰어들기 전 클라크의 셸 기업 주가는 39펜스였지만, 1992년에는 주가가 약 150펜스까지 상승했다.

2. 매독스 그룹

1992년 2월 휴고 비어만Hugo Biermann과 줄리안 애스킨Julian Askin은 패스파인더스Pathfinders에 안착해 현금과 주식을 받고 이 회사에 전화선 회사 두 곳을 넘겼다. 이 과정에서 이들은 패스파인더스의 지분 26%를 획득하고 회사 이름을 매독스 그룹Maddox Group으로 바꿨다. 이전에 이들은 톰슨 T-라인Thomson T-line을 90만 파운드짜리 회사에서 1억 8,000만 파운드짜리 회사로 전환시켜 이를 래드브로크Ladbroke에 매각한 바 있었다. 패스파인더스/매독스의 주가는 (시장이 또 다른 거래를 기다리던 1992년 6월엔 8펜스까지 하락하긴 했지만) 인수합병 발표 후 12.5펜스까지 상승했다.

3. 와피데일

1991년 12월 와피데일Wharfedale은 16년 동안 인터내셔널 톰슨 그룹International Thomson Group CEO로 재직하면서 거의 제로에 가까웠던 회사의 연간 영업이익을 5억 달러 이상으로 증가시킨 고든 브런튼 경Sir Gordon Brunton을 최고경영자로 한 새 경영진이 취임한다고 발표했다. 새 경영진에는 피터 토트Pieter Totte와 케이블&와이어리스Cable & Wireless의 대표였던 고든 오웬Gordon Owen도 포함되었다.

동시에 와피데일은 회사의 과도한 부채 일부를 상환하기 위해 주당 12.5펜스에 총 225만 파운드의 신주를 발행하겠다고 했다. 1992년 3월의 정기주주총회에서 경영진은 사업구조 개편 계획을 소개하고 비용 절감 및 합리화 진행 상황을 자세히 밝혔다. 그러자 주가는 24펜스까지 상승했다. 그러나 1992년 6월에 와서 주가는 추가적인 사업 진행 소식을 기다리는 동안 다시 16펜스로 하락했다.

여러분도 알겠지만, 이 세 회사의 주가에는 미래에 대한 기대가 반영되었다. 반면 사업구조가 단순한 회사의 신주 발행가격은 이익 증가율, 현재의 주당순이익, 예상 이익, PER, 자산 상황, 배당수익률, 유동성 같은 펀더멘털에 의해서만 결정될 것이다. 여러분은 셸 주식의 가치를 평가하고 포트폴리오에 추가할 적절한 셸 주식을 고르는 데 필요한 지침을 제공하는 것이 '거의' 불가능함을 쉽게 이해했을 것이다. 내가 '거의'라고 말한 것은 그래도 다음 정도의 지침은 제시할 수 있다고 생각하기 때문이다.

1. 첫 번째 지침이자 두 번째, 세 번째 지침이라고 해도 될 정도로 중요한 지침은 새로 들어오는 경영진에 관한 것이다. 우선 새 경영

진의 수준이 높아야 하고, 둘째, 경량급 회사에 중량급 이사들이 참여해야 하며, 셋째, 미래에 대한 희망이 생길 정도로 그들의 과거 성과가 좋아야 한다. 새로운 경영진을 소개하는 자세한 내용이 사업설명서에 포함되어야 하고, 유명 인물이 참여했다면 많은 언론 보도와 업계의 논평이 있을 것이다.

새 CEO가 과거 자신의 회사를 직접 경영한 적은 없지만, 그 대신 오랫동안 유명한 회사에서 일했을 수도 있다. 훌륭한 회사 출신의 경영진은 가장 좋은 길조 중 하나다.

그레그 허칭스가 F.H. 톰킨스에 합류하기 전에는 핸슨 트러스트Hanson Trust의 영국사업 개발 본부장으로 있었다. 그가 처음 톰킨스의 CEO가 되었을 때 회사 주가는 12펜스, 시가총액은 600만 파운드였다. 그러던 회사가 1992년 6월 현재, 주가는 500펜스에 육박했고 시가총액은 14억 파운드가 되었다. 그동안 있었던 유상증자와 무상증자를 고려해도, 톰킨스 주주들은 지금까지 엄청난 자본차익을 올렸으며, 그레그는 지금도 여전히 좋은 성과를 올리고 있다.

버나드 테일러는 메데바에 합류하기 전 글락소의 CEO였다. 그가 메데바에 합류할 때 80펜스이던 주가는 그 후 3년도 안 된 1992년 6월에 220펜스가 되어 상승률은 175%에 달했다. 핸슨과 글락소는 분명 최고의 회사들이지만 확률이 매우 좋다고 말할 수 있는 다른 유사한 회사들도 있다.

셸 기업에 최고의 경영진이 들어오는 게 바람직하다는 것을 이렇게 장황하게 설명하는 이유는 그 기준이 다른 모든 기준보다 훨씬 중요하기 때문이다. 새로 참여하는 기업가가 모든 면에서 최고 수준이면, 나머지 기준들은 너무 중시할 필요는 없다.

2. 위 1번과 관련된 중요한 지침으로, 새 경영진이 회사 지분을 충분히 매수하는지 확인해야 한다. 거의 모든 경우 새 경영진이 충분한 회사 지분을 매수하게 되지만, 그래도 이사진의 회사 주식 매매 동향은 계속 주시해야 하며, 이들이 상당량을 매도하면 그들이 어떤 이유를 갖다 붙이든 거의 무시하고 여러분도 똑같이 매도하라는 분명한 신호로 여겨야 한다.

3. 셸 주식의 미래는 많은 부분 유상증자에 달려 있기 때문에 그 회사의 거래 증권사, 증권 인수 및 발행 은행 merchant bank, 기관투자자들의 능력도 상당히 고려해야 한다. 최고의 새 경영진이라면 보통 이들로부터 충분한 지원을 받을 것이다.

4. 다른 기준들을 적용한다고 할 때, 셸 기업에 합쳐지는 회사가 부동산회사가 아니라면 그 회사의 이익과 주당순이익이 증가하고 있어야 한다. 새 CEO가 상대적으로 알려지지 않은 인물이라면, 그가 경영해 온 회사의 실적만이 그의 과거 성과를 판단할 수 있는 유일한 수단인 경우가 많다.

5. 합병 후, 셸 기업이 적절한 시작 기반을 구축하기에 충분한 주당 순이익을 갖게 되는지 확인해야 한다. 셸 기업의 경우에는 PEG를 사용해 우리가 지불하는 가격이 적절한지 평가할 수 없다. 셸 기업에 대해서는 광범위한 시각을 가져야겠지만, 진입가격으로 '희망'에 너무 많이 지불하는 일은 없도록 해야 한다.

　우리가 걱정해야 할 것은 실제 가치를 초월하는 프리미엄의 비율이 아니라 절대금액이다. 이는 작은 셸 주식에 유리한 또 다른 근거가 된다. 예를 들어 한 셸 기업의 세후 이익이 20만 파운드고 이런 종류의 회사에 적용되는 PER이 보통 15라고 하면, 이 회사의 시가총액은 300만 파운드가 될 것이다. 그러나 정말 좋은 새 CEO가 취임할 것이라는 희망이 있으면, PER은 25까지 높아져 시가총액이 500만 파운드가 될 수 있다. 이때 (희망 때문에) 추가된 200만 파운드의 프리미엄은 비율로는 66.7%지만, 여러분이 초점을 맞춰야 할 것은 그 비율이 아니라 가치로 메워야 할 '기대가 만들어 낸 차액hot air gap' 200만 파운드다. 이 경우에 높은 PER과 좋은 지지 세력을 갖추고 있으면 200만 파운드 정도의 차액은 새로운 가치를 창출해 메우는 게 그리 어렵지 않다. 그러나 시가총액이 5,000만 파운드고 실제 가치는 3,000만 파운드라고 하면, 프리미엄 비율은 66.7%로 위 회사와 동일하지만 기대가 만들어 낸 차익 2,000만 파운드를 새로운 가치를 창출해 메우는 일은 새 경영진에게 훨씬 부담스러운 과제가 된다. 새 경영진이 훨씬 많아진 시장 유통 주식에 대해서도 신경 써야 하기 때문에 특히 그렇다.

6. 위의 비교를 통해 시가총액은 100만 파운드인데 기본사업의 가치는 50만 파운드인 작은 셸 기업이 보석이 될 수 있다는 점을 잘 이해했을 것이다. 프리미엄 비율로는 100%지만 기대가 만들어 낸 차액은 50만 파운드에 불과하기 때문이다. 이 때문에 나는 작은 기업을 매우 좋아한다. 특히 처음 시가총액이 1,000파운드 미만인 셸 기업을 좋아한다. 적으면 적을수록 좋다. 우리의 벼룩을 기억하자.

이와 관련해 와솔Wassall(영국의 병마개, 조명기기 제조사)의 역사를 살펴보는 것도 매우 유익할 것이다. 핸슨의 핵심 임원이었던 크리스토퍼 밀러Christopher Miller와 필립 터너Philip Turner는 사업관계자였던 투자금융사 딜론 리드Dillon Read 출신의 데이비드 로퍼David Roper와 함께 와솔 이사회에 합류했다. 그 직후 유상증자가 있었고, 증자 물량 중 20%를 매수한 핸슨과 더불어 많은 기관이 증자에 참여했으며, 이들 세 명의 새 경영진도 각각 100만 파운드씩 지분을 매입했다. 유상증자 가격은 주당 125펜스였으며, 이 유상증자를 통해 와솔의 시가총액은 1,800만 파운드를 넘어섰다.

이때까지만 해도 와솔은 성공적인 셸 주식의 요건을 대부분 충족하고 있었다. 특히 탁월한 실적을 낸 바 있고 훌륭한 지원 세력을 갖춘 세 명의 매우 유능한 기업가가 있었다. 주가는 고공행진을 했고, 몇 건의 인수가 있었으며, 그 후 대부분의 피인수사업들은 회사에 맞게 매우 성공적으로 재조정되고 합리화되었다. 1992년 6월 현재 180펜스의 주가(2 대 1 무상증자 후의 가격이다)는 이익으로 잘 뒷받침되고 있으며, 1988년 9월의 유상증자 가격 125펜스와도 비교된다. 단 4년 만에 주가가 116%[(180 + 90 - 125) ÷ 125)] 상승한 것인데, 전통산업에 종사하는 기업으로는 매우 좋은 수익률이지만 성공적인 셸 기업으로는 그저 그런 수준이다. 와솔에 합류한 훌륭한 (따라서 미래에도 좋은 성과를 낼 것으로 믿어지는) 세 경영진은 처음 한 발짝만 제외하고는 잘못된 행보를 하지 않았다. 그 처음 한 발짝이란 것은 셸 기업치고는 너무 큰 그리고 가격도 너무 무거운 기업으로 시작했다는 것이다. 내 조언을 받아들여 큰 셸 기업은 피하길 바란다. 벼룩에 집중해야 한다. 코끼리는 빨리 달리지 않기 때문이다.

7. 나는 저가 주식을 매우 선호한다. 셸 기업은 주가가 1파운드 이상으로 상승하면 셸 기업 성격을 잃는 경우가 많다. 물론 우리 모두는 주가가 정말 문제가 되는 것은 아니며, 25펜스라는 낮은 가격의 주식 네 주를 소유하는 것과 1파운드 주식 한 주를 소유하는 것이 다르지 않다는 것을 알고 있다. 그럼에도 불구하고 주가가 '좀 더 무거워져서' 1파운드를 넘으면, 언론과 증권사가 그 회사를 진지하게 보고 본격적으로 펀더멘털을 분석할 가능성이 더 커진다. 셸 기업은 미래의 희망과 약간의 신비를 먹고 번성하는 기업이다. 셸 주식은 어떤 목적지에 도착하는 것이 아니라 여행하는 데 그 의미가 있는 주식이기 때문에, 투자 관점에서 볼 때 목적지 도착은 가능한 늦춰져야 한다. 내가 가장 좋아하는 셸 주식의 가격은

5펜스에서 10펜스 사이다. 그 다음 좋아하는 가격은 15펜스 미만, 그 다음은 20펜스 그리고 그 다음은 25펜스 미만이다. 더 작고 더 벼룩 같을수록 더 좋다.

가격이 너무 낮은 셸 주식에는 시장 호가 문제가 있다. 내가 5펜스 미만 주식에는 잘 들어가지 않은 이유 중 하나가 바로 이 문제 때문이다. 예컨대 3펜스짜리 주식은 2.75펜스에서 3.25펜스까지 호가가 매겨질 수 있는데, 이는 시장조성자에게 0.5펜스, 비율로는 16.7%에 해당하는 큰 매매가격 차turn를 제공한다. 이런 문제에도 불구하고 나는 셸 주식의 경우 저가 주식을 선호한다. 8펜스짜리 주식은 몇 시간 만에 10펜스, 그 다음날에는 12펜스까지 쉽게 상승할 수 있다. 12펜스까지 상승했다면, 상승률로는 50%에 달한다. 80펜스짜리 주식 중 이틀 만에 120펜스로 상승하는 주식은 극소수고, 8파운드짜리 주식의 경우 이틀은커녕 6개월이 걸려도 12파운드까지 상승하기 매우 어렵다. 셸 주식의 경우, 5펜스에서 50펜스 사이의 가격이면 어느 가격이든 매우 매력적이다. 첫 번째 주요 심리적 장애선인 1파운드까지 아직도 상당한 간격이 남아 있기 때문이다. 때로는 진실의 순간이 더 지연될 수도 있다. 심지어는 2파운드에서 3파운드라는 훨씬 더 높은 가격의 주식도 그런 경우가 있다. 그러나 주가가 무거워질수록 그 주식은 셸 주식의 본질적인 성격 중 하나를 잃기 시작한다. 예컨대 셸 기업의 주가가 3파운드가 되면, 누군가 이 기업은 중요한 기업이고 따라서 그 가치를 제대로 평가해야 한다고 결심하게 되는, 그런 중대한 위험에 처하게 되는 것이다.

8. 정규 주식시장이나 비상장증권시장(USM)에서 거래되지 않는 주식은 피해야 한다. 장외시세 주식과 흥정으로 거래되는 주식은 우리의 목적에 충분히 부합하지 않는다. 기관들은 이런 주식을 페스트라도 되는 듯 기피하며, 따라서 우리가 이런 주식을 급하게 매도 혹은 매수하기란 거의 불가능하다.

9. 셸 주식 투자를 위한 나의 마지막 기준은 그 회사의 유동성이다. 분명 셸 기업은 대표기업들보다 훨씬 위험한 투자 대상이다. 이들은 불경기에는 차입에 더 큰 어려움을 겪고 따라서 자금이 소진될 가능성이 더 높다. 여러분이 고른 셸 기업이 적어도 순현금잔액 혹은 통제할 수 있는 수준의 차입금을 가지고 셸 주식 게임을 시작하는지 확인해야 한다.

셸 주식 투자에 존재하는 높은 리스크는 적절한 포트폴리오 운용으로 줄일 수 있다. '5펜스는 전혀 부담 없는 돈이다. 잃어도 5펜스에 불과하다'는 식의 말에 속아서는 안 된다. 어떤 투자 대상에 5펜스를 투자했다가 5펜스를 잃었다면, 여러분은 그 투자에서 투자금 전액을 잃은 것이다. 이런 일은 매우 쉽게 벌어지며, 보다 확실히 자리 잡은 기업보다 셸 기업에서 더 자주 벌어지는 일이다.

셸 포트폴리오 운용의 첫 번째 규칙은 최소한 10개 이상의 셸 기업으로, 이왕이면 같은 금액 비중으로, 포트폴리오를 구성하는 것이다. 원하면 좀 더 많은 기업을 포함시킬 수 있지만, 10개 미만은 절대 안 된다.

두 번째 규칙은 주가가 최초 투자원금에서 40% 하락하면 손절매하는 것이다. 손실 허용한도가 매우 높은 것으로 느껴지겠지만, 이는 시장조성자의 매매가격 차가 10~15%이고 셸 주식이 매우 협소한 시장에서 거래되는 변동성이 큰 주식임을 감안한 것이다. 여러분은 신중하게 고른 투자를 사소하고 일시적인 문제 때문에 포기하길 원하지는 않을 것이다. 그러나 손실이 40%가 되었을 때는 무조건 손절매해야 한다. 주가가 이 정도 하락했다면, 신임 대표가 식물인간이 되었거나 다른 회사로 이직했을 수도, 혹은 회사에 다른 중요한 문제가 생겼을 수도 있는 것이다. 당연히 스토리가 나쁜 쪽으로 바뀌었다는 것을 확실히 알았을 경우에는 항상 즉시 매도해야 한다.

세 번째이자 가장 어려운 규칙은 수익을 굴리는 것이다. 얼마나 오랫동안 수익을 굴릴지 결정하기 전에, 10개의 기업으로 구성된 가상의 셸 포트폴리오의 1년 실적을 살펴보자.(〈표 12-3〉)

보통의 경우 나는 신중히 고른 10개의 주식 중에서 세 개는 큰 수익을, 네 개는 약간의 수익을 그리고 나머지 세 개는 손실을 예상한다. 그러나 위 가상의 포트폴리오에서는 보수적으로 5개 주식이 손실을 기록했고 그중 하나는 예상보다 많은 손실을 안겼다고 가정했다. 이익의 경우에는 5개 주식이 이익을 기록했으며, 그중 세 주식이 평균 250%의 이익을 기록했다고 가정했다. 그런데 이렇게 큰 수익

⟨표 12-3⟩ 가상의 10개의 기업으로 구성된 셀 포트폴리오의 1년 실적

회사	최초 투자원금 (파운드)	손실 (%)	이익 (%)	최종 가격 (파운드)
A	1,000	40	–	600
B	1,000	–	60	1,600
C	1,000	–	30	1,300
D	1,000	40	–	600
E	1,000	–	250	3,500
F	1,000	40	–	600
G	1,000	–	150	2,500
H	1,000	60	–	400
I	1,000	–	350	4,500
J	1,000	100	–	–
	10,000			15,600

회사 H의 경우, 주가가 갑자기 급락하는 바람에 40% 이상의 손실에도 우리는 손절매하지 못했다. 회사 J는 거래정지되었고, 뒤이어 파산했다. 따라서 이 경우 우리는 투자원금 전액을 잃었다. 이 포트폴리오의 진정한 승자는 회사 E, G, I, 특히 I이다.

이 가능했던 것은 우리가 수익을 굴렸기 때문이었다. 손실 대부분은 통제 가능했는데, 그것은 손실이 더 심각해지기 전에 손절매했기 때문이다.

위 가상의 포트폴리오에서 우리의 평균 이익은 56%로 매우 훌륭했다. 5개의 손실에서 투자원금 전액을 잃는다 해도 평균 이익은 여전히 만족할 만한 34%가 된다. 이런 평균 이상의 수익률을 올릴 수 있었던 것은 수익을 굴리는 원칙 때문이었다. 그것 말고는 다른 이유가 없다. 다시 회복할 것이란 희망 속에 손실을 기록 중인 주식을

계속 붙들고 있고, 이익을 내고 있는 주식은 하락할까 두려워 서둘러 이익을 실현하는 훨씬 더 일반적인 전략을 따랐을 경우 기록했을 끔찍한 실적을 상상해 보라. 아마도 우리는 거의 분명 돈을 잃었을 것이다.

이익 실현 시점을 알려주는 간단한 지침은 없다. 나로서는 이미 충분한 수익을 냈고 역대 최고점을 기록한 때에도 계속 그 주식들을 붙들고 수익을 굴리는 경우가 많지만, 이렇게 하기란 심리적으로 매우 어렵다는 걸 여러분도 잘 알 것이다. 따라서 여러분을 위한 나의 간단한 제안은, 스토리가 변한 게 없다면 1년은 수익을 굴리라는 것이다. 가장 중요하게 고려할 사항은 여러분의 작은 벼룩이 가능한 높이 뛰게 하는 것이다. 여러분의 벼룩이 얼마나 잘 뛸 수 있는지 보여주도록 1년 정도는 시간을 주는 게 좋다. 그러면 여러분에게 아주 놀라운 행복을 선사하는 경우도 있을 것이다.

1년이 되면 펀더멘털을 확인하고 각 주식의 진정한 가치가 얼마인지를 평가해야 한다. 해당 주식들에 대해 언론, 증권사, 투자전문지들은 어떤 말을 하고 있는가? 1년이 지났어도 여러분은 여전히 그 주식을 사겠는가? 예상 이익, PER, 자산 상황은? 유통 물량이 많은가? 이사 중 누군가 회사 주식을 매도하고 있지는 않은가? 이 모두 스스로에게 물어야 할 질문이다. 1년 동안 그 주식이 성공적인 투자였다면, 그 주식은 거의 분명 더 이상 셸 주식이 아닐 것이기 때문에 이제는 다른 일반 주식처럼 엄격히 그 실적에 따라 그리고 동일 업종의 다른 주식들과 비교해 평가해야 한다.

이익은 굴리고 손실은 자를 때(손절매)에는 추가적인 이점, 요컨대 세금을 최소화할 수 있다는 이점도 있음을 염두에 두어야 한다. 어떤 면에서 이는 이익을 실현했을 경우 납부해야 할 세금을 정부가 무이자로 이연시켜 주고 있는 셈이 된다. 이는, 특히 셸 주식의 경우에는 고려해야 할 요인이다. 그러나 이런 세금에 대한 고려가 주식을 매도해야 한다는 강한 판단에 우선해서는 절대 안 된다.

이익을 실현해야 할지 말지 확신이 서지 않을 때는 많은 수익을 낸 주식을 대상으로 보유량의 반을 매도할 수 있다. 내가 반은 맞고 반은 틀리는 것을 좋아하는 사람은 아니지만, 그렇게 해야 나머지 반의 이익을 굴릴 용기를 갖기가 더 쉬운 사람도 있다. 아무튼 이들이 그렇게 걱정하는 게 무엇이겠는가? 매우 큰 수익을 실현하느냐 마느냐는 매우 행복한 고민이다. 따라서 매우 큰 수익 중 그 반을 실현하는 일에 너무 고민할 필요는 없다. '벼룩'에 투자하는 일은 재미있어야 한다.

13장
자산 상황과 가치투자
― 주식 유형별 매매 전략 ③ ―

자산 상황 주식에 집중하는 투자자들은 (회사의) 단기 이익에는 큰 관심을 보이지 않는다. 해당 기업이 보유한 자산이 적절하면, 결국에는 그 자산에서 이익이 발생할 것이라고 보기 때문이다. 현 경영진이 이익을 내는 데 실패한다 해도, 새 경영진이나 기업사냥꾼이 회사를 장악해 그 자산을 이용해 이익을 낼 수 있다고 믿는 것이다.

그러나 한 기업의 실제 자산가치를 판단하는 것은 쉬운 일이 아니다. 특히 최근 들어 더욱 그렇다. 한때는 주요 부동산 같은 실물 자산이 실제 가치보다 장부에 낮게 계상된 것을 볼 수 있었다. 그런데 극심한 불경기에는 그 반대의 경우가 자주 발생한다. 예를 들어 1992년 6월 스페이호크는 2억 500만 파운드에 달하는 회사 자산을 상각했다고 발표했다. 1991년 고점 당시 140펜스를 기록했던 주가는 이 발표가 있은 후에 2.5펜스까지 하락했다. 그런데 이런 주가 붕괴 전에도 스페이호크 주식은 이미 직전 분기보고서어 발표했던 순자산 가치에서 87% 할인된 가격에 거래되고 있었다. 트자자들은 그 직전 분기보고서도 신뢰할 수 없다는 것을 알고 있었던 게 분명하다.

 어떻게 이런 식의 과대평가가 가능했던 것일까? 거기에는 여러 방법이 있다. 개별 부동산 가치를 비교 대상인 다른 건물 주인들이 받는 임대료에 근거해 평가했을 수도 있다. 그런데 어떤 경우에는 2년 임대료 면제 혜택이나 사무실 인테리어 비용 제공 같은 상당한 인센티브가 임차인에게 제공됐을 수도 있다. 게다가 그해 부동산 가치가 크게 하락했기 때문에 높은 부채비율이 가진 약점이 보다 분명히 드러나고 있었다.

 가치평가가 어려운 또 다른 자산은 공장과 기계류다. 해당 기업이 그 자산으로 계속 사업을 한다고 하면 실질적인 가치평가가 가능하지만, 공장이 문을 닫고 기계류를 매각해야 할 경우 그 매각 수입은, 특히 사업 환경이 어려울 때는, 미미할 수 있다. 바로 이 때문에 워런 버핏조차도 최초 인수자산 중 하나인 뉴 베드포드New Bedford 섬유공장 문을 닫기로 했을 때 여러 문제를 겪었다. 뉴 베드포드 경영진은 장부가가 86만 6,000달러인 기계류 매각 수입이 나쁘지 않을 것으로 기대했다. 그러나 이들은 곧 충격을 받을 수밖에 없었는데, 공개 경매에서 결정된 실제 매각 수입은 16만 3,000달러에 불과했기 때문이었다.

브랜드도 불가능하지는 않지만 가치를 평가하기 어려운 자산이다. 어떤 회사는 브랜드 가치를 장부에 전혀 계상하지 않기도 하고, 또 어떤 회사는 브랜드 가치로 수억 파운드를 계상하기도 한다. 대부분의 회사들은 브랜드 가치를 장부에 계상하지 않는다. 브랜드 가치를 장부에 계상하는 소수의 회사들은 그럴 만한 구체적인 이유가 있는 것이 보통이다. 예를 들어 RHM(영국 식품회사)은 적대적 인수합병 위협에 대처하고자 브랜드 가치를 장부에 계상했다.

기업 인수 시 영업권과 무형자산의 처리에 대해서는 첫 해에 준비금(이익잉여금)에서 상각할 것을 권한다. 이 어려운 항목들에 대한 회계지침은 곧 마련될 것이다. 그 동안 투자자 관점에서 유념해야 할 것은 분석 중인 회사 브랜드가 그 자체로 강력하며 미래에도 계속 그 회사의 독자적인 이익 원천이 된다는 것을 확신하는 것이다.

영업권은 또 다른 골치 아픈 문제인데, 관심 있는 회사의 순자산 가치를 계산할 때는 영업권 가치를 0으로 보고 계산하는 것이 좋다. 그러면 아무리 못해도 그 가치를 보수적으로 저평가한 정도에 그치게 되기 때문이다.

역대 및 특별 재가치평가historic and ad hoc re-valuations를 혼합한 현재의 가치보다는 현행 혹은 시장가치를 재무상태표에 계상하도록 하는 새로운 회계지침이 제안되었다. 이 새로운 회계 제안이 시행될 경우, 부동산 같은 고정자산의 가치는 시가 이상의 가치로 계상할 수 없다. 그러나 우리는 가치평가자가 시가를 여러 다른 방식으로 해석하고 있음을 이미 살펴본 바 있다.

자산 상황 주식에 투자할 때는 순자산이 현재 주가보다 적어도 50% 이상 높은 주식을 찾아야 한다. 순자산이 정확하게 계상되었는지 최선을 다해 확인해야 하지만, 이것이 쉬운 일이 아님을 유념해야 한다.

이 외에도 보호막 역할을 하는 기준으로서 만족시켜야 할 추가 기준들은 다음과 같다.

1. 총부채는 순자산의 50%를 넘어서는 안 된다.
2. 어느 정도라도 이익을 내고 있어야 한다. 자산 상황이 아무리 좋아도 상당한 손실을 내고 있는 회사에는 투자해선 안 된다.
3. 해당 기업의 기본 사업이 어느 정도 매력적이어야 하며, (일시적으로 어려움을 겪고 있더라도) 분명한 회복 가능성이 있어야 한다. 예를 들어 조선사는 피해야 한다.

추가적인 좋은 유인 기준은 경영진이 회사 주식을 매수하고 있는 것이다. 이 기준은 필수적이지는 않지만 훌륭한 참고기준은 된다.

기업사냥꾼들이 특별히 매력을 느끼는 회사는 몇 가지 이질적인 사업부문을 보유한 회사다. 이상적인 경우는 회사의 다른 이익 창출 부문의 활동을 거의 상쇄해 버릴 정도로 상당한 손실을 내고 있는 사업부문이 있는 경우다. 기업사냥꾼이라면 그 문제의 자회사를 거의 공짜로 넘겨주는 한이 있어도 손실 사업부문의 매수자를 찾는 데 그리 오랜 시간을 들이지 않을 것이다. 그리고 그 결과 회사의 수익성이 급격히 개선되기도 한다.

나는 자산 상황 주식에는 크게 매달리지 않으며, 대신 성장주, 셸 주식, 턴어라운드 주식에 집중하는 것을 선호한다. 슬레이터 워커 Slater Walker(저자가 설립한 투자회사) 시절, 나는 자산 상황 주식이 활성화되도록 할 수 있었지만, 지금은 다른 투자자와 마찬가지로 오래 지루하게 기다려야 한다. 반면 성장주와 턴어라운드주는 대개 훨씬 즉각적인 만족을 준다.

『현명한 투자자Intelligent Investor』를 쓴 미국의 벤저민 그레이엄과 내가 말하는 자산 상황 투자investing in asset situations를 혼동해서는 안된다. 그레이엄의 가장 유명한 투자공식은 '주가가 모든 사전 비용을 공제하고, 부동산, 공장, 기계 같은 회사의 고정자산, 브랜드, 영업권에는 어떤 가치도 부여하지 않고 계산한' 회사의 순유동자산의 2/3를 넘지 않는 주식을 매수하는 것이다. 요컨대 현금화할 수 있는 자산 외에는 모두 0으로 보고 그 현금화할 수 있는 자산마저도 할인된 가격에 매수하는 것이다. 그리고 그레이엄은 주가가 모든 사전 비용을 공제한 순유동자산 가치와 같아질 때 매도할 것을 권했다. 따라서 그의 공식이 효과를 발휘하면, 해당 투자의 수익률은 최소 50%가 된다. 그레이엄은 1946년에서 1976년까지 이 방법을 통해 연복리 19% 이상의 수익률을 기록했다.

많은 이들이 '가치투자'를 자산을 할인된 가격에 매수하는 것과 관련된 것으로만 보지만, 사실 가치투자는 그보다 광범위한 의미를 갖고 있으며, 그 본질적인 개념은 가격과 비교했을 때 상당한 안전마진을 가진 가치를 찾는 것이다.

그레이엄은 몇 가지 다른 투자법도 사용했지만, 어떤 형태로든 가치를 사는 것이 그의 기본 원칙이었다. 그의 다른 논의들을 살펴보기 전에 내가 소개한 여러 투자법도 가치투자의 한 형태임을 알아야 한다.

낮은 PER에, 따라서 낮은 PEG에 역동적인 성장주를 매수했다면, 이는 할인가에 성장 전망을 매수한 것이다. 이 경우 여러분은 전체 시장을 매수했을 때보다 나은 금전가치 value for money(지불한 가격 대비 획득한 가치)를 획득한 것이다. 이와 비슷하게 막 회복을 시작한 시점에 턴어라운드 주식을 매수하거나 경기가 상승하기 전에 경기주를 매수하면, 이는 그 회사가 발휘할 수 있는 전체 역량(요컨대 그 회사가 실현할 수 있는 가치)에서 상당히 할인된 가격에 그 회사를 매수한 것이다.

한 주식의 시장가격과 그 주식의 기본가치는 매우 다른 것이다. 가치는 항상 주관적이다. 요컨대 한 자산의 가치가 얼마인지에 대해서는 늘 많은 다른 해석이 가능하다. 미래 이익이 얼마가 될지도 상당한 견해의 문제다. 이 때문에 그레이엄은 현금으로 전환될 수 있는 그리고 논란의 여지없이 명백한 가치를 가진 순유동자산을 중심으로 한 그의 첫 번째 투자법에 집중했다. 그레이엄은 가격은 어떤 패턴이나 이유 없이, 어떤 경우에는 상당 기간 동안 실제 가치 주변에서 등락하겠지만, 결국에는 가치가 이긴다고 믿었다. 장기적으로 주가는 주당순이익, 배당금, 현금흐름, 순자산과 같이 움직인다는 것이다. 바로 이것이 그레이엄의 다른 투자법을 이해하는 데 필요한 가장 기본적인 관념이다.

그레이엄의 두 번째로 유명한 투자법은 이익수익률(PER의 역. 예를 들어 한 주식의 PER이 8이면 그 주식의 이익수익률은 1/8, 즉 12.5%가 된다)이 AAA등급 채권 수익률의 적어도 두 배 이상인 주식을 매수하는 것이다. AAA등급 채권의 수익률이 10%라면, 이익수익률이 적어도 20%는 되는 요컨대 PER이 5에 불과한 주식을 매수하라는 의미다. 더욱이 그레이엄은 해당 기업의 총부채가 순유형자산가치를 초과해서는 안 된다는 추가 안전기준을 사용했다. 과거 30년을 분석하면서 그레이엄은 이 방법으로 투자했을 경우에도 19%의 연복리 수익률을 기록했다는 결론을 내렸다. 이는 같은 기간 전체 시장이 기록한 수익률을 훨씬 앞서는 실적이었다.

그레이엄의 세 번째 투자법은 배당수익률이 AAA등급 채권 수익률의 2/3 이상인 주식을 매수하는 것이다. 여기서도 그레이엄은 해당 기업의 총부채가 순유형자산가치를 초과해서는 안 된다고 주장했다. 이 투자법을 적용했을 때 연복리 수익률은 앞의 두 방법과 거의 비슷한 18.5%였다.

그레이엄 투자법의 한 가지 중요한 특징은 이런 기준을 충족하기만 하면 어떤 주식이든 모두 매수했다는 것이다. 개인적인 호감이나 비호감은 고려되지 않았다. 그리고 이 세 투자법 모두에 있어서 그레이엄은 주가가 50% 올랐거나 매수한 지 2년이 지났으면 어떤 경우든 매도했다. 또 그는 배당금 지급이 중단되면, 그리고 이익 기반 주식의 경우 이익이 하락해 현재의 시장가가 가상의 매수가보다 50% 높아진 수준이 되면 그 주식을 매도했다.

그레이엄은 할인된 가격에 자산을 그리고 낮은 PER의 주식을 매수하는 것을 좋아한 매우 체계적이고 독창적인 사람이었다. 그런 후 그는 순유형자산 대비 부채 비율에 한도를 두는 안전기준으로 자신이 고른 자산에 보호막을 쳤다. 역동적 성장주를 매수하는 나의 투자법에서는 그레이엄보다 높은 PER에도 매수할 준비가 되어 있지만, 나는 이를 예상 이익 증가율과 연계시키고 낮은 PEG에서 가치를 찾는다. 그런 후 다른 여러 기준들로 훨씬 더 포괄적인 안전망을 세운다.

워런 버핏은 그레이엄의 제자라고 할 수 있지만 그레이엄의 투자법에 다소 수정을 가했다. 그레이엄이 영업권과 브랜드 같은 무형자산의 가치는 전혀 인정하지 않은 반면, 워런 버핏은 전체적으로 좋은 가치를 가진, 특히 매우 강력한 브랜드에 기초한 강력한 경쟁우위를 가진 주식을 찾았다. 본질적으로 워런 버핏이 매수해 보유할 성장주를 찾는 반면, 그레이엄은 50% 오르면 바로 매도할 즉각적이고 분명한 가치를 가진 주식을 찾았다. 워런 버핏은 몇 천 퍼센트의 수익을 위해서라면 10년 이상도 기다렸다.

벤저민 그레이엄의 가장 유명한 투자법(주가가 '모든 사전 비용을 제하고 다른 자산의 가치는 0으로 보고 계산한 순유동자산'의 2/3를 넘지 않는 주식에 투자하는 것)을 실행할 때 직면하는 어려움은 장기간에 걸쳐 그런 매우 높은 기준을 충족시키는 주식이, 혹 있다 해도, 사실상 거의 없다는 것이다. 오늘날 그레이엄이 살아 있다면, 여러분이 추구하는 금전가치를 확보할 수 있는 상황이 조성될 때까지 몇 년 동안은 시장을 떠나 있으라고 주장할지도 모른다. 그레이엄의 주장이 옳을 수도 있지만, 내 문제는 기다리는 게 너무 지겹다는 것이다.

14장
'코끼리'도 가끔은 달린다
― 주식 유형별 매매 전략 ② ―

대기업도 그보다 작은 소기업과 크게 다르지 않다. 물론 대기업 중에 셸 기업은 없지만, 성장주나 경기주, 턴어라운드주, 자산상황주는 존재한다. 대표주(블루칩, 대형주)에 투자해서 얻을 수 있는 이점은 당연히 더 안전하다는 것이다. 대형주는 입지가 보다 확실하고, 사회의 보다 큰 부분을 차지하며, 따라서 자금 부족이나 예기치 않은 재앙으로 무너질 가능성이 소형주보다 낮다. 더욱이 대기업 주식은 훨씬 더 활발하게 매매된다. 소형주는 거래량이 불과 1,000주 내외로 축소되면서 호가 차이가 크게 벌어지는 경우가 꽤 자주 발생한다. 그러나 대형주는 언제라도 이익을 실현하거나 손절매를 할 수 있다.

대표주의 단점은 늘 과도할 정도로 많은 분석이 가해지기 때문에 일반적으로 더 비싸다는 것이다. 아래 표는 1992년 6월호 〈에스티메이트 디렉토리〉에 수록된 MTL 인스트루먼트와 GEC의 현황을 발췌한 것이다. 대형주인 GEC의 경우 18개 증권사가 분석자료를 냈지만, 소형주인 MTL은 고작 2개 증권사만 분석자료를 냈다. GEC에 대한 분석이 많기 때문에 예상 합의치를 더 신뢰할 수는 있지만, 과도한 관심은 보다 나은 시장성이란 매력과 결합되어 블루칩의 PEG를 높이는 경향이 있다.

대표주의 또 다른 단점은, 코끼리는 가끔 달리는 경우가 있긴 하지만 빨리 달리지 않는다는 것이다. 대표주에 투자할 생각이 있다면 무리에서 막 벗어나려는 주식을 찾아야 한다. 당연히 어떻게 그런 주식을 찾을 수 있냐고 묻겠지만, 그 답은 의외로 간단하다. 요컨대 소형 기업에 적용하는 것과 정확히 같은 투자 원칙을 적용하면 된다. 다만 PEG의 경우, 0.66 이하 혹은 0.75로 한도를 조금 완화해도 그에 해당하는 대형주는 매우 드물 것이기 때문에 한도를 좀 더 높여야 한다. 투자공식을 단순화하기 위해 대형주의 경우 PEG 기준 한도를 1로 제안한다. 요컨대 대형주란 이유로 PEG 기준을 완화해도 예상 PER이 예상 이익 증가율보다 커서는 안 되는 것이다.

여러분도 알겠지만, 나는 시가총액 1억 파운드 미만의 성장주를 좋아한다. FT-A 500 지수 주식 대부분은 이 수치를 훨씬 넘어선다. 그러나 대표주에 대한 나의 투자법을 예시할 목적으로 여기서는 잠시 1992년 6월 기준 FTSE 100 지수를 중심으로 설명할 것이다. 뒤에

〈표 14-1〉

MTL 인스트루먼트 그룹 PLC

액면가 10펜스의 보통주

주가 : 356펜스
시가총액 : 6,300만 파운드

사업 분야 : 전자 방폭장치 및 위험한 작업 환경에서 수행되는 공정 측정과 제어에 사용되는 기기의 설계, 제조, 판매를 기본사업으로 하고 있다. 전기 및 과전압 보호 안전장비와 가스 분석장비도 제조하고 있다. 제품은 주로 영국에서 제조하며, 현지 유통을 위해 인도에서도 제조하고 있으며, 약 50개국에 판매되고 있다.

증권사	추천	예상일	1992년 예상 실적(12월 결산)			1993년 예상 실적(12월 결산)		
			세전 이익 (100만 파운드)	주당 순이익 (펜스)	주당 배당금 (펜스)	세전 이익 (100만 파운드)	주당 순이익 (펜스)	주당 배당금 (펜스)
BZW	매수	92.3.5.	5.1	18.5	3.85	5.7	20.6	4.30
Beeson Gregory	매수	92.5.28.	5.0	18.1	3.90	5.6	20.2	4.50
합의치			5.1	18.3	3.88	5.7	20.4	4.40
전년 대비 증감률(%)			+10	+10	+14	+12	+11	+14
합의치 기준 예상 PER 및 배당수익률				19.5	1.5%		17.5	1.6%

12월 종료되는 1991 회계연도 실적

세전 이익 : 460만 파운드	PER : 21.4	**상대 주가**
주당순이익 : 16.6펜스	배당수익률 : 1.2	1개월 +4%
세율 : 37%		3개월 +13%
주당순배당금 : 3.40펜스		12개월 +65%

주요 주주

I Hutcheon	10.37%
E Low	8.97%
L Towle	7.36%
T Barrett	6.96%
Hilary Menos	6.65%
J Burkitt	5.72%
C Burkitt	5.72%
C Oudar	5.70%

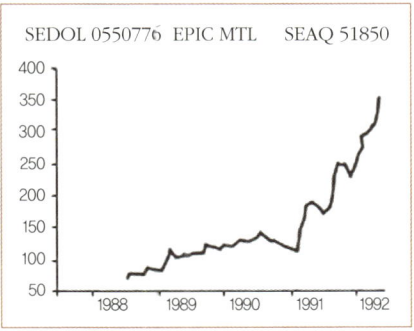

실적 발표

중간실적 발표	91.9.12.
최종실적 발표	92.3.5.
보고서/재무제표 발간	92.4.1.
정기주주총회	92.5.1.

⟨표 14-2⟩

제너럴 일렉트릭 PLC

액면가 5펜스의 보통주

주가 : 222펜스
시가총액 : 59억 9,300만 파운드

사업 분야 : 전자, 전기, 발전기기 및 시스템의 제조. 회사는 다음 11개 사업부로 나뉘어 있다. 전자시스템, 전력시스템, 통신, 소비재, 전자계량, 사무실 장비 및 프린터, 의료장비, 전자부품, 산업기기, 유통 및 무역, 기타 사업.

증권사	추천	예상일	1992년 예상 실적(3월 결산)			1993년 예상 실적(3월 결산)		
			세전 이익 (100만 파운드)	주당 순이익 (펜스)	주당 배당금 (펜스)	세전 이익 (100만 파운드)	주당 순이익 (펜스)	주당 배당금 (펜스)
BZW	매수	92.3.30.	820.0	18.4	9.40	860.0	19.7	10.06
Charles Stanley	BI	92.1.13.	840.0	18.8	9.50	900.0	20.0	10.00
Country NatWest	보유	92.4.24.	815.0	18.4	9.30	845.0	19.4	9.70
Credit Lyonnais Laing	매수	92.4.1.	820.0	18.7	9.60	870.0	19.8	10.20
Girozentrale Gilbert Elliot	매수	92.5.26.	830.0	19.0	9.50	865.0	19.7	10.00
Hoare Govett	UV	92.4.22.	810.0	18.3	9.25	835.0	19.0	9.25
James Capel	B3	92.4.27.	820.0	18.4	9.50	865.0	19.7	10.00
Kleinwort Benson	매수	92.3.24.	840.0	18.7	9.50	920.0	20.9	10.30
Lehman Brothers	3M	92.5.20.	835.0	19.1	9.25	917.0	21.0	9.90
Nikko	장기 매수	91.12.4.	840.0	19.1	9.30	900.0	20.5	9.80
Nomura	보유	92.5.28.	815.0	18.6	9.40	855.0	19.9	9.80
Panmure Gordon	보유/매수	92.6.3.	830.0	18.8	9.55	890.0	20.1	10.20
S.G.S.T. Securities	ADD	92.6.2.	850.0	19.3	9.60	900.0	20.7	9.90
Salomon	매수	92.4.23.	830.0	18.6	9.25	870.0	19.8	10.00
Smith New Court	매수	92.1.24.	830.0	18.9	9.40	855.0	19.6	9.70
UBS Phillips & Drew	매수	92.4.10.	830.0	18.8	9.60	880.0	20.1	10.10
Warburg	ADD	92.4.7.	820.0	18.6	9.50	860.0	19.6	9.90
Williams De Broe	보유	92.4.2.	855.0	19.2	9.20	910.0	20.1	9.80
합의치			829.1	18.8	9.43	877.0	20.0	9.93
전년 대비 증감률(%)			+1	+1	+2	+6	+6	+5
합의치 기준 예상 PER 및 배당수익률				11.8	5.7%		11.1	6.0%

이어집니다 ▶

3월 종료되는 1991 회계연도 실적

세전 이익 : 8억 1,760만 파운드
주당순이익 : 18.6펜스
세율 : 35%
주당순배당금 : 9.25펜스

PER : 11.9
배당수익률 : 5.5

상대 주가
1개월   −0%
3개월   −1%
12개월   +3%

주요 주주
Prudential Corp. Group	7.04%
Phillips & Drew Fund Management	3.01%

실적 발표
중간실적 발표	90.12.4.
최종실적 발표	91.7.2.
보고서/재무제표 발간	91.8.5.
정기주주총회	92.9.6.

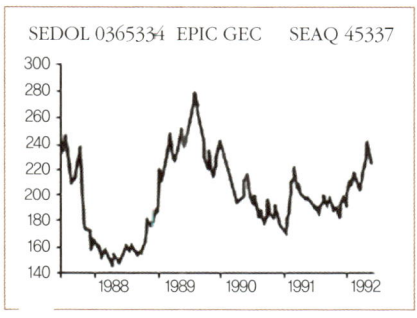

SEDOL 0365334 EPIC GEC SEAQ 45337

제시된 FTSE 100 지수 기업 리스트는 세분해서 상세히 분석되어야 한다. 먼저 명성이 아니라 최근 실제 실적에 기초해 초우량 성장주를 찾아보자. 다음 몇 가지 선정 기준을 적용해 데이터스트림 분석을 하면 이 작업을 쉽게 수행할 수 있다.

1. 지난 5년간 연복리 주당순이익 증가율이 15% 이상일 것
2. 지난 5년 중 최소 4년은 이익이 증가했을 것
3. 작년 주당순이익이 최소 15% 증가했을 것
4. 지난 5년간 매년 배당금이 지급되었으며 배당금이 감소한 적이 없을 것

FTSE 100 지수에 포함된 100개 기업 중 이 기준을 만족시키는 기업은 렌토킬, 로스만Rothmans(영국 담배회사), 세인즈베리, 테이트 & 라일Tate & Lyle(영국 식품회사), 테스코, 인치케이프, 웰컴의 7개 사에 불과했다.

15%의 주당순이익 증가율 기준은 작년(1991년) 불경기에는 달성하기 너무 힘든 기준이었기 때문에 소수의 유명한 성장주가 여기서 빠졌다. 그런데 작년에 한해서 이 기준을 12%로 낮추면, 글락소가 간신히 포함된다. 지난 5년간 연복리 이익 증가율 기준을 12%로 낮추면, 추가로 아가일 그룹, 어소시에이티드 브리티시 푸드Associated British Foods, 브리티시 텔레콤British Telecom, 스카티시 & 뉴캐슬Scottish & Newcastle(영국 맥주회사)의 4개 회사가 기준을 통과한다. 연복리 주당순이익 증가율이 각각 23%와 19.5%인 로이터와 기네스는 작년(1991년) 주당순이익 증가율이 각각 9%와 11%에 그쳐 아깝게 탈락했다. 이 두 회사와 함께, 강하게 성장했지만 실적 입증 기간이 짧은 보더폰Vodafone(1991년 독자회사로 상장됨)과 스미스클라인 비첨SmithKline Beecham(영국 제약회사, 1989년 스미스클라인과 비첨이 합병 상장)도 합격자 리스트에 포함시킬 수 있을 것이다.

많은 유명한 회사들이 우리 기준을 충족시키지 못했다. 예를 들어 막스 앤 스펜서Marks and Spencer(영국의 의류 판매사)와 톰킨스는 작년의 이익 증가가 너무 약해서, 핸슨은 작년 이익이 다소 감소하는 바람에 합격자 리스트에 포함되지 못했다.

결국 우리의 최종 합격자 명단에 포함된 기업은 16개로 FTSE 100

〈표 14–3〉 FTSE 100 지수(1992. 6. 18.) 종목 중 '1차 합격자 (회색 바탕으로 표시)

회사	직전 회계연도 말 (월/년)	주당순이익 증가율					
		1987	1988	1989	1990	1991	1992
ABBEY NATIONAL	12/91	–	–	–	+16.7	+9.3%	–
ALLIED-LYONS	2/92	+34	+17	+14	+4	+8	–
ANGLICAN WATER	3/91	–	–	–	–	+7	
ARGYLL GROUP	3/92	+7	–1	+17	+25	+27	–
ARJO WIGGING APL	12/91	–	–	–	–	–25	–
ASSD.BRIT.FOODS	9/91	+20	+2	+14	+21	+13	–
BAA	3/92	–	–	+30	+36	+21	–
BANK OF SCOTLAND	2/92	+21	+15	+29	+13	–44	–23
BARCLAYS	12/91	–71	+296	–54	–13	–39	–
BASS	9/91	+22	+12	+22	+9	–1	–
BAT INDS.	12/91	+1	+20	+21	–64	+34	–
BET	3/92	+19	+13	+16	+11	–35	–
BLUE CIRCLE IND.	12/91	+22	+19	+5	–23	–36	–
BOC GROUP	9/91	+39	+22	+11	+4	–15	–
BOOTS	3/92	+9	+7	+18	+20	–3	–
BOWATER	12/91	+34	+26	+26	–8	–2	–
BRIT.AEROSPACE	12/91	–100	–	–9	+63	–56	–
BRIT.PETROLEUM	12/91	+139	–20	+60	–1	–76	–
BRITISH AIRWAYS	3/91		+7	+22	+42	–43	–
BRITISH GAS	12/91	–	–3	+8	–4	+34	–
BRITISH STEEL	3/92	–	–	–	+1	–47	–
BRITISH TELECOM	3/92	+25	+10	+10	+10	+13	–
BTR	12/91	+11	+23	+27	–11	–10	–
CABLE & WIRELESS	3/92	+9	–5	+35	+20	–3	–
CADBURY SCHWEPPES	12/91	+30	+23	+8	+2	+7	–
CARLTON COMMS.	9/91	+35	+49	+34	–16	–33	–
COATS VIYELLA	12/91	+26	–41	–7	–20	–6	–

이어집니다 ▶

회사	직전 회계연도 말 (월/년)	주당순이익 증가율					
		1987	1988	1989	1990	1991	1992
CARLTON COMMS.	9/91	+35	+49	+34	−16	−33	−
COATS VIYELLA	12/91	+26	−41	−7	−20	−6	−
COMMERCIAL UNION	12/91	+7	+3	+9	−91	−100	−
COURTALDS	3/92	+28	+6	−12	+16	+6	−
ENG. CHINA CLAYS	12/91	+22	+27	+5	−46	+24	−
ENTERPRISE OIL	12/91	+74	+5	+61	+14	−19	−
FISONS	12/91	+14	+21	+22	+18	−21	−
FORTE	1/92	+22	+16	−	−	+3	−
GENERAL ACCIDENT	12/91	+7	+25	−43	−100	−	−
GENERAL ELEC.	3/91	+5	+9	+14	+5	−7	−
GLAXO HDG.	6/91	+42	+15	+14	+21	+12	−
GRANADA GROUP	9/91	+21	+2	+23	−28	−47	−
GRAND MET.	9/91	+18	+24	+15	+16	+7	−
GT.UNVL.STORES	3/91	+24	+11	+4	+5	+4	−
GUARDIAN RYL.EX	12/91	+6	+44	−41	−100	−	−
GUINNESS	12/91	+6	+25	+33	+24	+11	−
HANSON	9/91	+34	+11	+18	−2	−11	−
HILLSDOWN HDG.	12/91	+38	+22	+17	−19	−24	−
IMP.CHM.INDS.	12/91	+24	+13	−1	−33	−16	−
INCHCAPE	12/91	+48	+21	+6	−15	+21	−
KINGFISHER	1/92	+25	+9	+17	+11	+1	+0
LADBROKE GROUP	12/91	+28	+34	+24	+14	−40	−
LAND SECURITIES	3/92	+14	+11	+10	+16	+22	−
LASMO	12/90	−	−42	+176	+35	−	−
LEGAL & GENERAL	12/91	+6	+86	+3	−43	−44	−
LLOYDS BANK	12/91	−100	−	−100	−	+5	−
MARKS & SPENCER	3/92	+22	+19	+7	+12	+4	−
MB−CARADON	12/91	+30	+16	+12	−25	−4	−

이어집니다 ▶

회사	직전 회계연도 말 (월/년)	주당순이익 증가율					
		1987	1988	1989	1990	1991	1992
NAT.WSTM.BANK	12/91	−39	+116	−71	−25	−41	−
NATIONAL POWER	3/92	−	−	−	−	−	−
NFC	9/91	−	−	−	+4	+7	−
NORTH WEST WATER	3/92	−	−	−	−	+207	−
NORTHERN FOODS	3/92	+13	+10	+10	+7	+16	−
PEARSON	12/91	+25	+7	+25	−13	−24	−
PEN.&ORNTL.DFD	12/91	+11	+21	+21	−35	−22	−
PILKINGTON	3/92	+288	+7	+2	−7	−61	−
POWERGEN	3/92	−	−	−	−	−	−
PRUDENTIAL CORP.	12/91	+35	+31	+19	−53	+0	−
RANK ORG.	10/91	+25	+28	+2	−4	−41	−
RECKITT & COLMAN	12/91	+20	+23	+10	+12	+1	−
REDLAND	12/91	+29	+20	+38	−12	−41	−
REED INTL.	3/92	+18	+15	+1	+9	−16	−
RENTOKIL GROUP	12/91	+24	+38	+24	+21	+27	−
REUTERS HOLDINGS	12/91	+34	+23	+36	+14	+9	−
RMC GROUP	12/91	+38	+39	+17	−18	−36	−
ROLLS−ROYCE	12/91	−	+20	−0	−20	−51	−
ROTHMANS INTL.'S	3/92	+30	+16	+19	+23	+22	−
RYL.BK.OF SCTL.	9/91	−17	+132	−31	+5	−71	−
ROYAL IN.HDG.	12/91	−33	−15	−40	−100	−	−
RTZ CORP	12/91	−	−	+18	−19	−25	−
SAINSBURY J	3/92	+21	+23	+17	+24	+20	−
SCOT.& NEWCASTLE	4/91	+11	+11	+14	+20	+17	−
SCOTTISH POWER	3/92	−	−	−	−	−	−
SEARS	1/92	+12	+9	+12	−18	−27	−
SEVERN TRENT	3/91	−	−	−	−	+2	−
SHELL TRANSPORT	12/91	+13	+3	+46	−7	−43	−

이어집니다 ▶

회사	직전 회계연도 말 (월/년)	주당순이익 증가율					
		1987	1988	1989	1990	1991	1992
SIEBE	3/91	+13	+36	+16	+15	−19	−
SMITH & NEPHEW	12/91	+14	+11	+11	−10	−7	−
SMITH,WH GP. 'A'	5/91	+20	+18	+13	+10	−2	−
SMITHKLINE BHM.A	12/91	−	−	−	+14	+21	−
SUN ALL.GP.	12/91	−	−	−15	−100	−	−
TATE & LYLE	9/91	+35	+23	+29	+11	+16	−
TESCO	2/92	+40	+19	+13	+21	+27	+14
THAMES WATER	3/91	−	−	−	+24	−	−
THORN EMI	3/92	+50	+40	+17	+11	−19	−
TOMKINS	4/91	+71	+42	+35	+21	+0	−
TSB GROUP	10/91	+62	+45	+13	−34	−100	−
UNILEVER	12/91	+15	+3	+30	+8	+7	−
UNITED BISCUITS	12/91	+14	+15	+5	+2	+5	−
VODAFONE GP.	3/92	−	−	−	+91	+42	−
WELLCOME	8/91	+33	+38	+29	+18	+25	−
WHITBREAD 'A'	2/92	+9	+14	+13	+18	+11	−
WILLIAMS HDG.	12/91	+31	+32	+10	−24	+1	−
WILLIS CORROON	12/91	−26	−37	+33	+17	−18	−

기업 6개 중 1개꼴이다. 경쟁우위에 관한 7장의 논의를 상기하면서, 이 16개 주식의 공통점을 확인해 보자. 이 중 5개는 식품 판매 및 제조업체고, 둘은 주류회사이며, 셋은 좋은 특허제품을 가진 제약회사다. 로스만은 훌륭한 국제적 브랜드를 갖고 있고, 렌토킬은 매우 강력한 경쟁우위를 보유하고 있다.

이 훌륭한 16개 기업들의 예상 PEG가 우리가 다소 완화한 PEG 한도를 어떻게 충족시키는지 보기 위해, 나는 1992년 6월호 〈에스티메이트 디렉토리〉의 가격과 예상 이익을 사용하고자 한다.

1. 아가일 그룹(식료품 판매, 슈퍼마켓 체인)

1993년 3월 종료되는 회계연도의 주당순이익 증가율에 대한 예상 합의치는 11%이고, 주가 350펜스에 예상 PER은 13.1이다. 따라서 예상 PEG는 1.19(13.1 ÷ 11)다.

2. 기네스(주류회사)

1992년 12월 종료되는 회계연도의 주당순이익 증가율에 대한 예상 합의치는 11%이고 1993 회계연도는 13%다. 따라서 1992/3년 주당순이익 증가율에 대한 예상 합의치 평균은 12%다. 또 주가 608펜스에 1992/3년 평균 예상 PER은 15.4이다. 따라서 예상 PEG는 1.28(15.4 ÷ 12)이다.

3. 렌토킬(해충방역회사)

1992년 12월 종료되는 회계연도의 주당순이익 증가율에 대한 예상 합의치는 21%이고 1993 회계연도는 19%다. 다라서 1992/3년 주당순이익 증가율의 예상 합의치 평균은 20%다. 또 주가 179펜스에 1992년과 1993년 예상 PER은 각각 23.9와 19.9로, 1992/3년의 평균 예상 PER은 21.9다. 따라서 예상 PEG는 1.10(21.9 ÷ 20)이다.

4. 로스만(담배회사)

1993년 3월 종료되는 회계연도의 주당순이익 증가율 예상 합의치는 9%이고, 주가 1,100펜스에 예상 PER은 약 11.9다. 따라서 예상 PEG는 1.32(11.9 ÷ 9)이다.

5. 세인즈베리(식료품 유통체인)

1993년 3월 종료되는 회계연도의 주당순이익 증가율 예상 합의치는 13%이고, 주가 475펜스에 예상 PER은 16.6이다. 따라서 예상 PEG는 1.28(16.6 ÷ 13)이다.

6. 테이트 & 라일(식료품 제조사)

1992년 9월 종료되는 회계연도의 주당순이익 증가율 예상 합의치는 1%, 1993 회계연도의 경우는 10%이다. 따라서 그 평균은 5.5%다. 또 주가 392펜스에 예상 PER은 11이므로 예상 PEG는 매우 높은 2(11 ÷ 5.5)가 된다.

7. 테스코(식료품 유통체인)

1993년 2월 종료되는 회계연도의 주당순이익 증가율 예상 합의치는 9%, 주가 281펜스에 예상 PER은 12.8이므로, 예상 PEG는 1.42(12.8 ÷ 9)이다.

8. 웰컴(제약회사)

1992년 8월 종료되는 회계연도의 주당순이익 증가율 예상 합의치는 24%, 1993 회계연도는 23%다. 주가 971펜스에 1993 회계연도 예상 PER은 21.8이다. 따라서 예상 PEG는 0.94(21.8 ÷ 23)로, 우리 투자법상 분명한 매수 대상이다.

9. 글락소(제약회사)

1993 회계연도의 주당순이익 증가율 예상 합의치는 15%이고 주가 772펜스에 예상 PER은 19.7이다. 따라서 예상 PEG는 1.31(19.7 ÷ 15)이다.

10. 어소시에이티드 브리티시 푸드(식료품 제조사)

1992년 9월 종료되는 회계연도의 주당순이익 증가율 예상 합의치는 -31%다. 따라서 이 종목은 잊어버려야 한다.

11. 브리티시 텔레콤(통신회사)

1993년 3월 종료되는 회계연도의 주당순이익 증가율 예상치가 하락했다. 따라서 이 종목도 잊어버려라.

12. 스카티시&뉴캐슬(주류회사)

1993년 4월 종료되는 회계연도의 주당순이익 증가율 예상 합의치는 9%이고 주가 467펜스에 예상 PER은 12.5다. 따라서 예상 PEG는

1.39(12.5 ÷ 9)다.

13. 로이터(뉴스통신사)

1992년 12월 종료되는 회계연도의 주당순이익 증가율 예상 합의치는 11%이고 1993 회계연도는 13%이다. 따라서 그 평균은 12%다. 주가 1,190펜스에 예상 PER은 18.5이고, 따라서 예상 PEG는 1.54(18.5 ÷ 12)이다.

14. 보더폰(통신회사)

1993년 3월 종료되는 회계연도의 주당순이익 증가율 예상 합의치는 11%이고, 주가 383펜스에 예상 PER은 19.1이다. 따라서 예상 PEG는 1.74(19.1 ÷ 11)로 높다.

15. 스미스클라인 비첨(제약회사)

1992 회계연도의 주당순이익 증가율 예상 합의치는 13%, 1993년은 15%이고 그 평균은 14%이다. 주가 924펜스에 평균 예상 PER은 15.8이고, 따라서 예상 PEG는 1.13(15.8 ÷ 14)이다.

16. 인치케이프(자동차 판매 및 서비스)

1992년 12월 종료되는 회계연도의 주당순이익 증가율 예상 합의치는 17%, 1993년은 14%이고 그 평균은 15.5%다. 주가 505펜스에 1992/3년 평균 예상 PER은 15이고, 따라서 예상 PEG는 0.97(15 ÷

15.5)이다.

16개 기업 대부분 가격이 싸지 않다. 여기서 다시 이 기업들의 PEG 범위를 살펴보자.(〈표 14-4〉)

미래 이익 증가에 지불할 가격의 견지에서 볼 때 우리는 가격이 낮은 것으로 보이는 기업으로 웰컴과 인치케이프 2개 기업만 가까스로 찾아낼 수 있었다. 웰컴이 여기에 포함될 수 있었던 이유 중 하나

〈표 14-4〉 '1차 합격자'의 PEG 범위

0.94	웰컴	1.0 미만
0.97	인치케이프	
1.10	렌토킬	
1.13	스미스클라인 비첨	1.00 이상~1.20 미만
1.19	아가일 그룹	
1.28	기네스	
1.28	세인즈베리	1.20 이상~1.35 미만
1.31	글락소	
1.32	로스만	
1.39	스카티시&뉴캐슬	
1.42	테스코	
1.54	로이터	1.35 이상
1.74	보더폰	
2.00	테이트&라일	
-	어소시에이티드 브리티시 푸드	FEG 적용할 수 없음
-	브리티시 텔레콤	

는 웰컴재단Wellcome Foundation이 30억 파운드의 웰컴 주식을 매각하기로 한 것 때문으로 보인다. 웰컴재단의 매물이 나와 주가가 하락하면 더 싼 가격에 재매수할 생각으로 일부 시장조성자들이 웰컴 주식을 매도함으로써 주가를 다소 하락시켰을 것이다. 예상 PEG 기준을 1.20으로 낮추면, 5개 기업이 이 기준을 통과한다. 그중 가장 먼저 기준을 통과하는 주식이 렌토킬인 것은 기쁜 일이다. FTSE 100 지수 기업 중 내가 늘 가장 좋아하는 주식 중 하나이기 때문이다. PEG 기준을 1.35로 낮추면, 추가로 4개 기업이 포함되어 총 9개 기업이 기준을 통과한다.

여러분은 이 9개 주식이 인치케이프만 제외하고는 강력한 경쟁우

〈표 14-5〉 '2차 합격자'의 평균 투하자본수익률 (1987~1991년)

회사	투하자본수익률 (%)
웰컴	26.53
인치케이프	26.29
렌토킬	53.34
스미스클라인 비첨*	43.73
아가일 그룹	26.67
기네스	23.51
세인즈베리	22.60
글락소	37.12
로스만	26.48

* 스미스클라인 비첨의 경우, 평균 투하자본수익률은 1989~1991년의 3년 평균이다.

출처 : Datastream

위를 가지고 있으며 우리가 선호하는 산업에 종사하고 있음을 파악했을 것이다. 여러분도 예상했는지 모르지만, 놀랍게도 이들의 투하자본수익률도 모두 평균 이상이었다. 이들의 평균 투하자본수익률은 〈표 14-5〉와 같다.

관련 논의를 계속 진행하기에 앞서 다음과 같은 4가지 사항을 유념해 주기 바란다.

1. 주가, 회사 실적, 예상치 그리고 시장은 지금도 계속 변하고 있는 중이다. 위의 수치들은 1992년 6월 현재 시점의 수치들이다.

2. 위에서 사용된 계산은 회사의 부채, 중간 실적 같은 내용을 아주 자세히 분석하지 않고 매우 개략적이고 간단하게 한 계산이다. 이렇게 한 의도는 단지 기본 개념을 설명하기 위해서이다.

3. 1992년 6월 현재 영국은 극심한 불황을 겪고 있다. 이 극심한 불황은 불황만 아니었다면 위 합격자 명단에 포함되었을 수 있는, 많은 좋은 회사들의 작년 실적과 내년 예상 실적에 부정적인 영향을 미치고 있다. 그러나 지금의 불황 같은 시기는 그저 그런 무리들과 우량 성장주를 구분할 수 있는 시기이기도 하다.

4. 데이터스트림의 선정 과정은 꾸준히 성장하고 있는 성장주를 고르도록 설계된 것이다. 따라서 매우 좋은 금전 가치를 제공해 주

는 회복 중인 여러 기업과 턴어라운드주는 합격자 리스트에서 빠졌다.

위 9개 주식의 1993년 평균 예상 이익 증가율은 14.8%이고, 평균 예상 PER은 17이다. FTSE 100 기업의 평균 예상 PER은 예상 이익 증가율에 대한 여러분의 견해에 따라 다르다. 1992년 6월 중순 기준 FTSE 100 지수의 PER은 16.5였고, 나는 (특히 제약회사 피슨스Fisons의 실망스런 실적과 영국산업연맹CBI의 6월 산업 리뷰를 본 후) 1993년 FTSE 100 기업의 '최대로' 가능한 평균 예상 이익 증가율은 5%에 불과할 것으로 추산한다. 이런 의견에는 대표적인 많은 증권사들도 동의하고 있으며, 이런 추산이 옳다면 FTSE 100 지수의 예상 PER은 약 15.7이 될 것이다. 결국 5%에 불과한 훨씬 낮고 신뢰도도 훨씬 떨어지는 예상 이익 증가율에 자금을 책정해 평균적인 FTSE 100 종목을 예상 PER 15.7에 매수하는 것보다는 14.8%의 훨씬 높고 훨씬 신뢰할 만한 평균 예상 이익증가율에 자금을 책정해 실적이 증명된 우리의 9개 주식을 평균 예상 PER 17에 매수하는 것이 상대적으로 더 저렴한 매수라는 것을 여러분도 쉽게 알 수 있을 것이다. 요컨대 PER이 다소 높아도 확고한 우량 성장주라면 어느 정도의 프리미엄은 무시해도 된다.

또 FTSE 100 기업을 교차 확인해 PER이 매우 높은 많은 금융회사와 회복 중인 회사들 그리고 PER이 매우 낮은 유틸리티기업들은 제외했는데, 그럼에도 우량 성장주가 상대적으로 싸 보인다는 결론을 얻고는 나 스스로도 매우 놀랐다. 그러나 이 모든 평가에도 불구하고 내게는 이 9개 기업의 주가가 매우 비싸 보였다. 이는 시장 상황 때문인 게 거의 분명했다. 사실 1992년 6월 현재, 경기 전망은 여전히 암울한데 시장은 역대 최고점에서 10%도 채 하락하지 않은 상태다. 따라서 지금 여러분이 FTSE 100 기업을 매수한다면 보다 나은 시장성과 추가 안전을 확보하는 대신 훨씬 높은 PEG를 지불해야 할 것이다. 나로서는 오래 투자할 수 있는 여유자금이 있다면 PEG가 0.66 이하인, 보다 작은 기업을 매수할 것이다. 여러분이 매매할 수 없을 때가 있을 것이다. 그러나 투자한 자금을 다른 용도로 쓸 필요가 없다면, PEG가 훨씬 낮은 작은 기업에 투자할 때 더 나은 리스크-보상 비율을 확보할 수 있을 것으로 보인다.

FTSE 100 지수(풋시Footsie 100이라고도 한다)의 100대 기업은 다소 특별한 경우이기 때문에 유사한 방식으로 시가총액 기준 그 다음 100대 기업(투씨Tootsie 100이라고 할 수 있다)을 분석해 매력적인 저가 매수 대상이 있는지 살펴보자. 풋시 100 중 5년간 15%의 연복리 이익 증가율과 지난해 15%의 이익 증가율 기준을 통과한 기업은 아이슬란드 냉동식품Iceland Frozen Foods(영국의 냉동식품 판매회사), 던힐Dunhill(영국의 담배회사), W. 모리슨W. Morrison(영국의 슈퍼마켓 체인), 스프링 램Spring Ram, 퀴크-세이브Kwik-Save(영국의 할인매장 체인점) 그리고 더바디샵뿐이다. 아이슬란드 냉동식품의 예상 PEG는 0.85, 스프링 램은 0.87, 더바디샵은 0.90이었다. 이 세 회사는 모두 매우 높은 투하자본수익률을 기록하고 있다.

나는 상대적으로 매력적인 성장주를 찾는다는 관점에서 200대 상장기업을 분석했을 뿐이다. 당연히 이들 중에는 턴어라운드주, 경기주, 자산상황주도 많이 있다. FTSE 100 지수 종목 중 최근 턴어라운드한 좋은 예는 11장에서 이미 소개한 잉글리시 차이나 클레이다. 분석 대상 기업 규모를 낮춰 이를 500대 상장기업으로 확대하면 잉글리시 차이나 클레이보다 덜 유명하기는 하지만 좋은 턴어라운드 주식의 사례로 제약회사 아머샴 인터내셔날Amersham International을 들 수 있다. 이 회사는 1992년 6월 실적 발표 한 달 전쯤 내 관심을 끌었다. 주당순이익 발표 후 이 회사 주가는 44%나 급등해 483펜스가 되었고, 시가총액은 약 2억 5,000만 파운드로 늘었다. 아머샴 인터내셔널의 사업에는 생명과학연구, 헬스케어, 제약업계의 품질과 안전성 보장 등이 포함된다. 부채는 70만 파운드에 불과하고, 1992/3년 세전 이익에 대한 증권사의 예상 합의치는 2,470만 파운드로 이익 증가율로는 20%에 달한다. 그러나 증권사들의 합의치는 예상보다 좋은 실적이 발표되기 전에 이루어진 것이며, 런던의 지역 석간지〈이브닝 스탠다드Evening Standard〉는 이미 그중 한 증권사가 아머샴의 1992/3년 세전 이익 예상치를 2,650만 파운드로 상향 조정할 것을 고려 중이라고 보도했다. 예상 세전 이익이 2,650만 파운드면 예상 PER은 16.5가 된다. 2,070만 파운드에서 2,650만 파운드로 이익이 580만 파운드 증가하면, 이익 증가율로는 28%다. 보수적으로 이익 증가율을 25%라고 했을 때, PEG는 0.66(16.5 ÷ 25)으로 소기업에 대한 나의 투자 기준을 딱 충족시킨다.

1980년대 경이로운 스타주로 이름을 날렸던 아머샴은 최근 4년 이익 감소에 시달렸으나, 빌 카스텔Bill Castell을 대표로 한 새 경영진 취임 후 추진된 보다 비용 의식적이고 상업적인 사업 전략을 통해 회복 중에 있다. 따라서 일부 이익 증가는 일회성 요인에 따른 것일 수 있다. 그럼에도 불구하고 비슷한 규모와 질을 가진 다른 기업들과 비교했을 때 아머샴은 매력적으로 보인다.

투자 대상 기업 규모를 더 낮출수록 예상 PEG 견지에서는 더 나은 저가 매수 기회가 발견된다. 100대 기업 중 우리 기준을 충족시켜 PEG가 1 이하인 기업은 2개에 불과했다. 그 다음 100개 기업에서는 3개 기업만이 보다 매력적인 PEG를 가진 것으로 확인됐다. 그보다 규모가 작은 기업으로서 우리는 예상 PEG가 0.66으로 좋은 저가 매수 기회인 아머샴 인터내셔널을 발견했다. 투자 대상 기업 규모를 시가총액이 1,001위에서 2,000위 사이인 1,000개 기업으로 더 낮추면, 예상 PEG가 각각 0.45와 0.60인 브리티시 데이터 매니지먼트와 인더스트리얼 컨트롤 서비스(ICS) 같은 회사를 찾을 수 있다. 우리는 이런 상이한 PEG 스펙트럼을 앤티크 가구를 저가 매수하는 것에 비유할 수 있다. 우리가 앤티크 테이블 하나를 본드 스트리트Bond Street(런던의 고급 명품거리)에서 산다면, 런던의 높은 임대료가 포함된 가격을 지불해야 한다. 그러나 우리가 산 앤티크 가구에 중요한 하자가 있을 때, 환불받을 가능성은 유스턴 역 근처의 작고 허름한 골동품가게보다는 본드 스트리트 가게가 더 높다. 분명 작은 기업일수록 리스크는 더 크고 시장성은 더 낮으며, 이런 성격은 우리가 지불하는 PEG에 반영되어 있다. 여기서 내가 하고자 하는 말은 저가 매수로 획득할 수 있는 가치가 거부할 수 없을 정도로 매력적인 경우가 자주 있다는 것이다.

회복 중인 주식에 대한 투자에 관심이 있다면 마이클 오이긴스Michael O'Higgins의 『다우를 이기는 투자Beating the Dow』를 필독서로 권한다. 그의 기본적인 전략은 매년 초 다우지수 30 종목 중 배당수익률이 가장 높은 10개 종목을 고른 후, 그중 금액 면에서 주가가 가장 낮은 5개 종목을 골라 투자하라는 것이다. (그는 주가가 낮을수록 시가총액이 작고, 시가총액이 작은 기업일수록 시가총액이 큰 기업보다 더 높은 수익률을 기록하는 경향이 있다고 말하고 있다. 비록 그가 코끼리는 빨리 달리지 않는다고 말하지는 않았지만, 우리는 그가 왜 그런 말을 했는지 알고 있다). 오이긴스는 지난 20년간 자신의 투자법을 사용했다면, 다우지수의 10.92%보다 훨씬 높은 연평균 20% 이상의 수익률을 올렸을 것이라고 주장했다. 필립 코건Philip Coggan은 〈파이낸셜 타임스〉에서 오이긴스의 투자법을 영국 주식에 적용해 봤고, 그 결과 1979년에 1만 파운드를 투자하고 배당금을 재투자했다면 1992년 초에는 13만 파운드 이상으로 불어나게 되는 것을 확인했다. 배당금 재투자 방식으로 똑같은 1만 파운드를 FT 올셰어 지수에 투자했다면 8만 1,540 파운드로 불어났다. 오이긴스의 투자법으로 선택된 주식들은 배당수익률이 높기 때문에 배당금 재투자란 조건은 중요한 것이다.

대기업 투자에 집중하기를 원한다면, 500대 기업을 대상으로 할 것을 권한다. 그 다음 여러분이 고르려는 주식 종류(성장주, 경기주,

턴어라운드주 혹은 자산상황주)에 적용할 투자기준을 정해야 한다. 예를 들어 자산상황주는 과도한 부채가 없고 현재 손실을 내고 있지 않으며 장부가에서 할인된 가격이라는 기준을, 경기주는 매출액이 시가총액 대비 5배 이상이며 자산이 주가의 80% 이상이고 순자산가치 대비 부채비율이 100%를 초과하지 않을 것이란 기준을 적용해야 한다. 그런 후에 여러분의 증권사 직원과 데이터스트림 분석을 준비해야 한다. 이런 과정을 거쳐 엄격한 기준을 성공적으로 통과한 소수의 기업 리스트를 갖게 되면, 그 외 다른 안전기준들은 모두 적절한지 확인하기 위해 관련 기사를 읽고, 해당 기업의 연차보고서와 〈에스티메이트 디렉토리〉의 실적 전망을 살펴봐야 한다.

　이런 방법이 대충 자신의 기호에 맞는 주식을 매수하는 것보다 훨씬 낫다는 것을 알게 될 것이다. 500대 기업 중에는 당연히 숨은 보석이 존재한다. 그런데 한 가지 확실한 사실은 찾으려고 노력하지 않으면 그 숨은 보석은 찾을 수 없다는 것이다.

15장
수익은 굴리고 손실은 잘라라
― 매수, 보유, 매도 단계별 투자 전략 ―

상대적으로 작은 포트폴리오를 가진 개인투자자는 대규모 자금을 가진 기관에 비해 상당한 이점이 있다. 기관은 투자자산을 200개 종목, 어떤 경우에는 그 이상의 종목에 분산해야 하지만, 개인투자자는 최대 10개에서 20개 종목 정도로 포트폴리오를 구성하고 있다. 내 경우는 12~15개 종목으로 포트폴리오를 구성하며, 어떤 때는 8개만으로 포트폴리오를 구성할 때도 있다.

10개 종목에 투자하는 것이 100개 종목에 투자하는 것보다 유리한 이유는 무엇일까? 첫째, 여러분이 처음 고른 종목은 10번째 고른 종목보다 훨씬 좋고, 100번째 고른 종목보다는 아주 훨씬 좋을 것이 분명하다. 둘째, 포트폴리오 편입 종목 수가 적을수록, 그 종목들을 계속 관찰하고 분석하기가 더 용이하다. 줄루 투자 원칙이 전문영역의 선택과 집중을 강조하는 이유도 바로 이 때문이다.

나는 최초 분석 후에도 내 포트폴리오를 구성하는 소수의 주식들을 계속 관찰하려고 노력한다. 따라서 나는 해당 주식과 관련된 모든 주요 자료를 읽고, 경영진의 매매 상황을 감시하며, 시장에서의 거래 현황도 관찰한다. 이에 관한 최근 사례를 살펴보자. 신형 팜탑 컴퓨터를 처음 출시한 후, 사이온Psion은 초기 제품에서 발생하기 쉬운 여러 작은 문제들에 직면했고, 일군의 제품은 회수해야만 했다. 그 사이 나는 사이온 주식에 관심을 갖고 쇼핑하러 갈 때마다 딕슨 매장에 들러 사이온의 팜탑컴퓨터를 살 생각이 있는 고객인 것처럼 굴면서 직원에게 사이온 제품의 매출 상황은 어떤지, 사이온이 더 나은 어떤 제품을 추천하고 있지는 않은지 그리고 사이온 제품에 어떤 문제가 있는지 등을 물었다.

보다 최근에 사이온은 일부 제품에서 컴퓨터의 경과시간이 파악되지 않는 또 하나의 기술적 문제에 직면했다. 그런데 내 거래 증권사 고객 가운데 한 명은 문제가 있던 초기 버전 이후에 출시된 더 최신 버전을 구입한 컴퓨터광이었는데, 그는 그 최신 버전에 매우 만족해 했고 추가적인 문제는 없다고 했다. 나도 컴퓨터 컨설턴트인 한 친구에게 적절한 소프트웨어와 함께 사이언 팜탑컴퓨터 시리즈 3의 가장 최신 버전을 사달라고 한 후 그 컴퓨터를 엄격하게 테스트해 달라고 요청했다. 얼마 후, 그는 내게 긍정적인 평가 결과를 알려왔다.

나의 관심사는 초기 제품에서 발생하는 문제가 혁신적인 신기술에 적절한 정상적인 제품 개선 과정의 일부인지 아니면 그 제품이 지속적이며 고비용이 소요될 가능성이 높은 특별한 문제를 가진 것인지 확인하는 것이다. 따라서 친구의 긍정적인 평가로 인해 나는 사이언에 대해 안심할 수 있었다. 내 포트폴리오 구성 종목이 100개에 달했다면, 그런 직접적인 경험을 통한 감시 및 평가 방식을 사용하기가 불가능했을 것이다.

여러분은 내가 포트폴리오에 포함된 기업을 검증하는 데 특별히 유리한 입장에 있었다고 생각할지도 모르겠다. 그런데 사실 여러분도 한두 사람만 건너면 의문에 답해 줄 수 있는 사람을 발견할 수 있을 것이다. 나의 리랜드Leyland 근무 시절 회장이었던 블랙 경Lord Black 은 영국 국립사진박물관에 걸 자신의 사진을 찍기 위해 한 사진관을 방문한 적이 있었다. 그때 그는 사진관의 벽 여기저기에 많은 유명 인사들의 사진이 걸린 것을 보고, 사진사가 그 사람들을 개인적으로 알고 있다는 사실에 놀라워했다. 그러자 사진사는 미소를 지으며, "저분들도 다 그렇게 말했습니다"라고 했다. 세상은 생각보다 좁다. 대부분의 사람들은 전화 몇 통만 걸면 다른 여러 분야에서 진행되고 있는 새로운 주요 상황을 확인할 수 있을 것이다. 한 기업에 대해 뭔가 확인하고 싶다면, 여러분의 의문에 답해 줄 수 있는 사람을 아는 사람을 바로 찾을 수 있을 것이다. 또 해당 회사의 담당 직원에게 전화를 걸어 주주임을 밝힌 후 걱정거리가 될 만한 문제들에 대해 명확한 설명을 요구할 수도 있다. 이 경우에 어떤 직원은 매우 도움이 되겠지만, 당연히 그들이 '내부 정보'를 주는 일은 없을 것이다.

관심 기업에 관한 정보를 구할 수 있는 또 다른 확실한 방법은 정기 주주총회에 참석하는 것이다. 정기 주주총회에 참석하는 것은 그 회사에 대한 느낌을 얻는 데 도움이 되는 재미있는 경험이 될 것이다. 총회에 참석해 일반적으로 확인할 사항은 총회가 잘 조직되었는지, 최고경영자들이 인상적이며 질문에 잘 대답하고 있는지, 총회 분위기가 밝은지 아니면 우울한지 등이다. 총회 진행 중 확인하지 못한 구체적인 질문사항이 있으면, 언제라도 손을 들고 경영진에게 질문을 퍼부을 수 있다.

위에서 나는 '내부 정보'란 무시무시한 말을 썼다. 투자자 입장에서 피해야 할 주요한 행동은 임박한 기업 인수 같은 회사의 주요 사업 상황이나 미래 실적과 관련된 미발표 및 가격 영향력이 큰 정보를 이용하는 것이다. 아직 공개되지 않은 기업 이익의 예상치 못했던 증가나 하락과 관련된 어떤 정보에 입각해 행동하는 것은 불법이다. 따라서 이런 식의 미공개 정보에 기초한 조언도 분명 피하는 것이 최선이다. 기업 인수 관련 정보나 조언은 훨씬 더 내부 정보 성격이 강한데, 그것은 관련 당사자들이 주주들의 승인을 조건으로 한 거래에 합의하자마자 (혹은 기업사냥꾼이 구체적인 인수 조건에 따라 단독으로 인수 의향을 수립하자마자) 이를 곧 발표해야 할 의무가 있기 때문이다.

일반적으로 확보할 수 있는 증권사들의 예상 합의치나 전국 판매량 등을 분석한 후 그 기업 실적이 나쁠 것이라고 생각하는 것과 해당 기업 이사회 구성원을 통해 이익이 악화되고 있다는 사실을 직접적으로 '아는 것' 사이에는 큰 차이가 있다. 또 해당 기업의 자산이 크게 저평가되었기 때문에 언젠가 인수될 수 있다고 결론을 내리는 것과 인수를 전문으로 하는 한 대기업이 그 기업을 인수하려 한다는 것을 '아는 것' 사이에도 분명한 차이가 있다. 주가에 큰 영향을 미칠 수 있는 미발표 정보에 입각해 투자하는 것은 불법인 반면, 해당 기업과 관련해 일반적으로 획득할 수 있는 사실에 입각해 내린 자신의 판단에 따라 투자하는 것은 공정한 게임으로 허용된다.

포트폴리오 운용에 관해서는 '손실은 자르고 이익은 굴려라$_{\text{cut losses and run profits}}$'는 오랜 격언이 있다. 물론 말은 쉽지만 실천은 매우 어렵다. 워런 버핏은 이 격언에 따라야 할 이유를 훌륭하게 예시한 바 있다. 워런 버핏은 그의 대학원 수강생 전체를 대상으로 각 학생이 평생 벌게 될 미래 이익을 받는 가상의 사례를 통해 이를 설명했다. 이를 영국 실정에 맞게 조정해, 20명의 수강생이 있고 이 학생들이 평생 벌 이익을 어떤 고정금액에 살 수 있었다고 해보자. 그리고 15년 후, 이들의 현황을 살펴봤다. 20명의 학생 중 두 명은 죽었고, 두 명은 마약중독자가 됐으며, 한 명은 에이즈에 걸렸고, 또 한 명은 감옥에 있으며, 세 명은 실직 상태였다. 나머지 11명 중 한 명은 사제, 세 명은 회계사, 두 명은 변호사, 한 명은 경찰, 또 한 명은 배우가 되어 있었다. 정말 부자가 된 사람은 나머지 세 명인데, 이들 중 한 명은 기업의 사장이 되었고, 또 한 명은 거물급 금융인이 되었으며, 마지막 한 명은 대기업 CEO가 될 공산이 컸다. 이때 이 중 몇을 서로 다른 가격에 팔아야 한다면, 여러분이라면 낙오자들, 비교적 실적이 좋은 자들 혹은 부자들 중 누구를 팔지 않고 계속 보유하겠는가? 그 답은 자명하다(계속해서 많은 이익을 벌어 주는 사람을 먼저 보유할 것이다).

또 다른 비유는 한 살짜리 망아지 10마리를 마리당 2만 5,000파운드에 산 경주마 주인에 관한 것이다. 얼마 지나지 않아 그중 일곱 마리는 가망이 없고, 두 마리는 꽤 유망하며, 나머지 한 마리는 그야말로 뛰어난 스타 경주마라는 것이 밝혀졌다. 최고 수준의 성공적인 경주마는 거액의 상금과 막대한 교배료를 벌어들일 수 있다. 그런데 경주마 주인이 훈련비와 마구간 운영비를 줄이고 약간의 자금을 모아야 할 필요가 있다고 해보자. 그러면 그는 어떤 말을 팔겠는가? 먼저 가망 없는 일곱 마리를 팔고, 그 다음 필요하다면 꽤 유망한 두 마리를 팔 것이다. 그리고 스타 경주마로는 계속 이익을 굴리려 할 것이다.

학생들과 경주마에 관한 두 비유를 보면, 손실을 언제 잘라야 할지(언제 손절매를 해야 할지) 쉽게 알 수 있다. 낙오자들과 가망 없는 경주마들을 팔아야 할 이유는 '그들의 스토리가 변했기 때문이다'. 처음 학생들과 한 살배기 망아지들을 샀을 때는 이들 중 일부만 전망이 있다고 믿으면서도 모두가 성공하기를 희망했을 것이다. 그러나 분명한 실패자들이 나오면서 그 희망은 사라져 버렸다.

'새로운 요인'을 소개한 6장에서 한 주식의 스토리는 새로운 각각의 상황이 진행될 때마다 되짚어 보고 확인해야 할 중요한 요인임을 지적한 바 있다. 한 성장주를 예로 들어보자. 이 회사의 배당금이 보다 관례적으로 증가하는 것이 아니라 그저 유지되는 수준이라는 것을 알았다면 성장이 정체될 가능성에 주의를 기울여야만 한다. 또 이사진 중 여러 명이 인수한 신주의 상당량을 매도하고 있다면, 최고경영자의 말이 보다 신중해지고 있다면, 상대적 주가 실적이 매우 열악하다면, 여러분이 존경하는 최고경영자가 갑자기 회사를 떠난다면, 재무상태표의 부채가 급증했다면, 제품에 중요한 문제가 있다는 이야기를 들었다면, 창조적 회계가 대대적으로 이루어지고 있다는 것을 알았다면, 그 어느 것이라도 회사의 스토리가 변했다고 믿을 만한 충분한 이유가 된다. '그 주식을 매수했던 이유가 더 이상 유효하지 않게 된 것이다.' 따라서 그 주식은 매도 대상이 된다.

이런 부정적인 요인 중 다소 확신할 수 없는 유일한 요인은 열악한 상대 주가다. 분명한 이유 없이 상대적 주가 실적이 열악한 경우가 있다. 해당 주식이 처음 관심을 가졌던 것과 정확히 같은 스토리를 갖고 있음에도 불구하고 주가가 떨어지면, 그 주식을 최초 매수가에서 꽤 할인된 가격에 추가로 매수할 수 있다. 그러나 나의 조언은 평균 매수가를 낮출 목적으로(만) 추가 매수하는 일은 절대 하지 말라는 것이다(이른바 '물타기'를 하지 말라는 것이다 – 편집자).

주가 실적이 열악할 때 나는 항상 대량 매도기관이 있는지 확인한다. 나는 주가 하락 이유를 정당화할 수 있으면 그 주식을 보유하지만, 그렇지 못하면 초조해진다. 지금쯤 여러분이 실망할지도 모르지만, 나는 매우 쉽게 두려움을 느끼는 겁이 많은 투자자다. 나는 돈을 잃는 게 싫고 가끔은 그저 주가 움직임에 놀라 매도한 적도 있다.

손절매에 관한 공식은 없다. 손절매 시점은 여러분 스스로 결정해야만 할 것이다. 명백히 설명할 수 없는 손실이 발생했을 때의 손실 한도를 설정하고자 한다면, 성장주, 턴어라운드주, 경기주는 매수가에서 25% 하락했을 때, 셀 주식은 40% 하락했을 때 손절매할 것을 제안한다. 그렇다고 해도 한 공식이 정말 그 해답이 될 수는 없다. 각각의 주식은 그 장단점에 따라 고려되어야 하고, 이 과정에 판단과 느낌 둘 모두 크게 작용한다.

반면 기업의 스토리가 악화되는 쪽으로 상당히 변하면, 나는 '즉시' 매도한다. 이 경우에는 속도가 생명이다. 탈출하려고 아우성치는 사람들이 늘어선 줄에서 맨 앞에 있는 게 제일 낫기 때문이다. 주가가 매수가에서 이미 상당히 하락한 후일 수도 있지만, 그건 관계없다. 손절매가 중요하다. 이 경우 일찍 손절매할수록 큰 안도감을 느낄 수 있고 포트폴리오도 훨씬 나은 상태로 유지될 것이다.

내 생각에 손절매는 오히려 쉽고 분명하다. 손절매보다 훨씬 어려운 것은 이익 실현 시점을 결정하는 것이다. 시기에 따라 주식은 매수 시점, 보유 시점, 매도 시점이 있다. 어떤 투자법을 따르건 그 기준을 충족시키면 그 주식은 매수 대상이 된다. 그런 후, 주가가 오르면 그 주식은 보유 대상이 된다. 더 이상 매수 대상은 아니지만 매도 대상이 되기에는 아직 충분히 성숙하지 않은 경우다. 턴어라운드주, 경기주, 자산상황주는 성장주보다 빨리 성숙한다. 그 이유는 간단한데, 이 주식들의 경우 대개 수익이 일회성이기 때문이다.

턴어라운드주의 경우 모두가 그 주식을 알게 되자마자, 경기주는 경기 상승으로 충분한 혜택을 누리자마자, 자산상황주는 기본가치에 보다 부합하는 수준으로 주가가 상승하자마자 그 주식을 매도해야 한다. 매수할 때 원했던 상황 변화가 이루어졌기 때문이다. 그런 후 이제는 최초 잠재력이 동일한 또 다른 주식을 찾고 매수, 보유, 매도의 과정을 되풀이해야 한다.

성장주(그리고 비슷한 이유로 셸 주식)는 이와 매우 다를 수 있다. 오랜 시행착오 후에 예컨대 연 20%의 주당순이익 증가율을 기록하는 몇 개의 우수한 성장주를 발견했다면, 그 주식들을 쉽게 매도해서는 안 된다. 이런 주식은 특별한 수익을 올릴 수 있는 티켓이 될 수 있다. 이런 주식 중에서 초기 단계에 있는 제2의 글락소나 핸슨을 발견할 수도 있다.

성장주의 주가가 성숙되기 시작할 때 '보유' 기간을 늘려야 할 두 가지 추가 이유가 있다. 첫째는 전환비용이다. 주식을 매도하고 매수할 때 모두 부담해야 할 각종 수수료와 증권거래세 등 각종 세금 때문에 거래대금의 5~10%에 달하는 비용을 발생시킬 수 있다.

둘째는 자본소득세다. 이미 설명한 대로 이익을 대규모로 실현하면 (인플레이션 효과를 뺀) 수익의 40%까지 자본소득세가 발생하며, 이는 해당 금액만큼의 무이자 대출금을 정부에 상환하는 꼴이 된다. 반대로 이익을 실현하지 않고 계속 굴리면, 사실상 정부가 수익의 40%에 이르는 돈을 무이자 주식자금으로 빌려주는 셈이 된다. 이를 즐겨야 한다. 수익을 더 많이 굴릴수록 정부는 무이자로 더 많은 돈을 빌려주는 셈이 된다.

    PEG가 0.75 이하인 성장주를 매수했는데, 1년간 이익이 약 20% 증가하고 PEG가 1.00으로 올랐다면, 자본차익은 60%에 이른다. 그러나 이 회사가 계속 좋은 실적을 내고 있고 장기적으로도 좋은 실적을 낼 것으로 보이면, 나라면 그 주식을 좀 더 보유하면서 PEG가 1.2로 오를 때까지 기다릴 것이다. PER로 보면, 이는 연간 이익 증가율이 20%인 주식을 PER 15에 사서 PER 24에 매도하는 것에 해당된다. 1년 후, 20%의 이익 증가에 PEG의 변화를 더하면 투자금은 거의 두 배가 되어 있을 것이고, 여러분은 아쉬워하면서 그 주식에 '안녕'을 고할 것이다. 그런데 생각건대 나라면 '다시 봐'라고 할 것이다. 이런 좋은 주식을 발견했다면 보다 나은 재매수 기회를 기다리면서 계속 관찰해야 하기 때문이다.

〈 예시 간단 수식 〉

	매수 시	1년 후		매도 시
PEG :	0.75		1	1.2
G :	20%		20%	20%
EPS :	1	→	1.2	1.2
PER :	15		20	24
P :	15		24	28.8
주가상승률 :	–		60%	92%

* 주) G : 이익성장률   P : 주가   EPS : 주당순이익

우량 성장주의 경우 시장은 희망 요인을 너무 과장하는 경우가 있다는 점을 유념해야 한다. 정말 좋은 회사는 매우 높은 PER의 부담도 견딜 수 있다. 이런 회사는 계속해서 매년 20~24%의 이익 증가율을 기록함으로써 결국에는 펀더멘털이 주가를 따라잡게 된다. 그러나 그 외 회사들은 (아마도 아주 약간) 실망을 주고 따라서 주가가 하락하게 된다. 그러면 지금까지 그 회사에 열광했던 사람들이 앞다퉈 탈출하려 한다.

우량 성장주에 대해서는 이익을 굴리는 것과 적절한 안전요인을 확보해 운영하는 것 사이에 좋은 균형을 이뤄야 한다. 이를 가장 잘 표현한 말은 경기주, 턴어라운드주, 자산상황주는 시장이 인식하면 매도해야 하지만, 우량 성장주는 '과도한' 칭찬이 쏟아질 때까지 기다려야 한다는 것이다.

셸 주식의 경우는 12장에서 제안한 대로 1년은 이익을 굴린 후 현황을 재평가해야 한다. 많은 경우 평가할 펀더멘털이 거의 없을 것이기 때문이다. 또 셸 주식은 보통 새 경영진을 평가하고, 그들이 일할 시간을 충분히 줘야 한다.

여러분의 포트폴리오 구성은 여러분이 택한 어떤 한 투자법 혹은 투자법들에 달려 있다. 나는 성장주와 셸 주식에 집중하는 경향이 있다.

여러분이 결정해야 할 또 다른 중요한 사항은 약세장이라고 느끼기 시작할 때 보유하려는 현금의 양이다. 여러분의 포트폴리오가 장기적으로 투자할 수 있는 여유자금으로 구성된 것이라면, 전액 투자를 유지할 수 있다. 그런데 시장이 근심의 벽 wall of worry(주식시장의 일시적인 부정적인 분위기)을 극복하고 계속 상승함으로써, 여러분의 약세장 시각이 틀릴 수도 있다. 여러분은 잘못된 시기에 현금화를 결심하고, 뒤이어 역시 잘못된 시기에 다시 전액 투자에 들어갈 수 있다. 그러나 때로는 더 많은 자금을 현금화하면 더 안심할 수도 있는데, 이 경우 나는 최대 50%까지 현금화할 것을 권한다.

포트폴리오를 지키는 또 다른 방법은 선물시장에서 FTSE 100 지수를 공매도하거나 풋옵션을 매수함으로써 전체 시장을 매도하는 것이다. 이 방법은 뒤에서 독립적으로 다뤘다. FTSE 100 지수에는 많은 경기주와 유틸리티주가 포함되어 있으며, 따라서 FTSE 100 지수를 매도하는 식의 방법들이 한 섹터로서 나쁜 실적을 낼 수도 있는 성장주들에 대한 투자를 반드시 보호해 주는 것은 아니다. 다른 한편, FTSE 100 지수는 보통의 경우 콘탱고(현물가보다 선물가가 높은 상태) 혜택을 누리며 매도할 수 있다. 물론 여러분이 헤지하려고 하는 주식들의 선물시장이 때로는 매우 불안하고 정상 상태를 벗어나는 경우도 자주 발생할 수 있다. 옵션과 다른 파생상품의 경우는 경험이 매우 많은 투자자들에게만 추천한다.

내가 소개한 각 투자법에는 안전요인이 있다. 이는 극단적인 손실의 위험에서 여러분을 보호하는 데 도움이 될 것이다. 급락장에서는 거의 모든 주식이 하락하지만, 체계적인 방법을 적용해 매수한 주식들은 다른 대부분의 주식보다 상황이 나을 것이다. 사실 여러분의 높은 선택 기준에 맞는 주식을 찾기가 극도로 어려워지면 약세장이 임박했음을 알리는 가장 믿을 만한 신호 중 하나다. 이때쯤이면 여러분은 보유 주식들이 이미 목표를 충족시키고 목표를 초과한 시점에 이르렀기 때문에 그중 많은 주식을 매도한 상태일 것이다.

안전요인에 대해 너무 강조하는 감이 있지만, 이 안전요인이 우리가 살펴본 모든 투자법에 어떻게 적용되는지 재차 반복하는 것을 허락해 주기 바란다. 일단 성장주는 낮은 PER과 낮은 PEG에 사야 한다. 전체 시장과 비교했을 때 분명한 쿠션 역할을 해주기 때문이다. 이 외에도 성장주는 종합적으로 하나의 안전망을 형성하는 다른 엄격한 기준들을 충족시켜야 한다.

턴어라운드주와 경기주는 사업 회복이나 경기의 상승 반전을 기대할 상당한 이유가 있는 바닥 근처에서 매수해야 한다. 그리고 턴어라운드주는 해당 기업이 사업을 회복하고 좋은 이익을 내고 있을 때 매도해야 한다. 경기주는 해당 기업이 불황에서 살아남았으며 사업 환경도 훨씬 좋아지고 있다는 것을 대중이 인식할 때 매도해야 한다.

자산상황주는 실현 가능한 가치에서 상당히 할인된 가격에 매수해서 그 가치가 다른 투자자들에 의해 이해되고 충분히 평가되었을 때 매도해야 한다. 이 경우 매수 시의 자산가치 할인 폭과 추가적인 안전망 기준들이 여러분의 쿠션이 된다. 물론 매수 후 주가가 하락할 수 있다. 그러나 적어도 여러분은 하방 위험이 덜한 상대적으로 낮은 수준에서 시작한 것이다.

셸 주식은 이들보다는 좀 더 어렵다. 주요 안전요인으로 기대가 만들어 낸 약간의 차액과 적절한 유동성이 존재하고, 그와 동시에 최고의 경영진을 갖춘 회사를 골라야 한다. 셀 주식에 주로 투자하고 있는데 약세장을 강하게 느끼기 시작한다면, 투자자금이 상대적으로 여유자금이라 해도 50%는 현금화해 둘 것을 권한다. 셀 주식은 주가의 많은 부분이 미래에 대한 기대와 희망으로 이루어져 있기 때문에 약세장에서는 매우 좋지 않은 실적을 내는 경향이 있다. 또 셀 주식 같은 주식시장은 갑자기 협소해지고 비유동적이 될 수도 있다.

핵심 정리

1. 개인 투자자의 포트폴리오는 여유자금으로 투자한 12개 정도의 종목만으로 구성되어야 한다. 최소 10개 종목은 되어야 하며, 한 주식에 투자하는 자금은 최대 15%로 제한해야 한다.

2. 매수한 후에는 직접 경험을 통한 관찰과 감시를 해야 한다. 여러분이 아는 사람 중에 투자종목에 관한 의문에 답해 줄 수 있는 사람을 아는 사람이 있다. 여러분 자신도 매우 적극적으로 직접 그 답을 찾아야 한다.

3. 이익은 굴리고 손실은 잘라라.

4. 이익을 굴리는 것을 바람직하게 하는 추가 요인들은 매도할 경우 발생하는 전환비용과 자본소득세다. 여러분이 투자한 주식에서 발생한 이익을 계속 굴리면, 매도했을 때 발생할 자본소득세만큼의 돈을 정부가 무이자로 대출해 주고 있는 셈이 된다.

5. 턴어라운드 주식은 턴어라운드 상황을 대중이 인식했을 때, 경기주는 경기가 호전되었을 때, 자산상황주는 주가가 자산가치에 근접했을 때 이익을 실현해야 한다.

6. 성장주의 이익은 보다 늦게 실현해야 한다. 연 20%로 이익이 계속 증가하는 진정한 보석은 PEG가 1.2가 될 때까지 보유해야 한다. 그 후에도 매도한 것을 후회할 수도 있다. 따라서 보다 나은 재매수 기회를 기다리면서 해당 기업을 계속 관찰해야 한다.

7. 셸 주식은 새 경영진에게 실력을 발휘할 기회를 주기 위해 1년은 이익을 굴려야 한다.

8. 여러분이 더 이상 매수를 고려하지 않을 정도로 스토리가 나쁜 쪽으로 변

하면 해당 주식은 모두 손절매해야 한다.

9. 분명히 설명할 수 없는 이유로 주가가 하락해 상대적 주가 실적이 열악하면, 시장 상황을 확인해야 한다. 주가 하락 이유를 발견할 수 없다면, 자신의 판단과 느낌을 활용해 손절매 여부를 결정해야 한다. 자동적으로 손절매할 공식을 원한다면, 턴어라운드주, 경기주, 성장주의 경우 25% 손실이 발생하면 자동적으로 손절매할 것을 권한다. 셀 주식은 40% 손실이 발생할 경우 손절매할 것을 권한다.

10. 여러분이 앞서 설명한 여러 투자법을 혼합해 포트폴리오를 구성할 수도 있다. 그러나 하나의 투자법을 택해 줄루 투자 원칙을 적용하는 것이 더 낫다고 나는 조언한다.

11. 우량 성장주는 '과도한' 칭찬이 쏟아질 때까지 기다려야 한다.

12. 약세장이 임박했다고 느끼면, 그리고 자신의 포트폴리오 자금이 언제라도 투자를 유지할 수 있는 분명한 여유자금이 아니라면, 자금의 50%까지를 현금화해라. 셀 주식의 경우에는 시장이 위험해 보이면 50%의 자금은 반드시 현금화해야 한다.

13. 옵션, 공매도, 기타 파생상품 투자는 경험이 매우 많은 투자자만 해야 한다.

14. 내가 설명한 모든 투자법에는 시장 상황이 좋든 나쁘든 포트폴리오 실적을 상대적으로 좋게 유지하는 데 도움이 되는 안전요인들이 있다.

이익은 주가를 견인하는 엔진이다.
엔진이 망가지거나 약해지면 주가는 하락하게 된다.

Earnings are the engine that drives the share price.
If the engine fails or falters the shares will come down.

이상적으로는 최근에 이익증가율에 가속도가 붙은 기업을 찾아야 한다.

Remember that, ideally, you want there to be recent acceleration in the earnings growth rate.

기준에 딱 맞는 주식을 발견할 때까지
참을성 있게 인내하면서 계속 찾아야 한다.

Be patient and keep looking until you find a share that really fits your criteria.

— 짐 슬레이터 —

16장
흥분한 황소와 교활한 곰의 싸움
— 강세장과 약세장, 시장별 대응 전략 —

　약세장이나 강세장을 어떻게 예상할지에 대한 몇 가지 간단한 지침을 제공하는 게 가능하기는 하지만, 그 지침들은 곧 무용지물이 될 것이다. 갈수록 많은 투자자들이 나의 성공적인 지침을 따르면, 시장은 점차 그에 적응할 것이고 그러면 미래 어떤 시점에 가면 그 지침이 효과가 없어지게 될 것이다.

　나는 1973~1974년 그리고 1987년 두 번의 약세장을 예상했다. 두 경우 모두 약세장 예상 타이밍은 좋았지만, 최종 하락 폭을 과소평가하면서 매도 포지션을 너무 일찍 청산했었다. 미국의 유명한 기술적 시장분석가 조셉 그랜빌Joseph Granville은 시장의 예측불가능성을 다음과 같이 잘 요약했다.

약세장이 미리 약속을 잡고 백주 대낮에 현관 초인종을 누르며 찾아오는 일은 절대 없다. 약세장은 밤도둑처럼 사람들이 확신의 잠에 깊이 빠져든 사이 뒷문으로 몰래 들어온다.

나는 강세장의 정점과 약세장의 바닥을 알아내는 법을 알려주고자 한다. 그러나 시장에 대한 여러분의 시각이 어떻든 간에, 여유자금의 최소 50%는 항상 시장에 투자하고 있어야 한다. 시장 추세에 대해서는 잘못된 판단을 할 위험이 있으며 그리고 항상 기억할 것은 종목 선정이 시장 타이밍을 맞추는 것보다 훨씬 중요하다는 점이다. 부동산 전문가들은 부동산에 투자할 때 기억해야 할 중요한 세 가지는 부동산의 위치, 위치, 위치라고 한다. 주식투자도 (부동산의) 위치란 말 대신 (종목의) 선정이란 말을 쓰는 것만 제외하고는 이와 매우 유사하다. 이런 중요한 논점은 주당 공모가 40달러에 1919년 미국시장에 상장된 코카콜라 사례에서 가장 잘 확인할 수 있다. 그 이듬해 설탕가격이 급등하는 바람에 코카콜라의 주가는 20달러 밑으로 떨어졌다. 그 후 여러 번의 전쟁, 매우 극단적인 약세장, 경기후퇴, 불황 그리고 추가적인 설탕 가격 급등 등의 사건이 있었다. 이런 파란만장한 사건들을 거치면서, 주당 최초 투자금 40달러는 지금 무려 180만 달러로 불어났다. 코카콜라 사례에서 확인할 수 있는 명백한 결론은 정확한 우량 성장주를 골라서 좋을 때나 나쁠 때나 함께 해야 한다는 것이다. 펀더멘털 가치보다 군중심리가 시장 움직임에 훨씬 많은 영향을 미친다. 탐욕은 시장을 실제 가치보다 훨씬 높은 곳

〈그림 16-1〉 런던 금시장 : 순은괴의 온스당 현금 가격

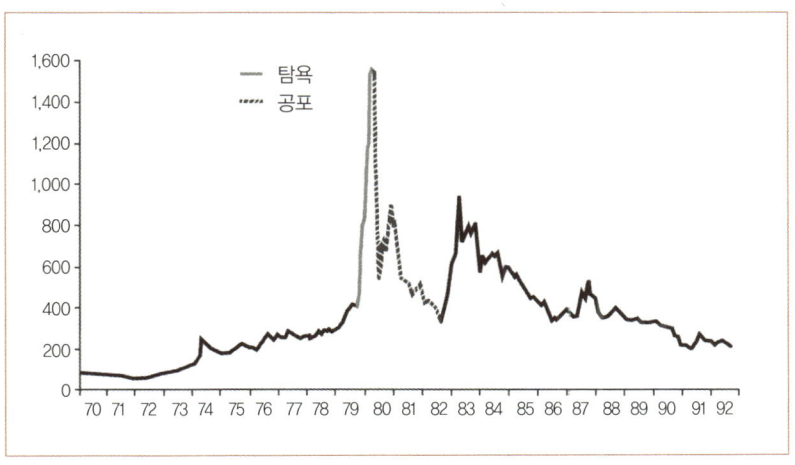

출처 : Datastream

까지 끌어올린다.

한 기업의 주가는 주당순이익 그리고(혹은) 주당순자산과 대체로 동조를 보이지만, 어떤 경우에는 몇 년 동안 가격과 가치가 상당한 불일치를 보이기도 한다. 1970년대 슬레이터 워커는 호주에서 니켈 광산을 발견한 것으로 알려진 포세이돈에 투자한 적이 있었다. 당시 나는 우리 회사 중 하나를 위해 이 주식을 주당 1호주달러가 조금 안 되는 가격에 3만 주를 매수했었다. 그 후 주가는 매일 올랐고, 나는 그중 1만 주를 주당 10호주달러에, 또 1만 주를 주당 20호주달러에, 마지막으로 1만 주를 주당 30호주달러에 매도했다. 나는 제때에 잘 팔았다고 생각했지만, 주가는 100호주달러를 돌파하고 말았다. 그 직후 크리스마스에 나는 거래 증권사 직원으로부터 노스 플

라인더스North Flinders와 또 다른 작은 호주기업이 포세이돈이 발견한 광산 근처에서 니켈을 발견했다는 소식을 들었다. 결국 이 두 기업의 주가는 매우 높은 수준으로 상승했는데, 이는 포세이돈을 포함한 세 기업의 시가총액을 지탱해 줄 정도로 충분한 니켈이 호주뿐 아니라 과연 세계에 있을까 하는 의심이 들 정도로 높은 주가 수준이었다. 포세이돈 주식 3만 주를 일찍 판 것에 조금 언짢아진 나는 노스 플라인더스를 공매도하기로 했다. 그런데 며칠 후 주가가 또 두 배로 뛰었고, 나는 어쩔 수 없이 공매도 포지션을 청산해야만 했다. 그러나 그 후 몇 개월도 안 돼, 포세이돈의 주가는 4호주달러까지 곤두박질쳤고, 노스 플라인더의 주가도 형편없는 수준으로 떨어졌다. 이 이야기의 핵심은 펀더멘털의 견지에서는 내가 옳았지만 타이밍은 최악이었다는 것이다. 우르르 달려가는 가축 떼의 방향을 돌리려면, 그들이 지칠 때까지 기다려야 한다. 그렇지 않으면 몰려드는 가축 떼 발굽에 짓밟힐 수 있다. 대중의 열광mania은 실로 강해서 펀더멘털 가치를 오랫동안 완전히 묵살해 버린다. 이런 열광에 대처하는 가장 안전한 방법은 그 열기가 사라지기 시작할 때까지 기다리는 것이다.

내가 '열광'이라는 말을 사용한 것은 다분히 의도적이다. 사람들은 군중 속에서 개성을 잃고 같은 감정과 생각을 갖기 시작한다. 사람들은 뭔가의 '안에' 속해 있고 또 그렇게 보이는 것을 좋아한다. 요컨대 식당 '안에'서 먹고, 경기장 '안에'서 보고, 책'에서' 읽었다고 말하기를 좋아한다. 귀스타브 르 봉Gustave Le Bon은 그의 유명한 『군중심리The Crowd』에서 다음과 같이 말한 바 있다.

> 집단정신은 일시적으로만 형성되는 것이 거의 분명하다. 그러나 매우 확실한 성격을 드러낸다. 일단의 무리는…… 심리적으로 하나의 군중이 된다. 이미지로만 생각할 수 있게 된 군중은 이미지로만 감화된다.

'벼락부자instant wealth'가 될 수 있다는 이미지는 이해하기 쉬울 뿐 아니라 지루하고 사람을 우울하게 만들기도 하는 몇 가지 펀더멘털보다 훨씬 매력적이다. 즉각적인 부처럼 강력한 이미지는 군중을 비정상적인 열광으로 몰아넣기에 충분하다.

찰스 맥케이는 그의 명저『대중의 미망과 광기』에서 미시시피 버블Mississippi Scheme과 사우스 시 버블South Sea Bubble 사례를 소개했지만, 내가 가장 좋아하는 사례는 튤립 광기 즉 튤립 버블Tulipomania이다. 17세기 초, 많은 네덜란드 사람들은 희귀한 튤립 구근을 수집하고 있었는데, 희귀한 튤립 구근을 수집하지 않는 부자는 고상한 취미가 없다고 치부될 정도였다. 이런 튤립 구근에 대한 소유욕은 네덜란드 중산층으로까지 확대되었다. 1636년에 와서는 희귀한 튤립 구근에 대한 수요가 크게 증가해 튤립 구근을 파는 정규시장이 여러 주요 도시의 증권거래소에 개설될 정도였다. 튤립 구근 가격이 계속 상승함으로써, 튤립에 투기한 많은 사람들은 갑자기 큰 부자가 되었다. 그러자 모든 계층의 사람들이 어렵게 번 돈을 튤립 구근에 투자하기 시작했고, 튤립에 대한 광기가 네덜란드를 휩쓸었다.

여러분은 어떻게 해서 네덜란드 사람들이 현실감각을 잃게 되었는지 의아해할 것이다. 당시 한 상점에서 양파라고 생각해 튤립 구근을 훔쳐 몇 시간 후 청어와 함께 아침식사로 먹어 버린 한 불운한 선원도 여러분과 같은 생각이었을 것이다. 이 선원이 양파로 알고 훔쳐먹은 문제의 튤립 구근은 희귀종 중의 희귀종으로 꼽히던 셈페르 아우구스투스Semper Augustus였고 당시 가격으로는 3,000플로린이었는데, 이 돈이면 그 선원이 타던 배의 전 선원이 1년 동안 충분히 먹고 살 돈이었다. 이 불운한 선원은 그 후 몇 개월 동안 중범죄로 옥살이를 하면서 도대체 그 튤립 구근이 왜 그렇게 중요하고 비싼 것인지 의아해하고 또 의아해했을 것이다.

얼마 후 보다 보수적인 일부 부자들도 같은 의문을 갖기 시작했다. 그리고는 튤립 구근 매수를 중단하고 일부를 팔기 시작했다. 그러자 우려가 퍼져 나갔고, 확신은 사라졌으며, 가격은 폭락해 예전 가격을 결코 회복하지 못했다. 광기의 정점에서 셈페르 아우구스투스 튤립 구근 가격은 5,500플로린에 달했지만, 99% 하락한 후 저점의 가격은 고작 50플로린에 불과했다. 튤립 버블이 꺼진 후, 만연했던 극단적인 광기와 함께 투자자들의 돈 90%도 사라졌다.

금융 광기의 주기는 쉽게 이해할 수 있으며, 다음과 같이 진행된다.

1. 벼락부자의 이미지가 금융 및 심리적 군중을 유인, 형성한다.

2. 사람들은 자기가 보고 싶은 것을 본다. 사실과 환상이 혼합되어 그들의 마음속에 어떤 이미지가 구축된다. 새로운 관심 영역에서 발생한 소수의 특별한 성공 사례가 누구나 누릴 수 있는 그런 성공처럼 제시된다.

3. 해당 분야에서 인정받은 전문가들이 군중도 그 길을 가라고 독려한다.

4. 군중이 펀더멘털과 모든 전통적인 가치지표들을 무시하면서 비합리적으로 행동하고 위험을 느끼지 못하기 시작한다. 이런 전 과정을 통해 가격은 계속 급등하고, 계속적인 가격 급등은 더욱 더 많은 매수자들의 참여를 유인하는 자가 발전 과정이 된다.

5. 빔 프로젝터에서 새로운 슬라이드로 넘어가는 것처럼, 군중을 유인하고 형성했던 이미지가 갑자기 변한다.

6. 광기의 정점 근처에서 투자했던 사람들에게 재앙이 몰아치면서 거품이 꺼지고 탐욕은 사라지며 그 자리를 공포가 차지한다.

이 전 과정에서 가장 놀라운 점은 사람들이 지난번 광기에서 범한 실수를 통해 배우는 바가 전혀 없는 것 같다는 점이다. 그 주된 이유는 물론 심리적 군중에 휩쓸리는 것에 저항하기가 어렵다는 점일 것이다.

금융 광기가 오래전 다른 어리석은 사람들이 범했던 튤립 버블 같은 사건에 대한 학술 주제에만 머무는 것이 아니라는 점을 깨달아야 한다. 사람들은 아직도 어리석다. 1987년 유틸리티 주식 붐이 정점에 달했을 때 일본 정부는 일본의 독점 전화회사인 NTT를 상장시켰다. 상장가격은 주당 160만 엔으로, 이 가격에 PER은 170배, 배당수익률은 0.3%였다. 그리고 주가가 318만 엔으로 고점을 쳤을 때, 이 주식의 PER은 약 340배였고 NTT의 시가총액은 독일 주식시장의 전체 시가총액보다도 컸다.

그 후 일본의 거품이 완전히 붕괴했고, NTT는 요란한 광기의 대표적인 사례가 되었다. 그리고 1992년 현재 NTT의 주가는 58만 1,000엔으로 하락했는데, 이 가격에 예상 PER은 1993년 예상 이익의 67배다. 1994년 예상 이익도 더 낮을 것으로 전망되기 때문에 지금의 주가도 여전히 매우 비싸 보인다.

또 다른 최근의, 그러나 튤립 버블보다 훨씬 덜 극단적인 사례는 1980년대 말 런던 부동산시장에서 발생했다. 내 아들이 1988년 고등학교를 졸업하고 대학에 입학하기 전 잠시 한 상품중개인의 딜링 룸에서 일한 적이 있는데, 그때 아들은 내게 깊은 인상을 준 바 있다. 어느 날 저녁, 집에 돌아온 아들은 영국의 주택 부동산 붐이 거의 종말에 왔다고 확신에 차 말했다.

"그들 모두가 부동산 사다리에 올라타서 지금까지 얼마나 많이 벌었는지 떠벌이고 있어요. 그들은 부동산 가격 하락에 대해서는 상상도 못하고 있어요." 아들 말이 옳았고, 그의 말을 좀 더 관심 있게 들었어야 했다.

한 시장이 강세 국면인지, 약세 국면인지를 판단하는 데는 여러 방법이 있다. 예를 들어 강세장이 만연할 때는 역대 최고 수준의 PER과 장부가에 상당한 프리미엄이 붙은 가격에 주식이 매매된다. 또한 투기의 정도가 심해지고 의심스러운 가격에 수많은 신주 발행이 이루어진다. 그러나 곰(약세장)은 교활한 동물이고, 각각의 약세장 주기는 이전 약세장과 미묘한 차이가 있음을 이해해야 한다. 곰이 쉽게 보이면 너무나 단순하겠지만, 놈은 여러분을 잡기 위해 숨어서 덫을 놓고 있으며, 따라서 대부분의 사람들은 곰이 다가오는 것을 알지 못한다고 믿어도 좋다. 내가 여러분에게 현재 시점(1992년 6월)을 기준으로 '직전의' 강세장 정점과 '직전의' 약세장 바닥을 알렸던 보다 전통적인 일부 신호들을 정리해 보여 주는 동안 이 경고를 단단히 유념해야 한다. 곧 알게 되겠지만 강세장과 약세장 신호들은 동전의 서로 다른 면과 같다.

강세장 정점을 알리는 신호들

● 현금은 쓰레기다

1992년 4월 초, 당시 강세장을 만들어 냈던 미국의 많은 펀드매니저들은 현금은 쓰레기라는 생각을 공유하고 있었다. 그 결과 초래된 기관들의 매우 적은 현금 보유는 강세장의 정점을 알려 주는 분명한 위험신호가 되었다.

● 가치를 찾기 어렵다

전체 시장의 평균 PER은 역대 고점 수준에 근접해 있을 것이다. 평균 배당수익률은 낮고, 주가는 장부가에 상당한 프리미엄이 붙은 가격에 매매되고 있을 것이다. 여러분이 내 투자법을 따르고 있다면, 이미 많은 주식을 매도했을 것이고 여러분의 기준을 충족시키는 주식은 극히 적어졌을 것이다.

대표주에 대한 우리의 1992년 데이터스트림 분석에 따르면, 1992년 6월 기준 FTSE 100 지수 종목 중 좋은 매수 기회를 제공하는 종목은 찾기가 어렵다는 게 밝혀졌다. 미국시장도 분명 역대 가치에 비해 매우 높은 수준에 있다.

약세장 바닥을 알리는 신호들

● 현금이 왕이다

약세장 바닥에서는 현금이 가능한 최선의 보유 자산이라는 생각이 널리 퍼져 있다. 따라서 기관의 현금보유액은 보통 매우 높은 수준에 있다.

● 가치를 찾기 어렵다

전체 시장의 평균 PER은 역대 저점 수준에 근접해 있을 것이다. 평균 배당수익률도 높고 주가는 장부가에서 할인된 가격에 매매되고 있을 것이다. 1975년 1월, 당시 약세장 바닥에서 FT 보통주 지수는 146으로 1954년 5월 이후 최저점을 기록하고 있었다. 평균 PER은 4 미만이었고, 배당수익률은 13%를 넘었다. 당시 ICI(영국의 종합화학회사)는 13.4%, 글린웨드Glynwed(영국의 기계장비 및 부품회사)는 24%, 타맥Tarmac(영국의 건설자재회사)은 17.7%, 렉스서비스Lex Service(영국의 자동차 및 전자부품 유통회사)는 무려 43.6%의 배당수익률을 각각 기록하고 있었다.

● 시장 주도주의 변화

제약회사는 오랫동안 인기주였고, 글락소 같은 제약사들은 시장 주도주로 자리를 잡았다. 1960년대 10년 동안은 대기업 집단이, 1970년대 초에는 금융 및 부동산 회사들이, 1970년대 말에는 석유회사들이 인기를 끌었다. 시장 주도주의 주요 변화는 시장 방향의 변화를 알리는 전주곡이 되는 경우가 많다.

강세장 정점에서 일반적으로 투자자들은 안전한 성장주에서 경기주로 이동해, 경기주를 집중 매수하는 경향을 보인다.

● 대화의 화제

강세장 정점에서는 주가가 칵테일, 만찬 모임 등에서 대화의 주제가 되는 경향이 있다. 미국의 경우, 뉴욕 택시기사들이 묻지도 않았는데 자신의 포트폴리오 내역을 밝히면서 시장에 대한 의견을 말하는 경우가 많다.

● 언론보도

강세장 정점 부근에서는 언론과 TV가 주식시장 동향을 보다 중요하게 보도하고 낙관적인 태도를 보이는 경향이 있다. 가격이 가치에 비해 높아 보이면, 언론은 '이번은 다를 것'이라고 주장한다. 투자자들은 다가올 위험을 경고하는 소수의 약세장 기사들은 무시한다.

● 시장 주도주의 변화

오랫동안 소외됐던 업종들이 그동안 바닥을 단단히 다져 왔고, 마침내 살아날 신호를 보이기 시작하는데, 이는 이들이 다음 강세장의 주도주가 될 수 있음을 의미한다. 예를 들어 금 및 다른 자원 관련 주식들은 지금까지 여러 해 동안 소외되어 있었다. 전 세계의 모든 금광 상장사들의 시가총액을 다 더해도 글락소의 시가총액에 미치지 못한다. 따라서 아주 적은 양의 매수만으로도 금 관련 주식 붐이 다시 촉발될 수 있다.

● 대화의 화제

전반적인 분위기가 매우 우울해 대부분의 사람들이 더 이상 주식을 보유할 필요가 없다고 믿고 있을 것이다. 약세장에서는 누구도 주식시장에 대해 말하고 싶어 하지 않는다.

● 언론보도

대중의 관심이 줄어든 탓에 언론과 TV의 주식시장 보도도 줄어든다. 이따금 나오는 강세장 예상 기사는 (그런 기사를 쓴 기자가 미친 게 분명하다는 식으로 치부되면서) 무시된다.

● 신주 발행

　일반적으로 강세장 정점에서는 기업 공개, 유상 증자, 신주 발행 등이 많이 행해진다. 질적으로 문제 있고 등급이 낮은 주식이 말이 안 되는 가격에 팔린다. 1992년 6월 현재 영국 신주발행시장은 더 활성화될 수 있을 것처럼 보이지만, 미국의 경우 시장에 거품이 많이 꼈고 투자자들이 보다 신중해져 분위기가 가라앉기 시작했다.

● 내부 거래

　내부자들의 매수 대비 '매도' 비율이 높은 경우가 많다. 그러나 내부자들이 항상 옳은 것은 아니란 점을 유념해야 한다. 그들도 심리적 군중의 일부이기 때문이다.

● 뉴스에 대한 반응

　강세장이 정점에 달했다는 초기 신호 중 하나는 주가가 호재에도 반응하지 않는 것이다. 기업 이사진이 우수한 실적을 보고했음에도 불구하고 주가가 떨어지는 경우가 이에 해당한다. 시장은 힘을 잃어가며, 좋은 뉴스도 상당 부분 무시되고, 주식 구매력은 거의 소진된 상태다.

◉ 신주 발행

눈에 띄는 신주 발행이 거의 없다. 상장에 충분한 규모의 비상장기업을 세운 기업가들은 상장할 때 보다 높은 가격을 획득하기 위해 시장 상황이 나아지기를 기다린다.

◉ 내부 거래

내부자의 매도 대비 '매수' 비율이 높은 수준에 있을 것이다. 그러나 강세장과 마찬가지로 내부자들이 항상 옳은 것은 아니란 점을 유념해야 한다. 그들도 심리적 군중의 일부이기 때문이다.

◉ 뉴스에 대한 반응

약세장이 바닥을 쳤다는 초기 신호 중 하나는 주가가 악재에도 하락하지 않는 것이다. 시장은 이미 실적을 할인한 상태고, 추가 매도가 나올 가능성도 매우 적은 상태다.

● 기술적 분석 신호들

브라이언 마버는 강세장 정점에서 '이따금' 머리어깨형, 이중고점형, 삼각형, 쐐기형wedge 패턴이 보인다고 했다. 그가 즐겨 분석하는 신호는 모멘텀 추력Momentum Thrust이다. 예를 들어 시장 전체 종목의 75% 이상이 그들의 장기 평균가격 이상으로 거래되어 왔는데, 그런 종목의 비율이 75% 밑으로 하락하면, 이는 (강세장 정점을 알리는) 중요한 신호가 된다.

● 금리

강세장 정점에서는 보통 금리가 곧 오를 예정이거나 이미 오르기 시작했다. 1992년 6월 현재 기준, 영국의 가장 최근 금리 하락은 1992년 5월에 있었지만, 독일의 문제로 추가 하락 가능성은 제한적이다. 미국은 연방준비제도이사회가 계속 금리를 내리고 있지만, 이는 영원히 지속될 수는 없다. 대통령 선거 후에는 금리가 다시 오를 가능성이 높다(실제로 1992년 11월 대통령선거 후, 이듬해 빌 클린턴이 취임하고 그해 말부터 미국 금리가 인상되기 시작했다-역자).

● 통화공급

강세장의 하락 전환 시점에는 전반적인 통화공급이 축소되는 경향을 보인다.

● 투자자문사들의 컨센서스

투자자문사들의 컨센서스는 강세장이다.

● 기술적 분석 신호들

브라이언 마버는 약세장 바닥에서 '이따금' 머리어깨형 반전패턴, 이중바닥형, 삼각형, 쐐기형 패턴들이 보인다고 했다. 모멘텀 추력은 이동평균선 위에 있는 종목의 비율이 시장 전체의 25% 미만이고 그 비율이 상승 전환할 때 시장의 상승 반전을 확인해 주는 역할을 한다.

● 금리

일반적으로 높은 수준에 있던 금리가 곧 하락할 예정이거나 막 하락하기 시작한 상태다. 예를 들어 1981/2년 약세장 바닥에서 미국의 장기채권 수익률은 천문학적으로 높은 15.23%에 달했었다.

● 통화공급

약세장의 상승 전환 시점에는 전반적인 통화공급이 증가하는 경향을 보인다.

● 투자자문사들의 컨센서스

투자자문사들의 컨센서스는 약세장이다.

강세장 정점을 나타내는 기타 지표들

영국보다 미국에서 보다 쉽게 파악되는 다른 많은 강세장 정점 지표들이 있다. 가장 널리 알려진 것은 다음과 같다.

1. 풋옵션 대비 콜옵션의 비율
풋옵션 대비 콜옵션의 비율이 높을수록 금융시장 분위기는 더 투기적이다.

2. 단주 지표들
단주 투자자들은 100주 미만의 단위로 주식을 사고파는 투자자들을 말하는데, 이들은 주식을 잘 모른다는 것이 이 이론의 기본 전제다. 따라서 이 이론에 의하면, 주식을 잘 모르는 이들이 많은 주식을 매수하고 있으면, 결국 이들이 틀렸다는 것이 드러날 것이고 시장은 조정에 들어가게 된다.

3. 미결제 공매도 잔액 비율
뉴욕증권거래소에서 총거래량 대비 공매도 비율이 낮으면 강세장이 하락 전환할 것이라는 신호가 되기도 한다. 공매도자들은 자신이 무엇을 하고 있는지 아는 전문가들이기는 하지만, 이들 역시 심리적 군중의 일부다.

4. 뮤추얼펀드
1992년 초 금리 하락으로 미국 투자자들은 단기 금융상품(MMF)에서 자금을 빼 적극적인 투자를 하는 뮤추얼펀드에 월 70억 달러를 쏟아부었다. 이렇게 엄청난 자금이 시장에 들어온 결과 주가는 천정부지로 치솟았다. 대중이 미몽에서 깨어나고 환매가 대량으로 시작되면, 강세장은 막을 내리게 될 것이다.

약세장 바닥을 나타내는 기타 지표들

동전의 뒷면으로, 미국에서 보다 쉽게 파악되는 다른 많은 약세장 바닥 지표들은 다음과 같다.

1. 풋옵션 대비 콜옵션의 비율
풋옵션 비율이 높을수록 반등 가능성은 높아진다.

2. 단주 지표들
단주 투자자들이 대량으로 매도 중이라면, 약세장 종식을 알리는 강세장 전환 신호가 될 수 있다.

3. 미결제 공매도 잔액 비율
시장에 대규모 공매도 포지션이 존재할 때 약세장은 매우 급격히 상승 전환할 수 있다. 아주 약간의 호재만 나와도 공매도자들은 바로 공매도 환매에 나설 것이기 때문이다. 공매도자들이 공매도 환매를 위해 매수에 나서면 주가는 급등하고, 공매도자들 사이에서는 (서둘러 매수하지 못하면 망할 수도 있다는) 매수 공황이 발생한다.

4. 뮤추얼펀드
뮤추얼펀드 환매가 보다 정상적인 수준으로 줄어들고 뮤추얼펀드로의 자금 유입이 부지불식간에 플러스로 전환되기 시작하면, 상당한 주가 상승의 기반이 다져진 셈이다. 약세장이 진행되면서 시장은 과매도 상태에 있을 것이기 때문에, 약간의 매수만 유입돼도 주가에 큰 영향을 미치게 된다.

강세장 및 약세장과 관련해 유념해야 할 몇 가지 일반적인 사항은 다음과 같다.

a) 여러분이 기뻐할 소식은 일반적으로 강세장이 약세장보다 길다는 것이다.

b) 강세장은 몇 년에 걸쳐 형성되며, 그 후 시장이 탐욕으로 유발된 엄청난 고평가에서 약세장의 공포 속에 초래된 상당한 저평가로 전환되는 데는 오랜 시간이 걸린다.

c) 지독한 약세장에서는 짧은 기간에 거금을 잃을 수도 있다. 1964년 이후 현재(1992년 6월)까지 7번의 약세장에서 평균 하락률은 34%, 지속 기간은 평균 57주였다. 그러나 1973~1975년 약세장의 하락률은 73%였고 지속 기간은 무려 136주에 달했다.

d) 강세장은 대개 4~5년 지속되는 것으로 보인다. 선거 주기와 일정한 연관이 있을 수도 있다. 그러나 예외는 많다.

e) 내가 보기에 강세장에서의 큰 조정과 소형 약세장 사이에는 실질적인 차이가 없는 것 같다. 1987년 급락 후 시장이 반등에 성공해 전고점을 돌파한 적이 있는데, 순수한 기술적 분석가라면 급락에도 불구하고 기존의 강세장 기조가 손상되지 않았기 때문에 1987

년의 급락은 단지 큰 조정에 불과한 것이라고 주장할 것이다.

그러나 대형 약세장은 다르다. 그 기간이 최소 9개월, 어떤 때는 2~3년 지속되며, 그 기간 동안 약세 분위기가 만연하기 때문에 여러분은 '차라리 주식투자를 하지 않았더라면……' 하는 심정일 것이다.

f) 1980년대 세계 주식시장은 서로 동조하는 것처럼 보였다. 1987년 급락 후 며칠 동안, 어느 날 오후 월스트리트가 급락하자, 다음날 도쿄에 연쇄 반응이 일어났고, 이로 인해 그 다음날 런던시장이 약세로 출발했다. 그러나 그 후 5년도 지나지 않아, 일본시장은 시가총액이 반 이상 줄어들 정도로 하락했지만 월스트리트와 런던은 역대 최고점에 도달했다.

세계 주요 국가 중 어느 국가도 독자적으로는 성공할 수 없다. 세계경제가 깊은 침체에 빠지면 모든 주요국 주식시장도 영향을 받기 마련이다. 그럼에도 불구하고 현재 세계 일부 주요 시장이 하향 추세에 있다 해도, 다른 많은 개별 주식시장은 상승 가능성이 더 큰 것으로 보인다.

g) 강세장과 약세장은 모두 몇 가지 다른 단계를 거친다. 예를 들어 약세장에서 1단계는 경제 상황이 여전히 긍정적인 데도 시장은 급락하는 시기다.

2단계에 오면, 경제 상황은 악화되지만 시장은 과매도 상태가 된다. 그런 후 대부분의 투자자들이 시장이 바닥을 쳤다고 믿을 정도로 강력한 단기 반등이 온다. 3단계가 되면, 경제 뉴스들은 끔찍한 소식들을 전한다. 투자자들은 패닉 상태에 빠지고 가격에 상관없이 매도한다. 하락 추세가 자가발전하면서 시장은 매우 급속히 하락한다. 3단계는 투자자들이 미래에 대한 모든 희망을 버릴 때에야 비로소 끝나고, 이제 다음 강세장을 위한 발판이 된다. 악재에도 주가가 더 이상 떨어지지 않는 것이 첫 번째 긍정적인 신호가 된다.

이런 모든 내용이 상당히 우울하기는 하지만, 시장은 내릴 수도 오를 수도 있음을 이해해야 한다. 극심한 약세장은 기본 가치와 별개로 거의 모든 것을 끌어내린다. 따라서 이런 약세장에서는 추세를 이기려고 해서는 안 되고, 폭풍이 지나가기만을 기다려야 한다.

전체 시장 전략에 대한 요점 정리

1. 일간지, 주간지, 투자 전문지, 투자 뉴스레터 등을 읽으면 시장 동향을 잘 파악할 수 있다. 앞에서 소개한 경고 신호 등을 참고해 전체 시장 상황을 스스로 판단해야 한다.

2. 강세장이라고 느끼면 여유자금의 100%를 투자하고, 약세장이라고 느끼면 여유자금의 50%만 투자하라.

3. 포트폴리오 투자금을 100%에서 50%로 줄일 때에도 보다 방어적인 주식은 보유해야 한다. 여러분의 투자 목표를 충족시킨 주식들을 매도하면, 자연히 그렇게 된다. 성장주 포트폴리오의 경우, PEG가 낮은 주식은 보유해야 한다. 주가를 받치는 성장이 지속되는 한 PER이 높은 수준에 있어도 괘념치 마라.

4. 전문투자자가 아니면 공매도는 생각하지 말라. 펀더멘털에 관해서는 여러분이 옳을 수 있지만 타이밍은 끔찍하게 못 맞출 수 있다.

5. 경험 많은 투자자가 아니라면 옵션과 기타 다른 파생상품은 피해라. 이런 상품에 투자하면 큰돈을 벌 수도 있지만 투자한 돈을 모두 잃을 수도 있다.

6. 무엇보다도 약세장에 너무 공포를 느낀 탓에 여러분이 신중히 고른 그리고 계속 좋은 실적을 내고 있는 우량 성장주를 매도하는 일은 없어야 한다. 그 가치가 주당 40달러에서 180만 달러로 상승한 코카콜라의 사례를 기억하라. 이는 사람의 한 생애 동안 1,000달러가 4,500만 달러로 불어난 것에 해당한다. 투자란 바로 이런 것이어야 한다.

17장
바다를 건너도 '줄루'는 유효하다
- 해외시장 투자 전략 -

나의 성장주 투자법은 특히 미국 주식에 아주 잘 적용될 수 있고, 그 외 다른 여러 해외시장에서도 효과적일 것이다. 미국과 영국의 중요한 차이는 미국의 경우 회계 기준이 훨씬 높고, 분기별로 실적이 발표되며, 성장주가 더 많고, 투자 운용의 정교함에서 차원이 다르다는 것이다.

미국 주식에 투자하기 위해서는 먼저 더 많은 자료를 읽어야 한다. 〈파이낸셜 타임스〉와 쌍벽을 이루는 훌륭한 신문인 〈월스트리트 저널Wall Street Journal〉은 매일 읽어야 한다. 영국에서 발행됐어도 큰 성공을 거뒀을 아주 우수한 투자 주간지 〈밸류 라인Value Line〉도 반드시 읽어야 한다. 〈밸류 라인〉의 애널리스트들은 시의성Timeliness

과 안전성Safety의 견지에서 매주 약 200개 기업을 심층 분석, 평가하고 있다. 이때 각 주식별로 매우 상세한 통계 수치를 제공하면서, 분기 이익 증가율, 재무 상태, 장부가, 주가 차트, 상대적 주가 실적 그리고 해당 주식에 대한 애널리스트들의 자세한 검토 내용을 소개하고 있다. 시의성 견지에서 〈밸류 라인〉이 최고로 추천한 주식들은 매년 시장보다 상당히 앞선 실적을 보여주고 있다.

개별 주식에 대한 검토 외에도 〈밸류 라인〉은 검토 중인 모든 주식에 대한 추가 통계자료도 보유하고 있어서 배당수익률이 높은 기업, 현금 창출 능력이 좋은 기업, 장부가에서 크게 할인된 가격의 기업, PER이 가장 낮은 수준의 기업, 자본수익률이 가장 높은 수준의 기업, 고성장 기업 등을 특정해 소개하고 있다. 투자분석가들에게는 천국과도 같은 잡지다.

몇 년 전 나는 자산가치에서 할인된 가격의 주식과 특히 PER이 낮은 주식들 중에서 주가가 68달러이던 화학회사 셀라니즈Celanese를 발견한 적이 있다. 당시 셀라니즈의 주당 현금도 28달러에 달해 정말 보석 같은 주식이라 할 수 있었다. 결국 1년 후 이 회사는 주당 245달러에 독일의 종합화학 및 제약사 훽스트Hoechst에 인수되었다.

〈배런스Barron's〉는 유머감각이 훨씬 강하고 문제도 더 도발적이기는 하지만 대체로 영국의 〈인베스터스 크로니클〉에 해당하는 훌륭한 주간지다. 〈배런스〉는 미국 투자에 대한 지침을 제공할 뿐만 아니라, 세계적 시각을 고양하는 데도 도움이 된다. 세계적 시각을 키우는 데 도움을 주는 또 다른 중요한 잡지는 토론토에서 발간되는 월간지 〈뱅크 크레디트 애널리스트Bank Credit Analyst〉다. 이 월간지는 특히 월스트리트와 달러화 중심으로 세계시장과 통화 동향에 대한 자세한 통계자료와 의견을 제공하는 훌륭한 잡지다.

내 투자법을 익혔다면, 〈밸류 라인〉의 주간 검토 자료들을 가지고 쉽게 작업할 수 있을 것이다. 이때 시의성과 안전성에 대한 〈밸류 라인〉 애널리스트들의 의견은 무시하고 그저 스스로 PEG를 계산하고 기타 내 기준들을 적용해야 한다. 그리고 일단 자신만의 결론에 도달하면, 여러분의 최종 견해를 〈밸류 라인〉의 평가와 대조 확인해야 한다. 여러분이 고른 종목이 시의성 견지에서 〈밸류 라인〉으로부터 높은 평가를 받을 때가 많다는 사실에 놀랄 것이다. 〈밸류 라인〉의 안전성 평가 등급이 매우 낮으면, 주의하면서 여러분의 계산수치를 이중 확인해야 한다. 그러면 아마도 차입금이 너무 많다거나 다른 주요 문제가 있음을 발견하게 될 것이다. 실제로 즉각 투자할 필요는 없다는 점을 유념해야 한다. 다음 주나 다음 달까지 기다릴 수 있고, 그러면서 계속 진정한 보석을 찾아볼 수 있다. 투자 그 자체만을 위해 투자해서는 안 된다.

그리고 당연히 미국 주식에 정통한 증권사 직원이 필요하다. 여러분이 거래하는 영국 증권사 직원이 여러분 대신 미국 주식을 매수하고 매도해 줄 수는 있을 것이다. 그러나 여러분은 여러분의 의견과 매매에 대해 일정한 피드백을 받고, 종목과 시장의 최근 주요 진행 상황에 대해 계속 정보를 제공받을 필요가 있다. 아주 큰 도움은 기대할 수 없더라도 영국에서 우체국 일을 보는 식의 답답한 상황은 피해야 한다. 미국시장 투자에 필요한 몇 가지 지침도 필요할 것이다. 예를 들어 미국시장에서 어떤 주식의 가치를 확인할 때는 미국시장의 다음 세 가지 특징에 각별한 관심을 가져야 한다.

1. 퇴직 후 의료비 지원 책임

과거 미국 경영진은 노조와 협상할 때 주주들의 돈을 매우 후하게 사용할 수 있었고, 그 결과 자신과 직원들을 위한 퇴직 후 의료비 지원 혜택을 늘렸다.

1992년 이전에는 이런 의료비 지원 책임으로 발생한 부채가 재무제표에 계상되지 않았지만, 이제 이 부채는 이익에서 공제되어야 한다. 일부 주요 기업들은 과거의 의료 지원 책임 부채를 장부에 반영하기 위해 다음 회계장부에서 수십억 달러를 상각할 계획이다.

2. 연기금 적자의 상각

새로운 규제 도입에 따라, 기업의 연기금 적자는 지금부터 수년간 이익에서 상각해야 한다. 일부 기업의 경우 그 규모가 막대할 수도 있다.

3. 환경보호 규제

미국의 경우 환경 파괴를 초래하는 사업에 대해 상당한 반발이 있어 왔다. 최근 통과된 새로운 법에 따라 환경보호 기준을 수립하고 새로운 규정을 적용하기 위해 환경보호청Environment Protection Agency

이 설치되었다. 그 결과 과거에 발생한 환경 파괴로 손해를 본 사람은 누구라도 환경 파괴를 행한 기업에 소송을 제기할 수 있고, 심지어는 전면에 드러난 기업뿐 아니라 그 뒤의 주주들까지도 공격할 수 있게 되었다. 로이즈보험조합 회원members of Lloyds(보험업을 하는 기업, 개인, 단체)이라면 알겠지만, 미국 배심원들은 반기업적이며 환경 파괴에 막대한 배상금을 물리는 경향이 있다.

상대적으로 최근에 형성된 이 세 가지 특징의 누적 효과로 인해 좋다고 생각되던 많은 미국 기업들도 상당한 잠재적 부채를 갖게 되었는데, 어떤 경우에는 기업의 미래 생존 능력에까지 영향을 미칠 수 있다.

투자자들은 인도네시아, 태국, 멕시코 같은 신흥국시장을 비유동성, 매우 높은 변동성, 통화 리스크 때문에 기피하기도 한다. 그런데 신흥국시장은 리스크 조정 후 기준으로도 미국과 유럽 시장 모두를 상당히 앞선 실적을 내고 있다는 것을 알아야 한다. 그 이유 가운데 하나는 개발도상국의 GDP가 성숙한 선진경제인 미국, 독일, 일본, 영국보다 훨씬 빠르게 성장하고 있기 때문이다. 일반적으로 한 국가의 GDP 성장률이 높으면, 해당국 개별 기업들의 이익 증가율도 높아지기 때문에 높은 GDP 성장률은 훌륭한 투자 이유가 된다. 신흥국시장 주식들의 실적이 더 좋은 또 다른 이유는 선진국시장의 작은 기업들에 대한 분석이 적은 이유와 마찬가지로 신흥국시장 기업에 대한 투자업계의 분석이 충분치 않기 때문이다. 각각의 신흥국시장은 특히 정치적 안정, 경제적 배경, 펀더멘털 가치, 통화 리스크, 이용 가능한 투자 기회 등을 고려하면서 시장별로 그 진가에 따라 분석되어야 한다.

투자전문지 〈글룸, 붐 & 둠 보고서The Gloom, Boom & Doom Report〉에서 마크 파버는Marc Faber는 신흥국시장의 생애주기를 매우 재미있게 요약했다. 그에 의하면, '처음 신흥국 주식은 배아기에 있게 된다. 그런 후, 청소년기에 도달하면 매우 빠르게 성장한다(강세장). 이 기간 동안 이 주식들은 사고를 당하기 쉽다(폭락). 그 후 시장이 성숙해짐에 따라 에너지와 변동성을 다소 잃고, 이어서 지루한 행보를 보이

〈그림 17-1〉 신흥국시장의 생애주기

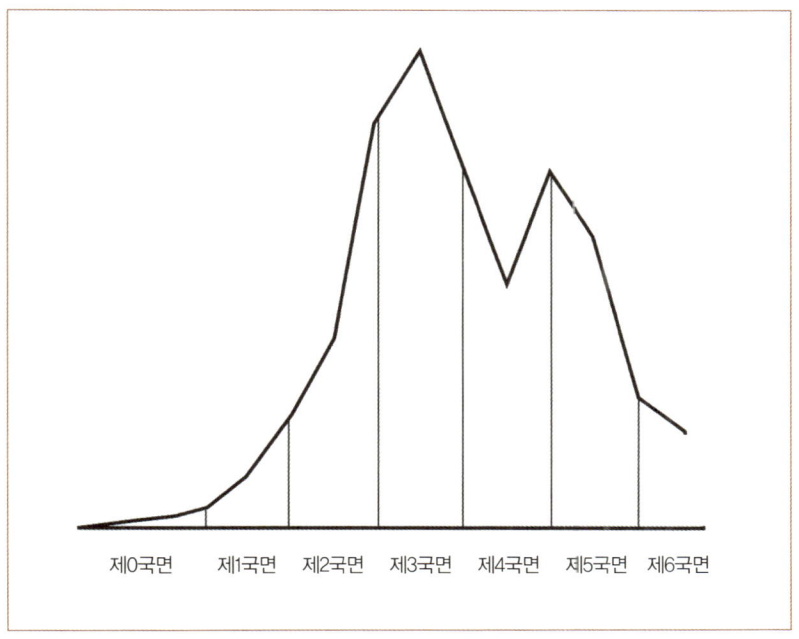

다가, 마지막에는 죽는다(약세장). …… 다행히 주식시장의 경우에는 그런 죽음 뒤에 새로운 삶이 찾아오는 게 보통이다. 환생 후의 삶처럼 성격상 이전 주기와는 매우 다른 새로운 주기가 시작되는 것이다.'

파버의 이런 주기를 묘사하면 〈그림 17-1〉과 같다.

이제 이 각각의 국면에 대한 파버의 설명을 살펴보도록 하자. 그의 설명은 투자자들이 주식에 무관심했다가 열광한 후 다시 주식을 포기하는 국면으로 돌아가는 모든 시장의 강세 및 약세 주기에 관한 훌륭한 통찰을 제공해 주기 때문에 충분히 읽어볼 가치가 있다. 파버는 당연히 0국면이나 1국면에 해당 신흥국시장에 진입하는 것이 우리의 목표란 점을 분명히 밝히면서 조사 결과를 요약하고 있다. 그는 1국면과 2국면 동안에는 개별 주식 가격이 20배에서 50배까지도 쉽게 오를 수 있다고 했다. 그 다음 국면에 들어가면 리스크가 높은 위험지역에 들어가는 것이 된다.

파버는 자신의 뉴스레터에서 소개한 "부의 분수The Fountain of Wealth"를 통해 1992년 6월 현재 경제 발전과 번영 수준에 따라 신흥국시장을 몇 가지 범주로 나눴다. 분수에 비유한 것은 좋은 생각이었는데, 그것은 물이 높은 곳에서 낮은 곳으로 흐르듯 돈도 가격 수준이 높은 부국에서 가격 수준이 낮은 빈국으로 흘러가기 때문이다. 그 분수의 바닥에 있는 나라들은 아직도 제0국면에 있지만, 외국인 직접투자자를 유인하는 데 필요한 경제적, 법적 인프라가 갖춰지면 언제라도 제1국면으로 갈 수 있다.

〈표 17-1〉

제0국면	제1국면
주요 사건	**주요 사건**
• 실질 경기 측면에서 장기적인 경기 침체나 점진적인 경기 하강 진행.	• 사회적, 정치적, 경제적 상황이 호전되기 시작(새 정부의 출범, 새로운 경제 정책, 유리한 대외 변수의 출현, 유리한 발견, 중요 상품 가격의 상승).
• 1인당 실질소득이 여러 해 동안 변동이 없거나 하락 중.	• 수출 증대, 자본 귀환, 외국인 직접투자와 포트폴리오의 증가로 유동성 개선.
• 자본적 지출이 적고, 국제경쟁력이 악화 중.	• 미래 이익 전망이 상당히 개선.
• 정치적, 사회적 상황이 불안정(파업, 높은 인플레이션, 통화의 지속적인 평가절하, 테러, 국경 분쟁 등).	• 현금 잔고와 부의 증가.
• 기업 이익 하락.	• 소비, 자본적 지출, 기업 이익, 주가가 급등하기 시작.
• 외국인 직접투자나 포트폴리오투자가 없음.	
• 자본 도피.	
주요 현상	**주요 현상**
• 소규모 테러(안전하지 않음).	• 주가가 갑자기 상승.
• 호텔 객실점유율이 30%에 불과, 지난 30년 동안 신규 호텔 건축이 없었음. 호텔들이 황폐함.	• 관광이 늘어나기 시작.
• 야간 통금이 있음.	• 외국인 사업가들이 합작회사와 기타 직접투자에 관심을 보임.
• 매우 적은 주식 거래량.	• 호텔 객실점유율이 70%까지 상승.
• 수년간 주식시장이 횡보 중이거나 조금씩 하락.	• 소수의 외국인 펀드매니저가 투자를 시작.
• 외국인 펀드매니저가 해당국을 방문하는 일이 없음.	• 야간 통금 해제.
• 언론보도도 부정적. 지점을 설치하는 외국 증권사도 없고, 해당국에 대한 투자펀드도 설립되지 않았으며, 오랫동안 증권사 보고서도 발간되지 않은 상태.	• 자본 형성을 장려하고 외국인 투자자를 유치하기 위해 세법이 개정됨.
주요 사례	**주요 사례**
• 1980년대 아르헨티나	• 1990년 이후 아르헨티나
• 1970년대 이전의 중동	• 1985년 이후 태국
• 제2차 대전 이후 최근(1990년대 초)까지의 공산주의 국가	• 1973년 이후 중동
• 1990년 이전의 스리랑카	• 1984년 이후 멕시코
• 1980년에서 1985년 사이의 필리핀	• 1978년 이후 중국
	• 1988년 이후 인도네시아

제2국면	제3국면
주요 사건 • 실업률 하락, 임금 인상. • 경제 상황 개선이 영원히 지속될 것으로 보기 때문에 생산능력 확충을 위한 자본적 지출이 급증(낙관의 오류). • 외국 자금의 대규모 유입으로 주가가 과대평가됨. • 신용이 급격히 팽창해 실물 및 금융 자산의 가격 급등. • 부동산 가격이 몇 배로 상승. • 주식과 채권의 신규 발행이 고점 수준에 도달. • 인플레이션이 가속화되고 금리가 오르기 시작.	**주요 사건** • 기타 출자other investments(주식회사 이외의 기업에 대한 출자)가 몇몇 업종에서 과잉 생산능력을 유발하는 수준에 이름. • 인프라투자 문제와 과도한 신용팽창이 임금 인상 및 부동산 가격 인상을 거치면서 강한 인플레이션 압력을 낳음. • 기업의 이익 증가율이 둔화되고, 일부 산업의 경우 기업 이익이 하락하기 시작. • 어떤 충격(금리 급등, 대규모 부정, 기업 파산, 혹은 어떤 외부 충격)으로 주가가 예기치 않게 갑자기 그리고 총체적으로 하락.
주요 현상 • 해당국 경제중심지가 거대한 건설현장처럼 됨. • 호텔은 외국인 사업가와 포트폴리오 매니저들로 가득 차고, 많은 신규 호텔이 건설 중에 있음. • 국제 언론의 보도가 매우 긍정적. • 외국 증권사들이 해당국 투자를 추천하는 두툼한 국가 분석 보고서를 쏟아냄. 외국 증권사 지점들이 개설되고, 해당국 투자펀드가 설립됨. • 해당국에 대한 분석보고서가 두꺼워질수록 개설되는 지점들이 늘어나고, 2국면 후반부로 갈수록 설립되는 해당국 투자펀드도 증가. • 2국면에 있는 국가는 외국 관광객들이 좋아하는 여행지가 되는 경향이 있음.	**주요 현상** • 많은 콘도 및 주택 건설 프로젝트, 신규 호텔, 빌딩, 쇼핑센터가 완공됨. • 해당국 경제중심지가 "붐 타운(급속히 발전하는 신도시)"을 닮아감. 생기 넘치는 야간 유흥문화와 심각한 교통 체증 발생. • 신규 공항 운영이 시작되고, 그 다음 공항 건설이 계획 중인 경우가 많음. • 신도시들이 계획, 개발됨. • 부동산과 주식 투기자들이 번창하고, 이들의 성공 신화가 언론의 헤드라인을 장악하며, 이들로 나이트클럽이 만원을 이룸. • 주식 및 부동산 시장이 대화의 주제가 됨. 많은 부분 차입을 통한 주식 및 부동산 매매와 투기가 활발히 진행. • 해당국 투자자들이 그들로서는 이해가 부족한 해외자산(해외 미술품, 부동산, 주식, 골프장 등)에 적극적으로 투자하기 시작.
주요 사례 • 1987~1990년 사이 태국 • 1987~1990년 사이 일본 • 1978~1980년 사이 쿠웨이트	**주요 사례** • 1990년 이후 태국 • 1980년과 1981년의 싱가포르 • 1990년의 일본 • 1980년의 인도네시아

제4국면	제5국면

주요 사건

- 신용 증가 정체.
- 기업 이익 악화.
- 일부 산업에서 과잉 생산능력이 문제가 되지만, 전체 경제는 계속 양호하고 정체는 일시적인 현상에 불과하다고 인식됨.
- 1단계와 2단계의 주가 상승을 놓친 외국 투자자들이 시장에 돈을 쏟아붓고 금리가 하락하기 시작하기 때문에 주가는 최초의 급락 후 다시 회복.
- 많은 신규 발행으로 수요를 충족시키기 때문에 주가는 신고점에 도달하지 못함(매도자들은 현지 사정을 더 잘 알고 현금에 쪼들리는 현지인들임).

주요 사건

- 신용 디플레이션 발생.
- 경제적 상황이 매우 악화됨. 정치적, 사회적 상황은 훨씬 더 악화됨.
- 소비가 현저히 정체되거나 하락(자동차 판매, 주택 및 가정용품 판매 감소).
- 기업 이익 급락.
- 외국 투자자들이 시장을 나가기 시작하기 때문에 주가가 장기적인 심각한 하락 국면에 진입.
- 부동산 가격 급락.
- (제3국면에서 언론의 헤드라인을 장악했던) 한 대기업이 파산함.
- 기업들이 현금에 쪼들림.

주요 현상

- 콘도 가격이 현지인들의 구매력을 초과하는 수준에 도달.
- 사무실 가격과 임대료가 횡보하거나 하락.
- 방문 관광객 수가 정체되고 예상에 미치지 못함. 호텔 공실률이 증가하고 할인이 제공됨.
- 증권사들은 계속 강세장 보고서를 발간.
- 정치적, 사회적 상황이 악화(쿠데타, 강력한 야당 지도자의 출현, 파업, 사회적 불만, 범죄의 증가 등).

주요 현상

- 사무실 빌딩의 공실 증가, 높은 호텔 공실률, 중단 및 미완공 건설현장이 도처에 산재.
- 증권사들이 인력을 감축하거나 문을 닫음.
- 분석보고서가 얇아짐. 제2 및 3국면에서 프리미엄 가격이 붙었던 해당국 투자펀드가 이제 할인된 가격에 팔림.
- 해당국이 더 이상 선호 관광지가 아님.

주요 사례

- 1991년 상반기의 일본
- 1991년의 태국
- 1930년대 초와 1973년 가을의 미국 투자자들

주요 사례

- 1992년의 태국
- 1982년과 1983년의 싱가포르
- 1931년과 1973년 말의 미국
- 1992년 초의 일본

제6국면

주요 사건
- 투자자들이 주식을 포기. 거래량은 제3국면에 도달했던 고점에서 큰 폭으로 하락.
- 자본적 지출이 하락(비관의 오류).
- 금리가 추가로 하락.
- 외국 투자자들이 어떠한 신규 투자상품에도 흥미를 잃음.

주요 현상
- 언론보도가 매우 비관적으로 변함.
- 외국 증권사들 시각도 마침내 비관적으로 전환.
- 항공편, 호텔, 나이트클럽이 텅 비어 있음.
- 택시기사, 점원, 나이트클럽 호스티스 등이 주식투자로 큰 손해를 봤다고 불평.

주요 사례
- 1932년과 1974년 말의 미국.
- 1974년의 홍콩.
- 일본은 언제?
- 태국은 언제?
- 인도네시아는 언제?

아르헨티나 같은 나라들은 한 국면에서 다음 국면으로 매우 빨리 옮겨갈 수 있다. 8개월 전 아르헨티나는 분수의 바닥 쪽(0국면)에 있었겠지만, 6개월 전에는 아래 첫 번째 물받이(1국면)로 올라왔고, 1992년 6월에는 그보다 훨씬 위쪽 물받이에 와 있다. 파버는 오늘날 아직도 제1국면의 주식시장을 가진 신흥국은 거의 없다고 주장한다. 브라질, 콜롬비아, 아르헨티나 같은 소수의 신흥국은 아직도 제2국면에 머물러 있을지 모르지만, 이들이 제3국면에 접근하면 사고의 위험도 증대된다. 많은 신흥국이 이미 4국면이나 5국면에 도달했다. 따라서 이런 나라들에는 서둘러 다시 관심을 가질 필요는 없다.

아주 적시에 신흥국시장에 투자하면 큰돈을 벌 수 있다. 이 경우 주식의 선택보다 어떤 국가를 선택할 것인지가 더 중요하다는 점을 유념해야 한다. 〈뱅크 크레딧 애널리스트〉는 최근 '이머징마켓 애널리스트Emerging Markets Analyst'라는 새로운 서비스를 시작했는데, 이 서비스는 올바른 국가를 선택하는 데에 도움이 될 것이다. 그리고 마크 파버의 뉴스레터도 이따금 신흥국 투자에 관한 매력적인 기회를 소개하고 있다. 그러나 줄루 투자 원칙의 잠재적 추종자로서 여러분은 우선 자신의 영역에 적용할 한 가지 투자법에 전문가가 되어야 하고, 그렇게 되는 편이 더 나을 것이다.

〈그림 17-2〉 부의 분수 (1992년 6월 현재)

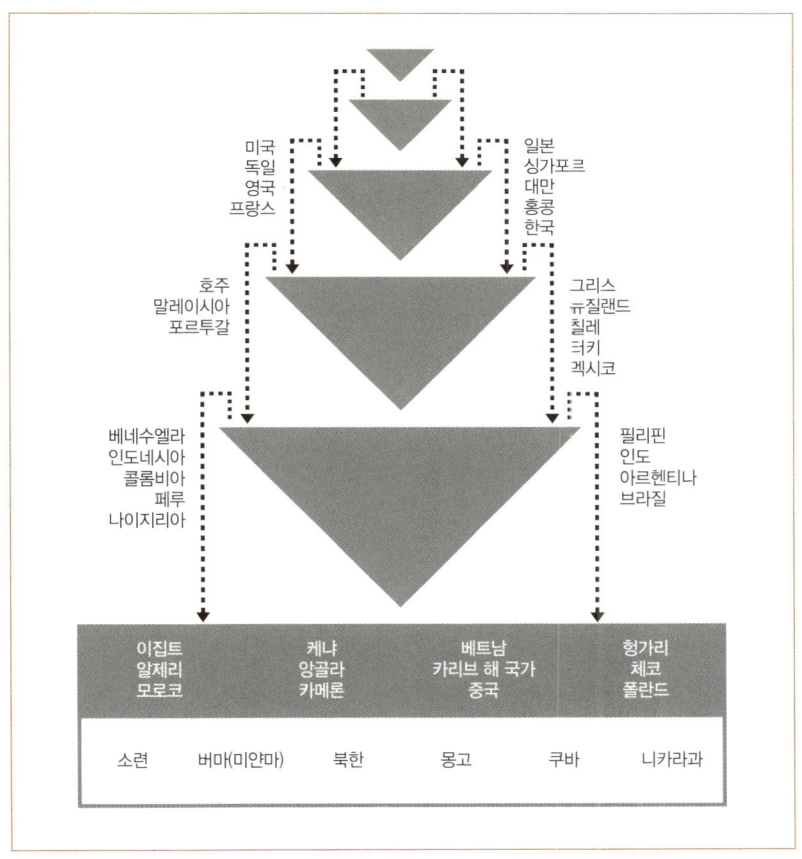

18장
당신에게 유리한 투자 조력자
― 투자 자료와 투자 지침서 활용법 ―

    자기가 좋아하는 주식이 있어서 그와 관련된 정보를 계속 흘리거나 조언하는 증권사 직원은 경계해야 한다. 댄이라는 가명의 한 미국 증권사 직원 이야기를 해보자. 그는 나스닥이라는 매우 협소한 시장에 상장된 위젯Widgets Inc이라는 한 작은 기업을 매우 좋아했다. 그는 새 고객에게 이 기업의 주식을 주당 2달러에 5,000주 매수할 것을 권했다. 그리고 적시에 이 주식의 주가가 두 배로 뛰었다. 그러자 이 고객은 댄에게 전화해 주식을 매도하겠다고 했다. 그러자 댄은 "미쳤어요? 위젯은 원래 제품보다 훨씬 좋은 신제품이 있고, 한 메이저 제작사와 방금 전 로열티 계약을 체결했어요. 매도할 게 아니라 더 매수해야 해요." 이 정보를 들은 고객은 주당 4달러에 2,500주를 추가 매수할 수밖에 없었다.

그런 후 몇 주도 안 돼 주가가 다시 두 배로 뛰었다. 고객은 다시 댄에게 전화했다. "댄, 정말 고마워요. 아주 큰돈을 벌어줬어요. 이젠 제 주식을 모두 매도해 주세요."

그러자 댄이 말했다. "미쳤어요? 내가 말했던 그 메이저 제작사가 위젯을 인수할 거예요. 다음 한두 주 내에 공식발표가 있을 겁니다. 나라면 위젯 주식을 더 사겠어요."

이 정보를 들은 고객은 말했다. "그럼, 1,000주 더 매수해 주세요."

그리고 몇 주 후, 위젯에 대한 인수는 없었지만, 주가는 16달러까지 올랐다. 너무 신이 난 고객이 댄에게 전화했다. 그리고는 댄이 입을 열기도 전에 말했다. "이제 내 주식을 전량 매도해 주세요."

그러자 댄이 물었다. "누구한테요?"

많은 소액투자자들의 문제는 그들의 개설계좌 금액(최초 투자금)이 증권사 입장에서 볼 때 매우 적고 하찮은 수준이어서 증권사에 너무 많은 걸 요구할 수 없다고 느낀다는 것이다. 물론 그렇긴 하다. 그러나 아무리 소액투자자라 해도 개인투자자가 요청할 수 있고 또 요청해야 하는 아주 최소한의 정보는 있는 법이다. 계좌가 커지면 계속 요구할 수 있는 보다 높은 수준의 또 다른 서비스가 있다.

과거 나는 내게 전화를 걸어 '잉글리시 차이나 클레이가 아주 좋아 보입니다. 핸슨이 인수할 거라는 소문도 있어요'라거나, '수요일 테스코 실적이 나옵니다. 기대보다 좋을 거예요. 주가도 매우 싸 보입니다'라는 식의 조언을 하던 증권사 직원들과 거래한 적이 있었다.

나는 이런 식의 주식 조언은 매우 싫어한다. 이런 조언은 쓸모없다기보다는 오히려 나쁜 조언이다. 이런 조언은 좋은 자산운용에 분명 문제가 된다. 증권사 직원이 어떤 주식이 좋아 보인다고 하면, 나는 즉시 그 주식의 PER, 자산 가치, 지난 5년 실적, 이익 증가율, 증권사들의 예상 합의치 등에 관한 상세한 정보를 요청한다. 나는 사실을 원하고 환상과 기대는 억제하려고 한다. 나처럼 하면, 여러분의 증권사 직원은 여러분이 첫째도, 둘째도 그리고 마지막도 알려진 사실에 집중하려고 하는 이상한 사람 중 하나라는 걸 바로 알아챌 것이다. 증권사 직원과 이런 식의 관계를 수립해 놓으면, 그는 소중한 동지가 되어 여러분의 성공적인 투자 운용을 도울 수 있고 또 그렇게 될 것이다. 계속 투자를 할 생각이면 처음부터 증권사 직원과 그런 관계를 수립하는 것이 중요하다.

여러분의 또 다른 투자 조력자는 금융 및 경제 관련 일간지, 주간지, 월간지들이다. 여러분이 전문화한 혹은 관심을 가진 부문의 기술 및 업계 전문지의 중요성도 과소평가해서는 안 된다. 이따금 이런 잡지를 통해 아주 잘 팔리는 신제품이나 신발명품을 발견할 수 있고, 그러면 시장보다 훨씬 앞서 그 정보를 이용할 수 있다. 금융뉴스의 경우, 최소한 〈파이낸셜 타임스〉는 매일 읽어야 한다. 여기에 다른 좋은 일간지도 읽어야 하며, 주요 일요판 신문과 〈인베스터스 크로니클〉도 매주 읽어야 한다. 〈파이낸셜 타임스〉는 세계에서 가장 훌륭한 신문 중 하나로, 영국 주식시장 투자에 매우 필수불가결한 투자 도구다. 〈파이낸셜 타임스〉를 매일 꼼꼼히 읽을 시간이 없다 해도, 주요 시장의 그 주 동향을 정리하고 보다 일반적인 성격의 많은 훌륭한 기사가 수록된 주말판은 반드시 읽어야 한다.

나는 여러 일간지들을 읽고 있으며, 일요판 신문도 대부분 읽고 있다. 이에 더해 나는 격주간지인 〈플릿 스트리트 레터〉와 주간지 〈인베스터스 스톡마켓 레터Investors Stock Market Letter〉도 읽는다. 또 소형기업과 셸 주식 전문 월간지 〈페니 쉐어 가이드〉와 〈페니 쉐어 포커스〉도 읽고 있다. 주간지 〈이코노미스트The Economist〉는 세계 경제와 금융시장의 최신 동향을 확인할 수 있는 매우 훌륭한 잡지다. 특히 경제 및 금융 지표들을 정리해 놓은 잡지 뒷부분 두어 페이지를 여러분에게 추천한다. 이 부분은 세계 주식시장 실적, 통화 공급 통계, 세계 금리, 무역수지 현황, 외환보유고, 환율, 산업생산, GNP, GDP, 소매 매출, 실업률, 소비자물가지수와 도매물가지수, 임금 인상 등을 전 주 대비 기준으로 소개하고 있다.

지난 2년 동안 나는 〈애널리스트Analyst〉를 구독했는데, 이 잡지에는 매달 투자법에 대한 많은 심층기사는 물론이고 훌륭한 기업 소개와 소형 성장주에 대한 자세한 분석까지 수록되어 있다.

15장에서 미국 주식을 설명할 때 〈월스트리트 저널〉, 〈배런스〉, 〈뱅크 크레딧 애널리스트〉 등을 소개한 바 있다. 이 세 간행물은 모두 투자에 관한 세계적인 시각을 제공해 주고 있다. 특히 〈뱅크 크레딧 애널리스트〉는 주요 시장, 특히 월스트리트 동향을 파악하는 데 큰 도움이 된다. 미국 주식 투자에는 〈밸류 라인〉도 필수불가결한 자료다.

시장 동향을 파악하는 데는 광범위하게 읽는 것이 필수적이란 사실을 발견했다. 이를 위해 소개할 또 다른 흥미로운 뉴스레터는 마크 파버가 편집하는 〈글룸, 붐 & 둠 보고서〉다. 파버는 종종 극단적인 약세장 시각을 견지하는데, 이는 자만에 빠지기 시작할 때 나를 진정시키는 데 도움이 된다.

또 나는 증권사의 예상 합의치와 해당 기업들에 관한 보고서를 낸 증권사들을 자세히 소개한 〈에스티메이트 디렉토리〉도 구독하고 있다. 경영진의 주식 매매 내역을 소개하는 〈디렉투스〉 같은 잡지도 있지만, 여러분이 주식을 대량 매매하는 투자자가 아니라면, 직접 구독하기보다는 증권사 직원을 통해 그 상세한 내역을 얻을 수 있어야 한다. 적어도 경영진의 주식 매매가 자신이 특별한 관심을 가지고 있는 주식에 영향을 미치는 한, 증권사 직원을 통해 그 내역을 확인해야 한다.

투자 관련 자료들에 관한 논의를 마치기 전에, 나의 투자 원칙에 영향을 미친 다음 10권의 훌륭한 미국 투자서를 추천하고자 한다.

1. 『현명한 투자자 Intelligent Investor』, 벤저민 그레이엄

워런 버핏이 '그때까지 나온 투자서적 중 최고'라고 한 투자고전으로 '가치투자'의 장점과 체계적인 가치투자법을 소개하고 있다. 쉽게 읽을 수 있는 책은 아니지만, 새로운 내용과 흥미진진한 자료가 풍부한 책이다.

2. 『증권분석Security Analysis』, 벤저민 그레이엄과 데이비드 도드

5판은 이 투자고전을 현대 시점에 맞게 개정한 것이다. 역시 읽기 쉬운 책은 아니지만, 자산가치, 현금흐름, 이익을 측정하는 원칙과 기법을 매우 자세하게 소개하고 있다.

3. 『대중의 미망과 광기Extraordinary Popular Delusions and the Madness of Crowds』, 찰스 맥케이Charles Mackay

1841년 초판이 출간된 군중심리에 대한 고전이다. 매우 재미있고, 내가 좋아하는 책 중 하나다.

4. 『마이더스의 손The Midas Touch』, 존 트레인John Train

워런 버핏을 미국의 걸출한 투자자로 만든 투자법을 상세히 소개한 책이다. 쉽고 재미있는 책이다.

5. 『시장의 마법사들Market Wizards』, 잭 슈웨거Jack Schwager

상품시장과 주식시장 최고의 펀드매니저들을 그들의 투자법과 태도에 초점을 맞춰 인터뷰한 책이다.

6. 『월가의 영웅One Up on Wall Street』, 피터 린치Peter Lynch

가장 성공한 미국의 뮤추얼펀드 매니저 중 한 명인 피터 린치가 쓴 매우 훌륭하고 읽기 쉬운 책이다.

7. 『주가 추세의 기술적 분석Technical Analysis of Stock Trends』, 로버트 에드워드Robert Edwards와 존 매기John Magee

기술적 분석에 대한 권위 있는 책이다. 읽기는 쉽지 않다. 기술적 분석에 관심이 많은 투자자만을 위해 추천한다.

8. 『새로운 투자 대가들The New Money Masters』, 존 트레인

조지 소로스, 피터 린치, 짐 로저스 같은 투자대가들의 매우 성공적인 투자법을 읽기 쉽게 설명한 책이다. 이 책의 전작인 존 트레인의 『투자 대가들The Money Masters』 역시 훌륭한 책이다.

9. 『어느 주식투자자의 회상Reminiscences of a Stock Operator』, 에드윈 르페브르Edwin Lefevre

투기적 주식투자로 성공했던 제시 리버모어Jessie Livermore의 초창기 시절을 재미있게 소개한 책으로 시장과 싸우지 않고 시장의 힘에 편승하는 것이 얼마나 중요한지를 보여 주고 있다.

10. 『다우를 이기는 투자Beating the Dow』, 마이클 오이긴스와 존 다운스John Downes

다우지수 종목들을 소개하고, 그중 인기 없는 종목들을 매수해 시장평균(다우지수) 이상의 수익을 내는 법을 자세히 설명하고 있다.

전업투자자가 아니라면, 위 추천서 중 매우 어려운 책도 있을 것

이다. 따라서 읽기 쉽고 재미있으며 유익한 책부터 먼저 읽는 것이 좋다. 위 책들에 서서히 접근하기 위해서는 맨 처음 『월가의 영웅』을 읽고, 그 다음 『마이더스의 손』과 『다우를 이기는 투자』를 읽는 게 좋다. 줄루 투자 원칙을 적용하고 그 투자법을 정복할 생각이면, 이런 추가적인 독서는 꼭 필요하다.

19장

줄루 투자 원칙 10계명
— 체계적인 투자법이 필요한 이유 —

1962년 옥스퍼드대학교의 이안 리틀Ian Little 교수는 「종잡을 수 없는 성장Higgledy Piggledy Growth」이라는 제목으로 이익의 예측 불가능성에 관한 논문을 쓴 바 있다. 리틀 교수는 이 논문에서 이익 예상은 신뢰할 수 없으며, 많은 영국 대기업들의 이익 추세는 그들의 미래 이익을 예측하는 데 아무런 소용이 없다고 주장했다.

그러나 논문 발표 후 리틀 교수는 여러 비판을 받았고, 이에 자신의 주장을 다소 수정해야 했다. 그렇지만 이익의 행보는 무작위적인 랜덤 워크를 보이며, 과거와 미래의 이익 증가율 사이에 어떤 상관관계도 찾을 수 없다는 그의 연구 결과는 여전히 옳은 듯하다. 요컨대 급변하는 세상에서 지속적으로 변하는 산업, 경제, 정치, 경쟁

환경은 과거를 미래 예측을 위한 믿을 만한 지침으로 사용하는 것을 사실상 불가능하게 만들었다는 것이 리틀 교수의 결론이다.

나는 리틀 교수를 좋아하고, 그를 몇 번 만난 적도 있다. 그는 이 논문에서 훌륭한 연구를 수행했다. 그러나 나는 코카콜라, 글락소, 웰컴, 렌토킬 같은 기업의 실제 실적과 상충되는 그의 결론에는 동의하지 않는다.

리틀 교수의 기본 주장도 달리 생각하면 우리에게 중요한 논점을 제공해 준다. 미래 이익을 예측하는 것이 불가능하지는 않지만 어렵다는 것을 인정한다면, 여러분은 주식을 '체계적인 방법으로' 매수하는 것, 요컨대 '매우 높은 선정 기준들을 충족시키고 안전 요인을 갖춘 우수한 이익 증가 실적을 보유한 주식'을 매수하는 것이 분명 유리하다는 데 동의해야 한다. 이익 예상치와 추세를 신뢰할 수 없다면, 왜 PER이 상대적으로 높은 주식을 가지고 도박을 하겠는가? 미래 이익이 어떻게 될지 알 수 없다면 안전하게 게임을 해서 현재의 이익과 알려진 사실에 비해 매우 싸 보이는 주식을 사는 게 낫다. 적어도 여러분이 지불한 가격에 비해 나은 가치를 획득하려는 시도는 해야 한다.

14장의 FTSE 100 지수에 대한 분석에서 우리는 가장 실적이 좋은 기업들은 모두 강력한 경쟁우위를 보유하고 있으며, 이는 우수한 투하자본수익률로 입증된다는 것을 확인했다. 이런 기업들의 실적이 좋은 것은 결코 우연이 아니다. 이들이 좋은 실적을 낼 수 있는 것은 너무 자명하다. 이익 증가 양상이 결코 종잡을 수 없는 그런 것은 아니기 때문이다.

또 체계적인 투자 전략을 사용하면 자신의 실적을 평가할 때 되짚어 볼 기준이 있기 때문에 유리하다. 실적이 만족스럽지 못한 것으로 드러나면 투자법을 수정할 수도 있다. 자신의 투자법에 집중하고 초점을 맞춤으로써 여러분은 자신이 선택한 특정 투자법에 점점 더 전문가가 될 것이다.

의심할 여지없이, 체계적인 투자법은 효과가 있다. 물론 옳은 투자법과 그것을 올바르게 사용하는 사람 같은 몇 가지 사소한 사항은 필수 선결조건이다. 그러나 이런 사소한 선결조건을 갖추면, 그 결과는 매우 대단한 것이 될 수 있다.

나는 투자자로서의 내 경험, 캐피털리스트 포트폴리오의 실적, 마크 레인가넘Marc Reinganum 교수의 미국 연구, 벤저민 그레이엄의 주요 추종자들이 오랫동안 잘 보여 준 실적 등을 통해 이런 주장을 할 수 있다. 상식적으로 볼 때도, 확인된 이익 증가율 대비 PER이 상대적으로 낮은 주식이나, 셸 주식의 경우 우수한 경영진과 강한 유동성 같은 충분한 안전요인을 추가로 갖춘 주식을 매수하면, 자신의 투자 체계가 없는 투자자들과의 경쟁에서 이길 가능성이 훨씬 높다. 또 나는 성장주와 셸 주식의 경우, 체계적으로 이익을 굴리고 손실은 잘라야 한다는 논지에는 반론의 여지가 없으며, 체계적인 투자가 대충하는 투자보다 항상 좋은 실적을 낼 것으로 믿는다.

나는 앞의 여러 장에서 100여 개 이상의 논지를 제시했다. 따라서 이를 요약하려면 그중 대부분은 불가피하게 생략해야 할 것이다. 그러나 과도한 단순화의 위험을 무릅쓰고라도 여러분의 투자 실적을 개선하는 데 도움이 될 수 있는 매우 일반적이고 기본적인 10개의 지침을 소개하면서 이 책을 마치고자 한다. 이 책의 결론 삼아 소개하는 10개의 투자지침은 다음과 같다.

① 소형 성장주 투자, 턴어라운드주 및 경기주 투자, 셀 주식 투자, 자산상황 주식 투자, 대표주 투자 중 여러분의 기질에 맞는 투자법을 골라 그것에 집중하라. 어떤 투자법을 택하든 필수적으로 포함되어야 할 사항은 여러분이 고른 주식이 여러분에게 안전마즌(여러분의 매우 엄격한 투자 기준에 의해 형성되는 안전 요인)을 제공해야 한다는 것이다.

② 일주일에 최소한 3시간은 따로 떼어 여러분이 택한 투자법에 줄루 투자 원칙을 적용해야 한다. 그러면 상대적으로 협소한 여러분의 전문시장 영역에서 상대적으로 나은 전문가가 될 수 있다. 이 3시간의 대부분은 분석에 사용하고, 선정한 기업의 재무제표는 늘 처음부터 끝까지 읽어야 한다. 여러분은 자신이 직접 경험한 성공과 실수 모두를 통해 얻은 교훈으로 자신의 투자법을 더욱 세련되게 만들고 개선해야 한다.

③ 여러분이 이용할 수 있는 재원에서 일정 금액(상당 기간 따로 떼어 운용할 수 있는 여유자금)을 투자에 할당하라. 여유자금을 투자하는 이유는 일찍 서둘러 매도해야 할 압력을 받지 않기 위해서다.

그리고 항상 여유자금의 50~100% 사이의 자금을 투자하고 있어야 한다. 상당한 약세가 예상될 때는 50%까지 포트폴리오 투자금을 줄일 수 있다. 그렇게 함으로써 더 안심이 된다면 그럴 필요가 있다. 셀 기업의 경우, 매우 약세 분위기일 때는 투자금의 50%는 반드시 현금화해야 한다.

④ 여러분의 목적을 잘 이해하고 여러분을 도울 의지가 있는 조언자를 선택해야 한다. 이런 조언자는 소중한 동지가 될 수 있다.

⑤ 여러분의 기준을 충족시키는, 10~12개의 종목으로 포트폴리오를 구성하라. 그리고 한 종목에 투자하는 자금은 전체 투자금의 15%를 넘지 않아야 한다.

⑥ 중소형 성장주를 대상으로 한 투자법의 경우, 몇 개의 우량 성장주를 찾아서 굳게 보유하는 전략을 추구해야 한다. 종목 선정이 타이밍보다 훨씬 중요하다. 이익 증가율 대비 PER이 낮고 따라서 PEG가 낮은—0.75를 넘지 않는, 바람직하게는 0.66 이하인—주식을 매수해야 한다.

우수한 투하자본수익률을 올리면서 많은 현금을 창출하는 강력한 경쟁우위를 가진 기업을 찾아야 한다. 또 앞에서 상세히 소개한 다른 기준들도 충분히 충족시켜 적절한 안전망을 제공해 주는지도 확인해야 한다.

또한 항상 해당 기업의 영업이익을 순영업현금흐름과 비교해야 한다. 현금은 이의를 제기할 수 없는 유일한 자산이다. 따라서 투자할 때는 제일 먼저 현금을 살펴봐야 한다.

⑦ 한 주식을 매수한 후에는 직접 실천하는 전략을 유지해야 한다. 대부분의 기업에 대해 여러분이 가진 의문에 답해 줄 수 있는 사람을 찾을 수 있을 것이다. 직접 경험하고 실천하는 전략을 세워 자신의 포트폴리오를 매우 적극적으로 모니터링해야 한다.

⑧ 시장이 광기에 빠지고, 그 과정에서 여러분이 보유한 종목의 PER이 말도 안 되는 수준으로 높아지면 성장주는 매도해야 한다. 소형 성장주의 경우, PEG가 1.2 수준이 되면 매도해야 한다. 그러나 매도 후에도 우수한 성장주에 대해서는 계속 관찰하면서 보다 나은 재매수 기회를 찾아야 한다.

⑨ 이익을 굴리는 것의 반대는 손실을 자르는 것이다. 해당 주식이 여러분의 매수 기준을 더 이상 충족시키지 못할 정도로 스토리가 변하면 그 주식은 매도해야 한다. 이사진의 상당한 주식매도 같은 다른 매도 신호들도 있다. 손절매 상황이 되면 주저하지 말다야 한다.

⑩ 턴어라운드주, 경기주, 자산상황주의 투자 목적은 보다 제한적이다. 한 기업의 상황이 개선되었다는 것(턴어라운드주), 경기가 상승 반전했다는 것(경기주), 주가가 기본 자산가치를 보다 잘 반영하고 있다는 것(자산상황주)을 군중이 인식하는 순간, 대개의 경우 해당 주식은 여러분이 우아하게 그리고 상당한 수익을 내고 그 주식에서 빠져나갈 수 있을 정도로 충분히 상승하게 된다.

   셸 주식의 경우는 다른 전략이 필요하다. 이들은 여러 면에서 성장주와 비슷하지만, 일부는 결코 성공하지 못한다. 셸 주식은 우수한 경영진, 금융권의 강한 지원, 적절한 유동성이 핵심 기준이다.

이제 여러분은 PEG, 경쟁우위, 창조적 회계, 유동성, 상대적 주가 실적 같은 중요한 주제들에 관한 기본적인 투자 노하우를 습득했다. 투자의 본질을 잘 이해할수록 더 나은 판단을 하고 시장에 대한 감각과 자기보호 투자 본능을 더 발전시킬 수 있다. 그러기 위해서는 즐루 투자 원칙을 적용해야 한다. 투자에 관한 기사, 서적, 자료를 많이 읽을수록 투자에 대해 더 많이 생각하게 되고, 해당 주제를 잘 아는 사람과 더 많은 대화를 하고 자기 주식을 모니터링하는 데 더 많은 노력을 기울일수록 '더 많은 행운'이 찾아오며 더 나은 투자 실적도 누리게 될 것이다.

20장
가상의 회사를 통해 투자 기본 잡기
– 주요 용어와 투자지표 –

    대부분의 주식 투자 관련 용어집은 개념 정의 목록이고, 그 때문에 읽기가 쉽지 않다. 따라서 나는 일반 용어집에서 여러분이 보게 되는 대부분의 용어와 표현이 등장하는 한 가상 회사를 설정해 용어를 설명할 것이다. 그런 후, 여러분에게 아직 의문이 남아 있을 경우를 가정해 보다 중요한 용어는 다시 설명했고, 관심 있을 것 같은 몇 가지 용어도 추가로 함께 설명했다.

    이 가상의 회사를 필굿Feelgood이라고 하자. 그리고 이 회사가 건강식품업에 종사하고 있으며 발행주식 수는 1,000만 주라고 하자. 이 주식은 주식시장에 상장되어 있고, 주가는 1파운드라고 해보자. 따라서 필굿의 시가총액market capitalization은 1,000만 파운드가 된다(발행

주식 수 1,000만 주 × 주가 1파운드).

필굿이 보유한 순자산net assets(매장, 사무기기, 재고, 매출채권debtors의 가치를 더한 후 부채creditors를 뺀 것)의 가치는 700만 파운드라고 하자. 그러면 주당순자산가치net asset value per share는 70펜스가 된다(순자산 700만 파운드 ÷ 발행주식 수 1,000만 주). 현행 회계연도의 필굿의 이익은 세전으로 100만 파운드이고, 유효세율은 33%다. 따라서 세후 이익은 67만 파운드다(세전 이익 100만 파운드-33%의 법인세 33만 파운드).

이 67만 파운드의 세후 이익을 회사의 순이익이라고도 부른다. 따라서 필굿의 주당순이익earnings per share(EPS)은 67만 파운드를 1,000만 주로 나눈 6.7펜스가 된다. 필굿의 주가가 1파운드이므로 주가는 이익 대비 16배가 된다(100펜스 ÷ 6.7펜스. 보다 정확히는 15배이나 PER에 기초한 뒤의 계산들을 감안해 원서의 수치 16배를 그대로 따름-역자). 6.7펜스의 주당순이익 대비 100펜스 주가의 비율(배수)을 주가수익비율price earnings ratio이라고 하며, 약자로 PER, 이따금 주가배수multiple라고도 한다.

필굿이 주당 2.1펜스의 배당금을 지급하기로 했다면, 필굿의 배당수익률dividend yield은 먼저 이미 납입한 것으로 가정되는 기본세율(예컨대 25%라고 하자)의 소득세를 다시 더해 나온 값을 주가의 비율로 표현해 계산한다. 여기서 배당수익률 계산은 다음 두 단계로 이루어진다.

$$\frac{2.1\text{펜스} \times 100}{75} = 2.8\text{펜스}(\text{이것이 주당 총배당금 gross dividend이다.})$$

따라서 배당수익률은 다음과 같다.

$$\frac{2.8\text{펜스(총배당금)}}{100\text{펜스(주가)}} \times 100 = 2.8\%$$

주가가 1파운드에서 2파운드로 오르면 배당수익률은 1.4%로 떨어진다.

$$\frac{(2.8\text{펜스} \times 100)}{200\text{펜스}} = 1.4\%$$

6.7펜스의 주당순이익을 가진 필굿은 더 많은 배당금을 지급할 수도 있었을 것이다. 그러나 이사회는 배당금 지급에 신중하기로 했으며, 그 결과 배당금 대비 이익의 비율인 배당(보상)배율 dividend cover은 3.2배다(주당순이익 6.7펜스 ÷ 주당배당금 2.1펜스).

그러면 〈파이낸셜 타임스〉는 주가 섹션에서 필굿을 〈표 20-1〉과 같이 소개할 것이다.

필굿 이사회가 추가 자금을 조달할 필요가 있다면, 기존의 모든

〈표 20-1〉

	1992년			시가총액 (100만 파운드)	배당수익률 (%)	PER
	주가 (펜스)	최고가 (펜스)	최저가 (펜스)			
필굿	100	140	75	10	2.8	16

주주에게 보유 주식 4주당 신주 1주를 80펜스에 매수할 수 있는 권리를 주는 유상증자right issues를 단행할 수 있다. 그러면 이 유상증자를 통해 회사는 200만 파운드(1,000만 주 ÷ 4 × 80펜스)를 조달할 수 있다.

이사회가 모든 주주가 권리를 행사하지는 않을 것으로 생각한다면, 회사의 거래 증권사나 증권 발행 및 인수은행merchant banker/merchant bank(기업 인수, 상장, 기타 금융 거래에 대한 조언을 제공하는 전문은행)을 통해 실권주를 인수underwrite하기로 결정할 수 있으며, 그러면 거래 증권사나 증권 발행 및 인수 은행은 여러 기관/기관투자자institutions(보험사, 연기금 등)와 일부 개인 고객들에게 기존 주주들이 권리를 행사하지 않은 주식(실권주)을 매수하도록 알선할 수 있다. 그 대가로 이들 증권사나 증권 발행 및 인수 은행은 인수 수수료를 받으며, 이 인수 수수료의 상당 부분은 실권주를 매수하기로 한 기관과 개인 고객들에게 전달된다.

필굿이 성장하면서 주가가 10파운드까지 오를 수도 있다. 그러면 이사회는 주가가 너무 '무겁다'고 보고, 주가가 상당히 낮아지고 발행주식 수도 많아지면 필굿 주식의 유동성(매매 활성화 정도)이 더 커질 것이라고 판단할 수 있다. 이런 보다 나은 상태를 조성하기 위해 이사회는 1 : 1 무상증자scrip issue를 단행할 수 있다. 이는 기존 주주들에게 보유주식 1주당 새로 발행한 신주 1주를 무상으로 제공하는 것을 의미한다(기존의 주식 1주를 2주로 분할한 것과도 같다). 그러면 주주들의 보유주식은 두 배로 늘어나고, 결과적으로 발행주식 수도 두 배가 된다. 이 경우 산술적으로만 보면, 무상증자 후 주가는 5파운드로 하락하게 된다. 따라서 주주 입장에서는 나아지는 게 없다. 그러나 무상증자는 배당금 증가를 동반하며 사업 확장 중인 회사들이 하는 경우가 많다. 무상증자(주식분할) 후, 주가는 더 싼 것처럼 보이며, 따라서 주가는 전체 시장보다 좋은 실적을 내는 경우가 많다.

확장 국면에서 이사회는 (추가 주식 발행으로) 필굿의 주식자본이 희석dilute되는 것을 원하지 않을 수도 있다. 따라서 추가 자금이 필요한 경우 이들은 거래 은행을 통해 차입하거나 사채debenture를 통해 자금을 조달하기로 결정할 수 있다. 사채란 보통의 경우 공장이나 기계류 같은 회사의 특정자산을 담보로 해서 받은 대여금으로 고정이자가 붙는다(여기서 저자는 사채를 담보부사채로 설명하고 있다―역자). 사채에 대한 이자는 이익에서 지급되는데, 해당 기업이 손실을 기록한 경우 이자는 손실에 추가된다. 사채 이자가 연체되면, 사채 보유자는 사채 상환을 위해 담보자산을 처분할 목적으로 해당 기업에 들어가 담보자산을 관리하는 법정관리인/파산관재인Receiver을 임명할 권리를 갖게 된다. 이 경우, 혹은 해당 기업이 청산될 경우, 담보자산 매각 수입금으로 사채가 제일 먼저(다른 부채보다 훨씬 먼저)

상환된다.

사채보다 유연한 대안은 전환사채convertible loan stock일 것이다. 전환사채는 특정 자산을 담보로 하는 것은 아니며, 청산liquidation의 경우(일반적으로 회계사인 청산자가 임명되어 해당 기업의 사업을 정리할 때) 상환 순위는 사채 보유자 다음, 보통주 주주들 앞이다. 일반적으로 사채 이자보다 적은 전환사채의 이자도 배당금 지급 전 이익에서 비용으로 상환된다. 사채보다 안전성이 적고 이자가 낮은 대신 전환사채 보유자들은 '미래의 특정일에 보유한 전환사채를 보통주로 전환할 수 있는 권리'를 갖게 된다. 전환사채는 기업 인수 시 양도되는 주식 가치에 대한 불필요한 논쟁을 피하기 위해 그리고 피인수기업 주주들에게 보다 유리한 수익률을 제공하기 위해 발행되기도 한다.

추가 자금을 조달하는 방안으로 전환사채보다 훨씬 유연한 대안은 전환우선주convertible preference share일 것이다. 한때 전환우선주는 기업의 자본에 속하는 것으로 분류되었으나, 요즈음 우선주는 환매일redemption date(상환하기로 한 날)이 있으면 부채로 분류된다. 청산의 경우, 전환우선주 주주들의 투자금은 보통주 주주들에 앞서 상환되지만, 사채, 전환사채, 기타 부채들보다는 뒤에 상환된다. 전환우선주 주주들에게 지급되지 못한 미지급배당금은 다른 모든 이자를 지급한 후에 지급된다.

필굿이 대기업이었다면, 추가 자금 조달 수단이 있는데, 그것은 무담보사채unsecured loan stock를 발행하는 것이다. 청산의 경우, 무담보사채의 순위는 사채 다음, 전환사채와 다른 부채 앞이다. 전환사채와 달리 무담보사채보유자들은 '보유한 무담보사채를 보통주로 전환할 권리가 없으며,' 사채보다 불안하기 때문에 금리는 더 높은 것이 보통이다. 일반적인 유형의 투자자들이 별로 매력을 느끼지 않는 무담보사채는 매우 강한 회사만 발행할 수 있다.

어떤 전환권도 없는 우선주preference shares도 기관들에게 인기가 없다. 필굿은 소기업이고 우선주는 미래의 이익에 참여할 권리를 부여하지 않기 때문에 기관들은 우선주에 별 관심이 없는 것이다. 상환 순위에 있어 청산 시 우선주는 보통주보다 선순위이며, 우선주에 책정된 고정 배당금도 보통주 주주들에게 지급될 배당금에 앞서 받을 수 있다. 어떤 우선주는 누적우선주cumulative preference share로 지정되는 경우가 있는데, 이는 어떤 해에 배당금이 지급되지 않으면 그 배당금이 다음 해로 누적 이월되는 우선주를 말한다. 파산 상태에 빠졌던 한 기업이 급격한 구조조정 혹은 갑작스런 행운으로 회생했다면, 누적우선주는 해당 기업이 이익을 내기 시작했을 때 상환해야 할 연체된 누적 배당금 때문에 매우 큰 가치를 가질 수도 있다.

필굿 같은 작은 기업은 거의 분명 사실상 2급 시장인 비상장증권시장Unlisted Securities Market(USM)에서 거래될 것이다. 비상장증권시장에서 거래되는 기업은 대개 정규시장에 상장된 기업들보다 훨씬 작으며 낮은 기준의 상장 요건만 충족시킬 수 있는 기업들이다. 특히 상장 요건으로 2년의 영업이익 실적만 있으면 된다.

렌토킬, 글락소, 세인즈베리, 넥스트 같은 회사들은 정규시장에 상장되어 있는데, 이는 이들이 런던증권거래소 상장 기준을 충족시켰음을 의미한다. 회계연도 종료 몇 달 후, 필굿은 지난 회계연도의 이익, 세금, 배당금에 관한 예비 실적 발표를 하게 된다(1년 전체 실적 중 핵심 정보를 발표하는 것이다. 1년 전체 실적은 증권거래소에 보고되며, 보통은 그 다음날 언론에 보도된다). 그리고 몇 주 후, 여러분은 무미건조하고 상세한 내용들을 보기 좋게 정리한, 그리고 보통은 차기 회계연도의 예상 실적까지 소개한 연차보고서 및 재무제표Annual Report and Accounts를 받게 될 것이다.

여기서 필굿의 보고서 및 재무제표를 살펴보자. 1992년 5월에 발표된 연결재무상태표Consolidated Balance Sheet(모든 계열사들의 실적이 포함된 연결재무제표로 회사 재무상태를 완전히 파악할 수 있게 해 준다)가 〈표 20-2〉와 같다고 해보자.

1985년 기업법에 따라 고정자산fixed assets(비유동자산)은 다음 세 종류로 나눠야 한다.

1. **무형자산**intangible assets : 무형자산에는 보통 브랜드, 저작권, 상표권, 영업권이 포함된다. 이런 종류의 자산은 많은 경우 매우 가치 있기는 하지만 다소 모호하다.

2. **유형자산**tangible assets : 기업이 (직접) 이익을 창출할 목적으로 보유한 자산이다. 따라서 일반적으로 매각 대상 자산이 아니다. 유형 고정자산에는 토지와 건물, 공장과 기계, 차량 등이 포함된다. 필굿의 경우, 유형 고정자산에는 자기 보유 매장 및 임차 매장, 가구

〈표 20-2〉 연결재무상태표

	1992 회계연도 (단위 : 1,000파운드)
고정자산 Fixed assets	
무형자산 Intangible assets	500
유형자산 Tangible assets	5,000
투자자산 Investments	–
	5,500
유동자산 Current assets	
재고자산 Stocks	8,500
매출채권 Debtors	1,000
보유현금 Cash in hand	2,000
	11,500
유동부채 Creditors	
만기 1년 이내 부채 Amounts falling due within one year	7,000
순유동자산 Net current assets	4,500
총자산 – 유동부채 Total assets less current liabilities	10,000
장기부채 Creditors	
만기 1년 이상 부채 Amounts falling after more than one year	2,750
충당금 Provisions	
이연세금 Deferred taxation	250
외부 주주 지분 Minority interests	–
	3,000
투하순자산 Net assets employed	7,000
	(단위 : 1,000파운드)
자본 및 준비금 Capital and reserves	
콜업주식자본(자본금) Called-up share capital	2,500
손익계정(이익잉여금) Profit and loss account	4,500
주주자본 Shareholders' funds	7,000

및 비품 등이 포함된다. 유형 고정자산의 정확한 내역은 재무제표 주석에서 확인할 수 있으며, 장부가 계산 과정에서 상각된 감가상각비depreciation(궁극적으로 한 자산을 대체하는 데 필요한 비용에 충당하기 위해 따로 떼어 두는 돈) 금액도 재무제표에서 확인할 수 있다.

3. **투자자산**investments : 전매(재판매) 목적이 아니라 본질적으로 장기 투자로 보유하고 있는 자산이다.

고정자산 다음은 유동자산current assets이다. 유동자산에는 현금 그리고 정상적인 사업과정에서 결국에는 현금화되는 재고자산과 매출채권 같은 기타 유동자산이 포함된다. 제조업체의 경우에 재고자산은 원재료, 재공품work in progress, 완제품의 세 종류로 나뉜다. 매출채권debtors(받을 돈)도 보다 자세하게는 사업상 발생한 매출채권trade debtors, 기타 받을 돈other debtors, 선납금prepayments으로 나눠 분석된다. 현금은 더 이상 설명이 필요 없는 그 자체로 매력적인 자산의 하나다.

부채creditors는 크게 만기가 1년 이내인 유동부채와 1년 이상인 장기부채로 나뉜다. 유동부채는 재무제표의 상세 주석에서 자세히 소개하는 것이 보통이다. 필굿의 경우, 유동부채에는 은행당좌대월bank overdraft(있을 경우), 매입채무trade creditors, 유동법인세current corporation tax, 발생액accruals 및 이연수입deferred income(아직 제공하지 않은 재화나 서비스 대금으로 미리 받은 돈), 기타 유동부채, 미지급배당금 등이 포함될 것이다.

유동자산에서 유동부채를 뺀 차액이 순유동자산net current assets이다. 그 기업의 투하순자산을 구하기 위해서는 총자산에서 유동부채를 차감한 금액(필굿의 경우 1,000만 파운드)에서 추가로 다음 세 항목의 금액을 빼야 한다.

1. **장기부채** : 남은 만기가 1년 이상인 부채. 재무제표 주석에서 자세히 설명된다. 필굿의 경우, 총 275만 파운드의 장기부채에는 장기 은행대출금(있을 경우), 모기지대출금, 금융리스와 할부구매 계약에 따른 지급의무, 기타 장기 대출금 등이 포함된다.

2. **충당금** : 발생할 가능성이 있는 모든 부채나 손실에 충당할 목적으로 보유하는 자금이다. 필굿의 경우, 25만 파운드의 이연세금만 충당금으로 잡혀 있다.

3. **외부 주주 지분** : 자회사의 지분 중 해당 기업(모기업)이 소유하지 못한 지분을 말한다. 필굿의 경우 외부 주주 지분은 없다.

따라서 필굿의 경우 투하순자산은 총 700만 파운드이다(1,000만 파운드 − 300만 파운드). 주주들은 주식 보유를 통해 이런 자산을 소유한다. 액면가 25펜스에 1,000만 주의 보통주가 발행되었기 때문에, 콜업주식자본(일반적으로 자본금capital stock을 말한다)은 250만 파운드다. 필굿의 경우, 다른 많은 경우처럼 수년간 벌어들인 이익(450만 파운드의 이익잉여금)이 주주들의 최초 투자금에 추가되어 주주자본(자본총계)은 최초 250만 파운드에서 700만 파운드로 늘었다.

1992년 5월 31일 종료되는 회계연도의 연결손익계산서도 매우 간단하다. 각각의 주요 항목마다 재무제표 주석에 보다 자세한 설명이 있음을 알려 주는 주석번호가 붙어 있는 것이 보통이다. 예를 들어 매출액은 주석에서 다소 상세히 분석되고, 영업이익은 16만 파운

〈표 20-3〉 연결손익계산서

	1992 회계연도 (단위 : 1,000파운드)
매출액 Turnover	6,000
매출원가 Cost of sales	3,000
매출총이익 Gross profit	3,000
판매 및 유통비용 Selling and distribution costs	1,200
일반관리비용 Administrative expenses	750
	1,950
영업이익 Trading profit	1,050
받을 이자 Interest receivable	–
	1,050
미지급이자 Interest payable	50
	1,000
세금비용 Taxation	330
당기 순이익 Profit for the financial year	670
외부주주지분 Minority interests	–
주주 귀속 이익 Profits attributable to shareholders	670
지급 및 지급예정 배당금 Dividend paid and proposed	210
준비금 전환액(당기 이익잉여금) Amounts transferred to reserves	460
보통주 주당순이익 Earnings per ordinary share	6.7펜스

드의 경영진 보수, 4만 파운드의 감사 보수, 기타 특별 관심항목 비용들을 차감한 후의 이익이라는 것을 보여 주는 또 다른 주석도 있다.(〈표 20-3〉)

재무상태표와 손익계산서 외에 현금흐름표도 있다. 5장에서 나는 해당 기업의 영업이익이 영업활동으로 인한 현금흐름과 대체로 일치하는 것이 얼마나 중요한지에 대해서는 이미 설명했다. (여러분이 주요 용어 부분을 먼저 읽었다고 가정할 때) 이 책을 읽다 보면 연차보고서와 재무제표의 덜 중요한 일부 항목에는 관심을 줄이고 중요한 항목에 초점을 맞추는 법을 익히게 될 것이다.

다음의 용어 정의를 읽은 후에도 여전히 의문이 남아 있다면, 이 책 본문을 읽기 전에 한 권 정도 투자 입문서를 먼저 읽어 볼 것을 권한다. 그중 권하고 싶은 책은 버나드 그레이Bernard Gray의 『초보 투자자 지침서Beginners' Guide to Investment』다. 특히 주식가치 평가에 관한 15장은 꼭 읽어야 한다.

상장주식 가치평가 관련 용어

- **배당수익률**Dividend yield : 연간 총배당금을 주가로 나눠 구한다. 한 기업이 주당 10펜스의 총배당금을 지급했고, 주가가 100펜스라면, 배당수익률은 10%가 된다(10펜스÷100펜스). 이때 주가가 200펜스로 올랐다면, 배당수익률은 5%로 하락한다.

  배당수익률에는 최근 배당수익률historic dividend yield과 예상 배당수익률prospective dividend yield이 있다. 최근 배당수익률은 직전 회계연도 배당금에 기초한 것이고, 예상 배당수익률은 이사회가 예상한 차기 회계연도의 예상 배당금에 기초한 것이다.

- **순자산가치**Net asset value(NAV) : 한 기업의 총자산에서 모든 단기 및 장기 부채, 충당금, 제비용을 차감한 것.

- **시가총액**Market capitalization : 회사가 발행한 총주식 수에 주가를 곱한 것(발행주식 수×주가). 시가총액은 항상 변한다.

- **주가수익비율**Price earnings ratio(PER) : 한 주식의 주당순이익 대비 현재 시장가(주가)의 배수(주가÷주당순이익). 주가를 직전 회계연도 주당순이익에 대비한 것이 최근 PER이고, 차기 회계연도 예상 주당순이익에 대비한 것이 예상 PER이다.

- **주당순이익**Earnings per share(EPS) : 보통주 주주들에게 귀속되는 기업의 세후 이익을 주당 기준으로 계산한 것(세후 이익÷발행주식 수).

- **주당순자산가치**Net asset value per share : 한 기업의 순자산가치를 발행된 보통주 주식 수로 나눈 것(순자산가치÷발행주식 수). 주당순자산가치는 특히 자산에 기초하고 있는 부동산회사와 투자신탁의 가치를 평가할 때 유용한 지표다.

전체 시장 관련 용어

- **강세장 지지자(황소)**Bull : 시장 전망에 낙관적이고 주가가 상승할 것으로 믿는 투자자.

- **모집(상장)**Placing : 한 기업의 주식을 시장에 내어놓음으로써 기업이 주식시장에서 호가(거래)를 얻게 하는 방법.

- **블루칩**Blue chips : 확실한 사업 기반을 구축하고 투자업계로부터 높은 평가를 받는 최고의 기업(주식)들. 우량주라고도 한다.

- **셸 기업(주식)**Shell : 보통의 경우 자산은 별로 없는 그러나 주식시장에 호가가 형성되어 있다는 장점을 가진 작고 불분명한 기업. 대부분의 경우 실적을 내기에는 업력이 너무 짧거나 다른 문제로 인해 정상적인 경로로는 호가를 얻기 어려운 회사의 기업가들이 우회적인 방법으로 호가를 얻기 위해 이 셸 기업에 자기 회사를 합치는 경우가 많다.

- **신주 투자자(수사슴)**Stag : 성공하면 단기 차익을 내고 주식을 매도할 목적으로 신주를 청약하는 투자자.

- **약세장 지지자(곰)**Bear : 시장 전망에 비관적이고 주가가 하락할 것으로 믿는 투자자.

- **옵션**Option : 주식이나 기타 증권을 사거나 팔 권리. 그 권리를 행사해야 할 의무는 전혀 없다. 옵션(스톡옵션)은 보통 추가 인센티브를 제공할 목적으로 회사 이사진이나 핵심 경영진에게 부여된다.

- **워런트(신주인수권)**Warrant : 한 기업의 주식을 (일반적으로 장기간에 걸쳐) 매수할 수 있는 옵션.

- **주식 공모**Offer for sale : 일반 대중의 주식 매수 신청(청약)을 받아 신주를

주식시장에 상장시키는 방법.

- **중간보고서**Interim (report) : 증권거래소와 주주들에게 보고하는 기업의 한 회계연도 상반기 영업 실적에 대한 공식 보고서. 영국에서는 대부분의 기업이 중간 배당도 한다.

- **차트분석가**Chartists : 기술적 분석가라고도 한다. 차트분석가들은 과거 주가 흐름을 보여 주는 주가 차트는 모든 투자자들의 희망과 공포를 반영하고 있으며, 반론의 여지가 없는 유일한 사실―요컨대 주가가 그간 보여 준 시장 실적―에 기초한 것이라고 믿는다. 차트분석가들은 '추세는 투자자의 친구'이며, 자신들은 차트의 과거 패턴을 통해 미래의 주가 움직임을 예측할 수 있다고 믿는다. 기술적 분석가들의 반대는 한 기업의 미래 주가를 예측하는 데는 그 기업의 기본적인 순가치와 이익 실적 및 그 추세가 더 중요하다고 믿는 '펀더멘털 분석가들fundamentalists'이다.

- **콜(옵션)**Call : 주식이나 상품을 매수할 수 있는 옵션.

- **풋(옵션)**Put : 주식이나 상품을 매도할 수 있는 옵션.

- **FT 지수**FT indices : 영국에서 많이 사용하는 두 개의 주요 지수는 100개의 대표주들로 구성된 FTSE 100 지수FTSE 100 Index와 상위 약 700개 기업으로 구성된 FT 올셰어 지수FT-A All-Share Index다. 지수 구성 기업이 보다 광범위한 FT 올셰어 지수는 전체 시장 상황을 파악할 수 있는 가장 좋은 지표지만, 언론에서는 FTSE 100 지수(풋시Footsie라고 한다)를 더 자주 언급한다.

50년이 지난 지금도 내 투자 공식은 여전히 유효하다.
50 years on, my formula still works.

— 짐 슬레이터 —

※ 2014년 8월16일 〈텔레그래프〉에 기고한 투자 칼럼의 제목.
짐 슬레이터는 1963년 이 신문에 첫 투자 칼럼을 기고한 후 무려 50년 이상 정기적으로 글을 썼다. 특히 2015년 11월 갑자기 사망하기 열흘 전까지도 이 신문에 투자 칼럼을 기고하는 등 자신의 투자 노하우를 대중들과 함께 나누었다.

감정에 흔들리지 않는 방법, 기계적 투자
퀀트투자클럽

◆ **감정에 흔들리지 않는 방법, 기계적 투자**

"오르면 더 오를 것 같고, 떨어지면 끝도 없을 것 같고……."

감정은 투자자의 가장 큰 적입니다. 퀀트투자클럽이 감정을 배제한, 기계적인 투자를 하는 이유입니다.

미리 정한 기준에 따라, 이를 만족하면 사고, 그렇지 않으면 팝니다. 이를 통해 자연스럽게 고평가되면 수익실현을, 저평가되면 추가매수를 하게 됩니다.

한 달에 한 번만 위와 같이 매매하기 때문에, 누구나 편하게 투자할 수 있습니다. 특히 자주 주식시장을 보기 힘든 바쁜 직장인 투자자라면, 퀀트클럽 방식이 맞춤입니다.

◆ **턴어라운드 투자전략, 4년 누적 115% 수익..코스피 102%p 초과**
   − 5개 전략 중 3개는 누적 100% 넘어

가장 수익률이 높은 전략은 턴어라운드주 투자전략입니다. 누적수익률 115%로, 같은 기간 코스피 상승률 13%를 100%p 이상 앞섰습니다. 개인투자자들이 가장 손해보기 쉬운, 턴어라운드 종목에만 투자했는데도 고수익을 냈습니다.

같은 기간 절대저평가주 투자전략은 105%, 주식MRI 투자전략은 102% 수익률을 각각 기록했습니다(2016.6.10 기준). 주식MRI는 아이투자가 직접 개발한 유망종목 발굴 솔루션입니다.

감정을 배제한 다른 전략들도 고수익을 냈습니다. 이 결과, 2012년 6월~2016년 6월까지 4년간 5개 전략의 평균수익률은 누적 90%, 연평균 17%를 달성 중입니다. 같은 기간 '박스피'를 크게 초과합니다.

감정없이 고수익 내는 퀀트투자, 한발 앞서 시작하세요.

* 자세한 내용은 아이투자 홈페이지를 참고하세요.

● 함께 읽으면 좋은 부크온의 책들 ●

- 박 회계사의 재무제표 분석법 (개정판)   박동흠
- 워런 버핏처럼 주식투자 시작하는 법   메리 버핏, 션 세아
- 인생주식 10가지 황금법칙   피터 세일런
- 주식고수들이 더 좋아하는 대체투자   조영민
- 금융시장으로 간 진화론   앤드류 로
- 현명한 투자자의 지표 분석법   고재홍
- 투자 대가들의 가치평가 활용법   존 프라이스
- 워런 버핏처럼 가치평가 시작하는 법   존 프라이스
- 투자의 가치   이건규
- 워런 버핏의 주식투자 콘서트   워런 버핏 강연 모음
- 적극적 가치투자   비탈리 카스넬슨
- 투자의 전설 앤서니 볼턴   앤서니 볼턴
- 주식투자자를 위한 재무제표 해결사 V차트   정연빈
- 워런 버핏의 ROE 활용법   조지프 벨몬트
- 주식 PER 종목 선정 활용법   키스 앤더슨
- 돈이 불어나는 성장주식 투자법   짐 슬레이터
- 현명한 투자자의 인문학   로버트 해그스트롬
- 워런 버핏만 알고 있는 주식투자의 비밀   메리 버핏, 데이비드 클라크
- 박 회계사의 사업보고서 분석법   박동흠
- 이웃집 워런 버핏, 숙향의 투자 일기   숙향
- NEW 워런 버핏처럼 적정주가 구하는 법   이은원
- 줄루 주식투자법   짐 슬레이터
- 경제적 해자 실전 주식 투자법   헤더 브릴리언트 외
- 바이오 대박넝쿨   허원
- 붐버스톨로지   비크람 만샤라마니
- 워렌 버핏처럼 사업보고서 읽는 법   김현준
- 안전마진   크리스토퍼 리소길
- 주식 가치평가를 위한 작은 책   애스워드 다모다란
- 워렌 버핏처럼 열정에 투자하라   제즈 베네딕트
- 고객의 요트는 어디에 있는가   프레드 쉐드
- 투자공식 끝장내기   정호성, 임동민
- 앞으로 10년을 지배할 주식투자 트렌드   스콧 필립스
- 워렌 버핏의 재무제표 활용법   메리 버핏, 데이비스 클라크
- 현명한 투자자의 재무제표 읽는 법   벤저민 그레이엄, 스펜서 메레디스

줄루 주식투자법

1쇄 2016년 7월 30일
3쇄 2021년 6월 30일

지은이 짐 슬레이터
옮긴이 김상우

펴낸곳 (주)한국투자교육연구소 부크온
펴낸이 김재영
편집 권효정
외부 교열 변정인
주소 서울시 영등포구 선유로9길 10, 1001호
전화 02-723-9004   **팩스** 02-723-9084
홈페이지 www.bookon.co.kr
이메일 book@itooza.com
출판신고 제322-2008-000076호(2007년 10월 17일 신고)

ISBN 978-89-94491-49-3 03320

♦ 부크온은 (주)한국투자교육연구소의 출판 브랜드입니다.
♦ 파손된 책은 교환해 드리며, 책값은 뒤표지에 있습니다.
♦ 무단전재나 무단복제를 금합니다.

이 도서의 국립중앙도서관 출판시도서목록(CIP)은 e-CIP홈페이지(http://www.nl.go.kr/ecip)와 국가자료 공동목록시스템(http://www.nl.go.kr/kolisnet)에서 이용하실 수 있습니다.
(CIP제어번호 : CIP2016016152)

『줄루 주식투자법』 독자 특별 서비스

이 책의 저자인 짐 슬레이터의 투자공식을 적용한
<u>한국 유망 주식 리스트를 매주 제공해 드립니다.</u>

부크온의 자매 브랜드인
아이투자(www.itooza.com)의 종목 발굴 시스템으로 엄선한
최고의 유망 주식을 지금 즉시 확인하세요!

아래 공란에 이름과 8자리 숫자를 기입한 후, 인증샷을 찍어서 문자 메시지(핸드폰 번호 010-2541-6402)로 보내주세요. 접수되는 대로 24시간 이내(주중 기준)에 리스트를 보실 수 있도록 인증해 드린 후, 사용법을 문자로 알려드립니다.

이름 : _____

8자리 인증번호 : | | | | | | | | |

- 8자리 인증번호는 기억하시기 좋도록 생년월일 6자리와 임의의 2자리 숫자를 조합하시는 것을 추천합니다. 인증번호는 리스트를 보실 때 필요합니다.
  예) 68010187

- 이 서비스는 책 출간일 이후 약 2년간 제공될 예정입니다.